셰익스피어로 세상읽기

이행수 지음

신아사

책머리에

셰익스피어를 전공하게 된 것은 축복이라는 생각을 하며 살았다. 셰익스피어를 가르치는 일이 직업이지만 직업이라는 생각 이전에 학생들에게 셰익스피어를 전해주는 일을 즐거워하며 함께 배우고 성숙해갈 수 있음이 늘 감사하다. 4세기 전의 작가로서 자신이 살던 시대보다 더 이전의 역사적 배경을 가진 작품들을 통해 21세기에 사는 우리들의 둔감한 눈을 밝혀주고 인생의 지혜를 깨닫게 해줌에 찬탄을 금할 수가 없다.

그러나 셰익스피어가 전공자가 아닌 사람들로서는 그를 쉽게 만나지 못하리라는 것이 늘 안타까웠다. 그저 교양으로 읽고 보기엔 그리 재미있다고 생각되지 않을 수도 있고 대중적으로 각색된 연극을 통해서는 심오한 깨달음을 얻기도 어렵다. 그래서 전공자가 아니라도 좀 더 쉽게 셰익스피어의 세계에 접근할 수 있게 안내할 수 있었으면 좋겠다는 생각을 줄곧 해왔다.

삶은 그저 먹고 마시며 소비하다 가버리는 무의미한 것은 아니어야 한다는 생각을 가진 많은 사람들은 이런 저런 길을 통해 삶의 의미를 찾거나 깨달음을 얻으려고 노력할 것이다. 그런 여러 길들 중의 하나가 셰익스피어의 작품 세계에 들어가는 일이 아닐까 하여 이런 시도를 해보았다. 셰익스피어가 전해주는 깊은 지혜가 가벼운 수필 식의 글을 통해 얼마나 전해질 수 있을지는 의문이지만 셰익스피어가 통찰한 인생의 참 모습과 의미들을 학구적인 논문이 아닌 글로 조금은 쉽게 전달하고 싶었다.

글을 쓰기 위해 다시 한 번 그의 작품들을 읽으면서 수 세기가 지나도록 인간의 본성과 삶의 모습들에는 변함이 없음을 다시 한 번 느끼고 작가의 통찰력에 새롭게 감탄하기도 했다. 극 중 인물들의 대사를 통해 전해지는 작가의 유려한 언변에 다시 또 감탄하며 이 무딘 글솜씨로 제대로 다 전할 수 없는 그의 무궁무진한 지혜 앞에 막막함을 느끼기도 했다.

시대와 장소를 초월하여 인간의 본성을 꿰뚫고 인생의 문제들을 드러내며 인간이 궁극적으로 가야할 길을 제시해준 셰익스피어의 작품들은 21세기의 과학시대, 첨단의 문명 시대에 더욱 필요한 것이라는 생각이 절실하다. 그의 37편의 희곡 전부를 다 다루지는 못했지만 우리들 모두의 초상화가 다양하게 제시되어 있는 각 장르별의 되도록 많은 작품들을 포함하려 노력했다. 그 작품들을 대체로 작가가 작품을 쓴 순서를 맞추어 배열했다. 그리하여 작가의 작품 세계가 어떻게 변화되어 갔는지도 볼 수 있고 그 자체로 우리네 삶의 자연스러운 흐름도 짚어볼 수 있어서이다.

문학 작품의 해석은 어디까지나 주관적인 것이기에 여기 전해진 작품의 의미들은 필자의 관점에 의해 포착된 것 뿐이라는 점을 독자들은 감안해야할 것임을 부언하고 싶다. 작품은 해석의 관점에 따라서 또 다른 얼굴로 그 모습을 드러낼 수 있기에 이 부족한 안내서 같은 것에 시선을 고정하지 말고 자신만의 시각으로 셰익스피어를 읽어가다 보면 독자 개개인은 또 나름대로의 새롭게 빛나는 보석들을 발견할 수 있을 것이다.

출판을 기꺼이 허락해주신 신아사에 감사드리며 수고해준 선희와 늘 함께 이야기해주고 지혜를 나누어 주는 남편과 지인들께 감사드린다.

2012년 10월

지은이 이행수

CONTENTS

WILLIAM SHAKSPEARE

셰익스피어로 세상읽기

『리차드 3세』: 자존감의 욕구

자신의 내부에서 시작된 애초의 의도가 무엇인지를 살펴보면 현실로 드러나는 외부적 현상을 잘 이해할 수 있다. 겉으로는 어떤 명분을 내세웠든지 현실은 의도한대로 나타난다는 것을 알 수 있다. 파괴적인 의도는 부정적 현실로 나타날 수 밖에 없다. 그래서 부정적 의도는 자기 욕망과는 상관 없이 행복한 결말로 유도될 수 없음을 보여주는 것이 『리차드 3세』라는 작품이다.

21세기의 가장 위대한 영성지도자 중의 하나인 켄 윌버는 『에덴으로부터의 도약』이라는 책에서 인간 세계엔 타자가 있는 한 두려움이 있고 분리된 자아(ego)가 있는 한 불안이 있다고 말한다. 그에 의하면 인간이 인간 세계의 제도나 조직 속에 있는 억압 때문에 부자유한 것이 아니라 인간 자체에 부자유함이 있다고 한다. 두려움, 부자유함, 불안 등은 그러나 인간성의 특성이 아니라 인간성 속의 분리된 자아의 특성이라는 것이다.

『리차드 3세』의 주인공 리차드는 셰익스피어의 극 중 인물들 중 맥베드와 더불어 가장 악한 주인공 중의 하나로 평가된다. 그는 외모도 기형이라서 추한 인물로 묘사될 뿐 아니라 성격적으로도 비뚤어진 사악한 인간으로 묘사되고 있다.

작품은 15세기 후반 영국의 랭커스터와 요크가의 왕위 계승을 위한 치열했던 장미전쟁 이후 요크가가 왕권을 쥐게 되었을 때를 배경으로 하고 있다. 그래서 극은 "이제야 우리를 짓누르던 불만의 겨울이 가고 태양도 요크 가문의 편이 되어 영광스러운 여름이 찾아 왔구나"라는 주인공의 독백으로부터 시작된다. 그러나 영광스러운 승리를 기념하는 축하연의 뒤안에서 주인공은 "난 태어날 때부터 성품이 비뚤어졌고 협잡꾼 같은 자연에 속아서 사지육신의 아름다운 균형은 커녕 밉상스럽게 비틀린 병신에다가 설익은 채 이놈의 세상에 태어났다"는 자기 비하에 빠져있는 모습을 드러낸다. 뒤이어 그는 "달콤하고 분칠한 말이 기승을 부리는 화려한 사교계를 미남자로서 군림하여 주름잡지 못할 바에야 차라리 악당이 되어 이놈의 세상의 헛된 쾌락을 증오해주고 말겠다"는 악의에 찬 속셈을 내보인다. 그리고는 중상모략과 권모술수로서 현왕인 큰 형과 둘째 형을 제거하고 왕위를 찬탈할 계획을 세운다.

왕이 되기 위해 먼저 자신의 큰 형이기도 한 병약한 현왕인 에드워드에게 온갖 속임수로 둘째 형인 클래런스의 왕위 찬탈에 대한 두려움을 심어주어 클래런스를 제거한다. 왕이 되기 위한 두 번 째 단계로 자신이 죽인 왕세자의 부인이었던 앤이 남편의 운구차를 따라가는 곳에서 그녀에 대한 사랑을 호소하여 결국 자기에게 넘어오도록 그녀를 함락시킨다. 자신의 남편과 시아버지를 죽인 자와의 결혼은 생각조차 할 수 없는 일인데 그것도 장례식을 미처 마치기도 전이라는 비상식적인 시기에 앤은 리차드의 구혼에 넘어가고 만다. 지난 날의 악행은 앤의 아름다움과 진실한 사랑 때문이었다는 온갖 감언이설에 넘어가 악한의 손아귀에 들어가는 것이다. 앤을 함락시키고 난 뒤, 리차드는 "도와줄 사람은 하나도 없고, 고작 악마와 위선의 가면 뿐인 내가 그 여잘 거머쥐다니! 이것이야말로 세상을 얻은 것과 마찬가지가 아닌가!… 그렇게도 늠름한 세자의 꽃 같은 청춘을 내 손에 잘리우고 자기를 독수공방으로, 한 많은 청상과부로 만든 내게 길을 열어주다니?… 여태껏 난 자신을 너무나 업신여겨온 모양이야"라고 회심의 미소를 지으며 혼잣말을 한다. 상식적으로는 얻지 못할 대상을 손아귀에 넣고 비로소 자신의 자존감을 회복한듯 의기양양해 하는 모습이 우스꽝스러울 정도다.

자신이 그 남편을 죽이고도 부인에게 구애하여 목적을 성취한 리차드의 악마적 행위는 비판받아 마땅하지만 그의 독백 뒤에 어른거리는 열등감과 외로움에 무감하지 않을 수 없는 이유는 무엇인가. 또한 리차드에게 "천하의 악마! 신의 섭리도, 인간의 도리도 모르는 짐승!"이라고 욕설을 퍼붓던 앤의 태도 변화도 무언가를 생각하게 만드는 측면이 있다.

"헨리 왕을 죽인 건 나요, 하지만 그렇게 시킨 건 당신의 아름다움이었소, 에드워드 왕자를 찔러 죽인 것도 나요, 하지만 그렇게 사주한 건 당신의 그 천사 같은 얼굴이었소" 이렇게 애절하게 말하는 리차드의 감언이설에 앤의 서릿발 같던 감정이 녹아버린 것이다. 자신의 아름다움을 인정하고 자신의 자존감을 높여주는 대상 앞에서 그동안의 악감정은 눈 녹 듯 녹아버리고 원수였던 그의 앞에서 즉각 무장해제가 되어버린 것이다.

앤은 결국 리차드의 아내가 되었지만 정략에 의해 그녀를 아내로 삼은 리차드와의 결혼은 결코 행복을 가져다 주지 못한다. 앤은 저주스러운 불행한 나날을 보내면서 죽은 어린 왕자들의 어머니인 엘리자베스를 만나 "약한 여자의 마음이 그 자의 달콤한 말씨에 그렇게도 빨리 빠져 오금을 못 펴게 됐고 스스로 내 자신의 저주의 밥이 되고 말았어요"라고 탄식을 한다.

저주를 퍼붓던 대상도 자신을 높여주고 인정해주면 그만 적의를 잊게 되니 인간은 얼마나 인정받기를 원하는 욕구가 강한 것인지를 알게 해주는 대목이다. 리차드는 야망을 위해 감언이설로 아내를 삼았던 앤마저 죽음으로 보낸 뒤 자신의 야욕 때문에 두 어린 아들을 잃게 된 엘리자베스에게 그 남은 딸을 자기의 아내로 달라고 철면피 같은 요구를 하게 된다. 리차드는 원한이 들끓고 있는 엘리자베스에게 딸을 달라고 하면서 "당신은 국왕의 장모가 되며 지난 날의 아픈 상처는 두 곱절의 행복으로 보상받게 되리다! 이 몸의 행복과 당신의 행복이 다 같이 따님에게 달려 있소. 이 혼인이 이루어지지 않으면 이 몸은 물론이고 당신도, 아니 따님도, 이 나라도 그리고 많은 기독교인들이 죽음과 황폐, 파멸과 쇠잔의 수렁으로 빠지게 되오. 이를 피하는 길은 또 앞으로도 피해나갈 길은 이 길 밖에 없소. 그러니 장모! 이 몸의 사랑을 대신하여 따님을 잘 타일러 주기 바라오." 이렇게 화려한 언변으로 엘리자베스의 들끓던 저주와 원한을 가라앉히고 만다.

결국은 변화된 심정으로 "그 애 의향을 나중에 알려 드리리다" 하면서 떠나는 엘리자베스의 뒤에 대고 리차드는 "숙맥같이 흐물흐물해지다니, 천박한 계집이로다!"라고 비웃음을 보낸다. 어쩌면 리차드의 조소는 어떠한 상황에서고 자신을 부추겨주고 자아의 안녕과 자존감을 높여주는 대상 앞에서 무너지고 마는 인간의 어리석음을 통째로 조롱하는 작가의 목소리인지도 모른다.

리차드가 자기의 목적을 달성하는데 동원하는 권모술수의 공통점은 상대의 에고를 자극하는 것이다. 그의 왕권찬탈의 음모에 가담한 일등공신인 버킹엄에게도 리차드는 "경은 나의 분신이요, 나의 참다운 자문역, 날 이끌어주는 신탁이며 예언자요"라고 그의 존재를 한껏 높여주고 인정해줌으로써 그에게 충성을 다 하도록 한 것이다. 에고를 움직일 수 있는 동인은 자기를 높여주는 감언이설이며 어떤 형태로든지의 자기가 받을 수 있을 것으로 추정되는 유익이라는 데는 변함이 없다. 리차드는 자기가 "용상에 오르게 되는 날엔 영토와 선왕인 형이 가졌던 동산 일체를 주겠다"는 약속으로 버킹엄을 자기 곁에 묶어두었지만 이 약속을 지키지 않아 버킹엄은 마지막에 그에게서 등을 돌리게 된다.

리차드는 형을 죽이고 왕자들을 죽이고 왕자들의 외가 친척들까지 제거하는 악행도 모자라 왕권찬탈을 공고히 하기 위해 신까지 속이는 경건놀음까지 하게 된다. 찬탈을 미화하기 위해서 시장과 시민들의 동의를 얻기 위한 속임수를 쓰는 것이다. 주교들을 대동하고 기도서를 손에 들고 거룩한 신의 섭리를 받드는 것처럼 거짓 역할을 하는데 신하들이 왕관을 바치자 처음에는 사양하다가 어쩔 수 없이 받아들이는 척 하는 제스츄어로 마치 그것이 신의 섭리이기에 받아들인다는 식의 연극을 한다.

왕권신수설의 전통에 따라 왕의 권력은 신의 섭리에 의해 주어지는 것이라는 인정을 받아 찬탈을 더욱 공고히 하려는 술책인 것이다. 역사적으로는 악한 왕도 신의 승인에 의해 왕권을 인정받는 것으로 믿어져왔

듯이 비록 속임수로 신의 인정을 받는 척 연극은 했지만 이는 리차드의 심리 속에 내재한 인정받고자 하는 욕구를 반영한 연극인지도 모른다.

자신의 목적을 위해서라면 골육지친이나 충성했던 신하들을 가리지 않고 잔인하게 제거해버리는 리차드는 흔히 타고난 악한으로 간주되지만 그만이 유독 타고난 악한인가 하는 문제는 짚고 넘어갈 필요가 있다. 본인의 처음 독백에서 드러난 것처럼 그는 타고난 기형적 외모에 심한 열등감을 가졌었음직하다. 세상의 쾌락을 당당히 누릴 수 없다는 소외 의식이 그가 세상에 대해 악의를 품게 된 동기였음을 알 수 있다. 온갖 권모술수를 다 동원하여 살인을 저지르고 왕위에 오르고자 하는 그의 야심의 내면엔 어떤 합리적 동기나 정치적 동기도 없었다. "나보다 더 나은 자들을 명령하고 억누르고 지배하기 위해서"라는 것이 그의 악행의 동기였을 뿐이다. 자기가 남보다 못하다는 열등감이 분노로 쌓이고 그로 하여금 타인들을 누르고 지배함으로써 자존감을 높이려는 몸부림으로 이어진 것이다. 결국 낮은 자존감이 그의 악행의 처절한 동기라고 할 수 있을 것이다. 개인적인 원한이 없으면서도 사회 전체에 대한 분노로 지나가는 행인들에게 공격을 퍼붓거나 살해까지 하는 무차별 폭력이 문제가 되는 현대사회의 모습도 그 동기 면에서 이 오래 전 역사 속의 모습과 하등 다를 바가 없다.

리차드는 그러나 악행을 통해서 찬탈한 왕권으로 천하를 지배함으로써 그 권력을 즐기거나 자존감을 향유하지는 못한다. 오히려 불안감은 가중되어 불안의 원인이 되는 사람들을 닥치는대로 죽이고 또 함께 일을 도모했던 신하마저도 못 믿어서 제거해버린다. 그리하여 주변엔 그를 도울 수 있는 사람이 점점 줄어들게 된다. 그러나 육체는 마음을 교육하는 도구라는 관점에서 보면 리차드가 기형적 외모와 비뚤어진 성격을 가진 자로 제시되어 있는 것은 인간의 열등감과 자신이 소외되어 있다는 데 대한 두려움은 치유되어야 할 상태임을 드러내주는 것이라고 볼 수 있다.

허약한 유리 위에 서 있는 듯한 불안정한 상황에서 결국 리차드는 그에게 반기를 든 군대와 최후의 전투를 벌이게 된다. 이 마지막 전투에서 수세에 몰려 죽음의 위기가 닥치자 "말! 말! 이 나라를 줄테니 말 한 필을 다오!" 하는 비겁하고 희화적인 대사를 마지막으로 그는 무대에서 사라진다. 그토록 원하던 왕좌였지만 조금도 그 자리를 향유하지 못하고 마지막에는 도망갈 말 한 필을 달라고 외치다 최후를 맞는 장면은 자신을 높이기 위해 밖으로만 손을 뻗는 야심이 얼마나 우스꽝스럽고 초라한 결과로 마감되는지를 보여준다.

인간의 욕망을 야기시키는 것은 주체와 객체의 경계라는 켄 윌버의 말처럼 리차드의 야심의 동기는 자기와 타자들 간의 극심한 경계의식이었다고 할 수 있다. 리차드는 자기 자신을 못나고 추악하다는 경계선 안에 가두고 그 외의 모든 사람들을 경계선 밖의 타자로 두고 전의를 불사른 것이다. 그는 둘째 형과 어린 조카들과 다른 왕족들을 런던탑의 감옥으로 보내어 죽게 하지만 그 자신의 에고는 감옥에 갇혀 자신이 바로 에고의 왕국인 지옥에 있음을 자각하지 못한 것이다.

경계선은 경계선 밖의 타자들에 의해 자아 정체성이 공격당할까봐 두려워하는 끊임없는 불안을 야기시킨다. 극의 초반에 리차드는 현왕인 큰 형 에드워드의 부인이 시동생 클래런스의 왕위 찬탈에 대한 두려움으로 시동생을 감옥에 보낸 것이라고 음모를 꾸민다. 그렇게 해서 둘째 형을 죽음으로 보내고 왕위를 찬탈한 후 그 왕권의 찬탈이 두려워 에드워드 형의 적법 계승자들인 어린 두 조카마저 죽인다. 권력의 주변에는 권력 자체가 지니고 있는 타자들과의 경계선 때문에 모두 자신의 정체성의 불안을 느껴 두려움에 전전긍긍하는 모습들을 보인다.

앤 역시 자신의 남편과 아버지를 죽인 리차드의 구애에 넘어가 그의 부인이 되었다가 제거 당하는데 자기에게 구애하는 살인마 리차드를 처음에는 온갖 욕설로 저주하다가 결국 승복하고 마는 이유에는 또한 두려움이라는 심리적 이유가 있음을 부정할 수 없다. 친가의 동생들과 두 어린 아들들을 그 손에 살해당하고도 자기의 남은 딸을 그의 아내로 주려던 엘리자베스의 마음의 변화에도 두려움이 그 원인이 되었을 것이다.

태어날 때부터의 기형으로 갖게 된 열등감과 인정받지 못함으로 오는 소외감을 만회하려는 것이 리차드의 악행의 동기였다면 어쩌면 태어날 때부터의 악한이라는 그에 대한 평가는 부당한 것인지 모른다.

켄 윌버의 말처럼 특정한 인간이 아니라도 보편적 인간성 자체에 부자유함이 있고 그 부자유함, 두려움, 불안 등이 분리된 자아의 특성이라면 리차드의 기형은 인간성의 타고난 내적 부자유함을 표상하는것일 수 있다. 그 불안과 두려움을 없애기 위해서 부단히 밖의 세계를 향해 자존감의 인정을 요구하지만 그것은 밖을 통해 채울 수가 없는 끝없는 미궁인 것이다. 리차드의 최후의 일성이 두려움에서 나온 절규인 것처럼 두려움에서 시작된 악행은 결코 그 두려움을 치유하지 못하고 더 큰 죽음에의 두려움으로 끝나고 마는 것임을 『리차드3세』는 일깨우고 있다.

『말괄량이 길들이기』 : 길들여지는 정체성

『말괄량이 길들이기』를 읽고 있으면 자아 정체성이란 무엇인가라는 의문이 생긴다. 자신이 생각하는 자아나 사회적으로 드러나 있는 자아나 실상은 실체가 없는, 무대 위의 배역을 맡은 배우에 불과한지도 모른다는 생각을 하게 된다. 이 작품은 자아란 스스로 있는 존재가 아니라 주변인이나 환경에 의해 만들어지는 존재일 뿐이라는 생각을 갖게 한다.

『말괄량이 길들이기』는 셰익스피어의 극작품들 중 유일하게 서극이 등장하여 본극과 나뉘어지는 구조를 갖고 있다. 서극에서는 술주정뱅이인 땜장이 슬라이가 주막집 여주인과 싸우다 술집에서 뛰쳐나와 거리에 쓰러져 잠이 든다. 그 앞을 지나가던 영주가 장난기가 발동하여 이 술주정뱅이를 데려다 호사스런 의복을 입히고 신하들로 하여금 영주 대접을 하게 하고 하녀에게는 정숙한 부인 역할을 하게 하여 한 판 연극으로 이 술주정뱅이를 놀리는 것이다. 잠에서 깨어난 슬라이는 영주가 되어 있는 자신의 바뀌어진 신분에 어리둥절하게 된다. 영주 일행은 슬라이를 속이면서 그에게 연극을 보여주는데 그것이 본극인『말괄량이 길들이기』인 것이다. 이 본 극의 주요 줄거리는 파두아의 부호 뱁티스터의 두 딸 중 말괄량이 큰 딸 캐서리나가 페트루치오와 결혼하여 그 남편에게 길들여져 전혀 다른 여성으로 바뀐다는 것이다.

파두어시의 부호, 뱁티스터는 구혼자가 많은, 조용하고 여성스러운 막내 딸 비앙카를 시집보내기에 앞서 시끄럽고 여자답지 못한 큰 딸, 캐서리나를 먼저 시집보내기 위해 구혼자를 물색한다. 지독한 말괄량이라도 지참금만 많다면 아내감으로 충분하다는 물질주의적 결혼관으로 페트루치오는 캐서리나를 아내로 맞는다. 애초 그의 결혼의 동기에서 엿볼 수 있었던 것처럼 페트루치오는 아내를 소유물로 인식하는 부권사회의 전형적인 모습을 드러낸다. 그는 아내에 대해서 "나는 내 것을 내 마음대로 할 것이요, 아내는 내 물건이요, 내 동산이요, 내 집이요, 내 집의 가구요, 내 밭이고, 내 헛간이요"라고 한 것처럼 자신의 짐승을 길들이듯이 캐서리나를 길들이기 시작한다.

페트루치오가 캐서리나를 길들이는 방법은 식욕과 수면욕이라는 일차적 본능적 욕구를 제한함으로써 그녀를 짐승처럼 굴복시키는 것이다. "내 매는 배가 고파 죽을 지경이다. 머리 숙이고 들어올 때까진 먹이지 말아야지. 배가 부르면 길들이기 어렵거든. 또 하나 야성의 매를 길들여 사육사가 부르는 소리에 따르게 하는 방법이 있지. 그건 못 자게 하는 거야"라고 하는 전략 속에서 안 먹이고 안 재우며 아내를 길들여 간다. 이와 같이 일단 아내가 된 캐서리나를 굶주리게 하고 먹을 것을 주는 척하다가 빼앗고, 잠을 못자게 하고 입고 싶은 옷도 못 입게 하는 등 인간의 일차적인 욕망 앞에 무릎 꿇게 하는 과정은 잔인할 정도다.

짐승을 길들이듯이 야만스럽게 캐서리나를 훈련시키는 페트루치오는 결혼 전의 난폭했던 캐서리나보다 한 수 더 떠서 난폭한 언행으로 캐서리나를 지배하려는 계획을 밀고 나간다. 그러면서도 어디까지나 그 모든 것이 아내를 위해서 하는 일인 것처럼 미화시킨다. 결혼과 동시에 아내를 지배하고 통제권을 가지려는 페트루치오의 계획은 성공을 거두기 시작해서 드디어 천하의 말괄량이 캐서리나도 매에 쫓기는 꿩처럼 어쩔 줄 몰라 하는 처지가 되어간다. 드디어는 달을 보고 태양이라 해도, 할아버지를 보고 아가씨라 해도 남편의 말이 옳다고 수긍하는 자세에까지 이른다.

마지막에 결혼한 세 남자들의 부인네들 중 캐서리나는 남편의 말에 가장 순종하는 여인으로 등장하여 아내로서의 미덕을 설파한다. "아내가 남편에게 빚진 의무는 신하의 군왕에 대한 의무와 같지요. 아내가 고집부리고 짜증내고 퉁명스럽고 잔소리하면서 남편의 착한 심정에 순종하지 않는다면 어진 군왕에 반역하는 간악한 신하와 같으니 배은망덕한 배신자가 아니고 무엇이겠어요?"라고 일갈함으로써 좌중을 놀라게 하며 말과 행동에 있어 전혀 새로운 캐서리나가 되었음을 보여준다.

이로써 페트루치오는 성공적으로 말괄량이를 정숙한 부인으로 길들이게 된 셈이다. 이러한 결말을 두고 페미니즘 비평의 관점에서는 가부장제의 억압 하에 여성을 종속시키는 이데올로기를 드러낸 셰익스피어를 비난하기도 한다. 특히 여성의 독립적 정체성에 대한 문제가 제기되는 관점에서 보면 참으로 불편하기 짝이 없는 결말인 셈이다.

그러나 과연 셰익스피어는 이 작품을 통하여 가부장적 이데올로기를 전파한 것일까 하는 것은 생각해볼 여지가 있다. 그토록 활발하고 주체적이던 캐서리나의 변모를 보면서 독자는 연민과 분노를 느끼게 된다. 마지막 장면에서는 어쩌면 희화적인 캐서리나의 모습에 웃음까지 머금지 않을 수 없게 된다. 이러한 관점에서 보면 작가는 남성이 말괄량이 여성을 길들여가는 과정을 보여줌으로써 부권사회에서 여성의 주체적 정체성이 어떻게 훼손되며 가부장 중심 사회에서 여성의 정체성이 어떻게 만들어져가는 것인가를 드러내고자 한 것임을 알 수 있다. 힘 있는 자가 약한 자의 정체성을 어떻게 유린하는지를 보여주는 서극에서 우리는 힘 있는 자에 의해서 신분이 만들어지는 사회를 패러디한 것임을 추정할 수 있고 이러한 서극을 본극 앞에 둔 극의 구조를 통해서 작가가 폭로하고자 했던 주제를 눈치 챌 수가 있다.

서극에서 슬라이는 영주의 인위적 연출에 의해 정체성이 바뀌게 되는데 그것은 그의 본 모습과 아무 관계없는 일시적인 신분에 불과하다. 영주는 연출가의 권위로 신하들을 시켜 슬라이를 혼돈에 빠뜨리고 결국 그가 변화된 신분을 수용하게 만든다. 그래서 서극은 본극의 주제를 패러디한 것으로 볼 수 있다는 것이다.

캐서리나는 본래 자연인의 다듬어지지 않은 모습에서 남편이라는 난폭한 권위에 억압되어 자연스러운 야성을 버리고 길들여진 매처럼 변화되는 것이다. "여성은 태어나는 것이 아니라 만들어지는 것이다"라는 시몬느 드 보봐르의 선언처럼 여성의 정체성이 가부장 사회의 이데올로기에 의해서 길들여지고 만들어지는 것임을 셰익스피어는 일찌감치 간파했던 것을 알 수 있다.

캐서리나가 기본적인 욕구조차 폭압적으로 제한되는 것으로 인하여 어쩔 수 없이 상황에 굴복하여 자기의 의지를 변환시키듯이 약자는 억압적 권위로 위협 당하며 자신의 목소리를 잃어왔음을 깨우쳐주는 것이 이 극의 주제라고 할 수 있다.

서극에서 슬라이의 정체성을 바꾸는 것은 가진 자들의 횡포에 가까운, 또는 장난끼 어린 연출에 의한 것이었다. 그러나 동시에 호사스런 먹을 것과 입을 것에 의한 유혹 때문에 본인이 가짜 신분을 수용한 것일 수도 있다. 생존의 문제 때문에 약자가 자신의 주체적 목소리를 내지 못하는 현실은 슬라이에게나 캐서리나에게나 또는 오늘 날의 약자에게나 다름없는 문제다.

특별히 이 극에서는 신분 변장이 광범위하게 이루어지고 있다. 루첸티오는 비앙카의 사랑을 얻기 위해 하인과 신원을 바꾸고 라틴어 교사로 변장하여 비앙카의 집에 들어가며 호텐쇼 역시 비앙카에게 구혼하기 위해 음악 교사로 변장한다. 루첸티오의 하인은 루첸티오로 신분을 바꾸었다가 다시 또 루첸티오의 아버지로 신분을 바꾸어야 할 처지에까지 이른다.

극 전체에 거짓 정체성이 난무하는 것은 캐서리나의 정체성이 상황에 의해 바뀌는 것처럼 사회적 정체성은 상황에 따라 바뀌어질 수 있는 것임을 시사하는 것일 수도 있다. 사회적 정체성은 상황과 주위 여건에 의해 바뀌기도 하며 훼손되기도 하고 위장되기도 함을 의미할 것이다. 따라서 상황에 따라 바뀌고 위장되는 정체성은 참 본체가 아니라고 할 수 있을 것이다.

『말괄량이 길들이기』라는 극은 서두에 나오는 서극에서 영주 일행이 슬라이를 위해 공연을 보여주는 극이다. 정체성을 주제로 하는 극의 구조가 극중 극이라고 설정된 데에도 의미가 있을 것이다. 즉 맥베드의 독백에서처럼 인생은 연극 무대이고 각자가 맡은 역할을 무대 위에서 연기하는 것일 뿐이지 무대 위에서의 역할을 맡은 존재가 인간의 참 본체는 아니라는 의미를 셰익스피어는 전달하고 싶었던 것이 아닐까? 즉 인간의 정체성은 그가 타고난 사회의 여건과 환경에 의해 만들어지는 것일 뿐 참다운 정체성은 아니라는 것이다. 참다운 정체성을 찾아가기 위한 무대 위의 역할에만 매몰된다면 인생은 무의미하게 한바탕 연극으로만 막을 내리는 것임을 작가는 또한 극중극이라는 구조를 통해서 일깨워주고 있다.

『베로나의 두 신사』: 그림자 사랑

이성간의 특별한 사랑이라는 것은 비실제적인 그림자를 붙들려는 것임을 깨닫게 해주는 것이 『베로나의 두 신사』다. 셰익스피어의 초기 희극에 속하는 『베로나의 두 신사』는 숙련기의 미숙한 작품으로 평가되어 비평가들의 긍정적인 주목을 받지 못한 작품 중 하나이다. 그러나 이 작품에서 우리는 셰익스피어의 후기 희극들에서 보여지는 원숙한 아름다움과 극적 재미의 그 단초들을 예감하게 된다.

죽마고우인 발렌타인과 프로튜스 간의 우정과 삼각관계와 배신과 화해가 다루어지고 있는 이 극은 오늘 날도 수 없이 되풀이되고 있는 사랑과 우정의 갈등을 깊은 철학적 의미를 담아 풀어내고 있다. 사랑을 위해 우정을 배신한다는 이야기는 진부하기도 하고 극의 짜임새는 엉성한 것 같지만 초기 희극에서부터 셰익스피어는 그 다운 통찰력으로 사랑과 우정과 배신과 용서의 문제들에 대한 지혜를 깨닫게 해준다.

주인공 발렌타인은 함께 자란 친구 프로튜스를 남겨놓고 고향인 베로나를 떠나 더 넓은 세상에서 견문을 넓히기 위해 밀라노로 간다.

프로튜스는 줄리어에 대한 사랑 때문에 친구를 따라가지 못하고 베로나에 머물게 된다. 줄리어에 대한 연정 때문에 떠나지 못하는 프로튜스에게 발렌타인은 "연애란 잠 못 이루며 기다린 끝에 겨우 덧없는 한 순간의 쾌락을 얻는 것이며 성공한다 해도 얻는 것이라곤 아무 쓸모없는 것 뿐"이라고 조롱한다.

줄리어를 못잊어 베로나를 떠나기 어려워하던 프로튜스도 곧 아버지의 강권에 못이겨 밀라노의 발렌타인과 합류하게 된다. 그런데 사랑에 눈 멀어 머뭇거리던 프로튜스를 놀리던 발렌타인도 밀라노에 도착하자마자 공작의 딸인 실비어에게 한 눈에 빠져버린다. 사랑의 감정이란 이성적인 이론과 아무 상관이 없음을 보여주는 모습이다. 실비어를 보고 첫눈에 반하여 "그 여자는 절세가인인데다 심성도 아름답기 그지 없다"고 판단하는 발렌타인에게 그의 하인은 "아름다움은 분칠로 만들어진 것이고 심성은 별개"라고 하지만 사랑에 빠진 눈은 이미 그 대상을 객관화하기 어려움을 보여준다.

사랑에 빠진 친구 프로튜스를 조롱했지만 "친구를 나무라시던 그 때의 눈빛을 가지고 있다면 얼마나 좋을까요?" 하는 하인의 말은 무시한다. 학식과 교양을 갖춘 사람도 사랑에 눈이 멀고 나면 하인의 분별력만도 못한 판단으로 주관적 생각 속에 매몰될 수 있음을 보여주는 것이다.

발렌타인의 흠모 대상이 된 공작의 딸 실비어는 아버지가 정해준 정혼자가 있는 상태였다. 그러나 실비어도 발렌타인에게 마음을 뺏겨 다른 남자에게 쓰는 편지인 것처럼 발렌타인에게 대필을 부탁하여 간접적으로 발렌타인에게 사랑을 고백한다. 실비어의 편지를 대필해 하인이 주는 발렌타인에게 "아가씬 멋진 술책으로 도련님께 구애하고 있는 것"이라고 지적해 주어도 발렌타인은 자기는 아가씨의 연인에게 보내는 편지를 대필해준 것이고 "아가씬 내게 한번도 편지 한 적이 없다"고 대꾸한다. 그러나 하인은 "아가씨 스스로 편지 쓸 필요가 없지요. 도련님에게 갈 편지를 도련님이 쓰게끔 했으니까요" 하면서 역시 주인보다 한 수 높은 분별력을 과시한다. 그런데 이러한 극적 장치를 통해서 셰익스피어는 사랑의 속성을 재치 있게 통찰하고 있음을 알 수 있다. 자기 애인에게 보낼 편지를 그 애인 자신이 쓰도록 한다는 것은 사랑이 얼마나 자기 마음에서 시작되어 자기 마음에 의해 좌지우지 되는 주관적인 것인지를 일깨우는 것이다. 어쩌면 이성에의 사랑은 변형된 자기 사랑에 불과하다는 것을 시사하는 것일 수도 있다. 그래서 재치 있는 하인은 "사랑이라는 카멜레온은 공기를 먹고 산다"고 일갈한다. 하인의 지적을 받는다는 것은 그만큼 낭만적 사랑에 빠져 있을 때는 그 사랑이 자기에 대한 사랑일 뿐임을 자각하지 못한다는 것을 암시하는 것이기도 하다.

사랑의 정표인 반지를 주고 받으며 "변치 않는 사랑을 맹세하오" 하고 줄리어 곁을 떠난 프로튜스는 밀라노에 와서 이미 발렌타인의 사랑이 된 실비어에게 반해버린다. 줄리어에 대한 사랑의 마음이 변해버린 프로튜스는 "하나의 못이 다른 못을 쳐내듯이 나의 옛사랑의 기억은 새로운 사랑 때문에 망각 속으로 완전히 사라져버리게 되었구나… 발렌타인에 대한 나의 우정도 식어버린 것 같구나"라고 하면서 친구의 사랑을 빼앗아버릴 음모를 획책한다.

그리하여 프로튜스는 공작에게 딸 실비어가 정혼자를 따돌리고 발렌타인과 도주하려 한다는 계획을 고자질하여 발렌타인이 추방당하게 만든다. 그리고 실비어에게 자신의 사랑을 고백하나 발렌타인을 사랑하는 실비어는 냉담하게 프로튜스를 거절한다. 매정한 실비어의 반응에 프로튜스는 "이렇게 사모하는 저를 위하여 아가씨 방에 걸려 있는 초상화라도 주십시오. 그럼 그 초상화를 보고 말을 걸며 한숨을 짓고 눈물을 흘릴 겁니다. 아가씨의 실체가 모두 다른 사람에게 비쳐져 있으니 전 그림자에 불과합니다. 그러니 당신의 그림자에나마 저의 진정한 사랑을 바치겠습니다" 하고 구걸하듯 실비어의 초상화를 얻어낸다. 이 역시 이성간의 사랑의 속성이 어떠한지를 알려주려는 작가의 의도적 장치라고 보지 않을 수 없다. 초상화와 같이 눈에 보이는 모습만을 사랑하여 연연하는 사랑은 그것이 낭만적이고 정열적인 것처럼 보이지만 결국 그림자끼리의 사랑임을 일깨우는 것이다.

줄리어는 떠나버린 프로튜스를 못잊어 소년으로 변장하여 베로나를 떠나 밀라노로 온다. 그리고는 못내 사랑하는 프로튜스의 하인으로 들어가 아이러니하게도 실비어에게 구애하는 프로튜스의 심부름을 하게 된다. 자신이 정표로 준 반지를 다른 연인인 실비어에게 갖다주라는 심부름을 하면서 줄리아는 실비어의 동정을 받는다. 실비어에게서 프로튜스가 부탁한 그녀의 초상화를 받아가면서 줄리어는 "그림자인 내가 그림자인 너를 들고 가는 거다. 넌 내 연적이지, 아아, 아무 감각도 없는 이 그림이 존경 받고 키스 받고, 사랑을 받고 찬미를 받을 건가"라고 한탄한다.

실체와 상관없는, 그림자 같은 환상을 사랑하는 어리석음을 한탄하면서도 줄리어 역시 배약하고 경솔한 프로튜스를 우상 숭배하듯

연모하는 사랑에서 벗어나지는 못한다. 마지막 막에서는 실비어가 추방된 발렌타인을 찾아서 하인과 길을 떠났다가 숲 속에서 산적들을 만난다. 뒤따라온 프로튜스는 위기에 처한 실비어를 구해주나 정욕이 끓어올라 그녀를 겁탈하려고 한다. 그때 추방당한 후 우연처럼 산적들의 두목이 되어있던 발렌타인에게 발각되고 프로튜스는 친구를 배신한데 대한 힐책을 당한다.

이 숲 속에서는 그 동안의 모든 혼란이 정리되고 배약과 배신에 대한 용서가 이루어진다. 친구의 애인을 가로채려던 프로튜스는 친구에게 진심으로 사과하고 친구는 또 그를 선선히 용서해준다. 줄리어가 변장한 옷을 벗고 자신의 정체를 밝히자 프로튜스는 그 정절에 감복하여 그녀를 받아들인다. 도주한 실비어의 뒤를 쫓아온 그녀의 아버지인 공작은 산적들의 포로가 되지만 발렌타인에 의해 구조되고 공작은 자기가 추방시켰지만 자기를 구조해준 발렌타인을 사위로 맞아들인다. 그리고 이전에 갖가지 죄목으로 추방당하여 숲속에 있던 다른 산적들도 모두 용서가 된다.

셰익스피어의 후기 희극들에서 보여지는 양상처럼 숲 속은 모든 갈등과 오해가 풀리는 화합의 장이 된다. 사랑싸움이든 권력 다툼이든 문제가 발생하는 도시나 성을 떠나 자연의 품에 안기면 사람들의 심성이 자연의 조화를 따르게 된다는 생태여성주의적 우주관이 일찍부터 셰익스피어의 극 속에 펼쳐져 있음을 알 수 있다. 너무 단시간 내에 갑작스레 모든 문제가 해결되고 쉽게 용서가 되는 구성이 너무 엉성하여 극작의 미숙함에 대한 지적도 받는 작품이지만 그 원형에 있어서는 자연의 어머니 품 안에서야 모든 매듭이 풀린다는 우주관을 극화한 것이라는 관점에서 보면 수용될 수 있는 결말이다.

"하늘과 땅은 사람의 회개를 따뜻이 맞아준다"면서 프로튜스의 배신을 용서하는 발렌타인은 또 한마디 이해하기 어려운 말을 덧붙인다. "나의 우정이 진실하고 솔직함을 보여주기 위해 실비어에 대한 나의 사랑을 자네에게 바치겠네" 하는 말인데 이것이 이 작품의 결말에 대한 논란을 일으키고 있고 그 의미의 애매함으로 인해 작품의 중요 결함으로 지적되기도 한다. 그러나 자연 속에서 그 넉넉한 감화력을 이어받아 실비어를 사랑하듯 친구의 배신도 덮어주고 그런 넉넉한 우정으로 다시 친구를 받아들인다는 의미로 본다면 굳이 발렌타인의 말을 이상하게만 여길 필요는 없을 것이다. 어쩌면 이성과의 사랑이나 친구끼리의 우정이나 잠시 잠깐의 감정에 좌우되는 그림자같은 사랑이 아니어야 한다는 메시지로 읽을 수 있지 않을까 싶다.

『사랑의 헛수고』: 맹세의 허구성

어떤 것이든 그것을 향해 마음 속에 저항이 있을 때 그것은 사라지지 않고 자꾸 되돌아온다. 그것은 어쩌면 우리가 무언가를 그것을 통해서 배워야 하는 대상인지도 모른다. 무엇을 끊겠다고 마음 먹어도 그것을 홀연히 떠나보내지 못하고 있는 상태는 어쩌면 더욱 그것에 집착하고 있는 상태인지도 모른다.

『사랑의 헛수고』는 셰익스피어의 초기 희극으로 작품 구성의 허술함과 희극이면서 비극적 색채를 띈 결말로 인해 호평을 받지는 못한 작품이다. 그러나 플롯은 엉성하고 단순하지만 언어의 현란함과 지적인 분위기로 궁정에서의 상연을 목적으로 한 극으로는 그 가치가 인정된 작품이기도 하다.

줄거리는 단순한 것으로서 나바르왕인 퍼디넌드가 궁정의 귀족들인, 버론, 롱거빌, 듀메인 등과 더불어 3년동안 금욕하며 궁정을 학문을 연마하는 곳으로 만들겠다는 포부를 선언하는 것으로 극은 시작된다. 이들 넷은 여자를 금하며 단식을 하고 수면을 줄이며 오로지 학문에 매진할 것을 서약한다.

롱거빌은 육신은 야월지라도 정신의 향연에 빠질 것을 기대하고 듀메인은 부귀영화를 멀리하고 속세의 쾌락에서 멀어질 것을 약속하고 버론 역시 금욕하며 학문에 매진할 것을 맹세하는 서약문에 서명을 한다. 이렇게 하는 목적이 "학문이 아니면 배우지 못할 것을 배우기 위함" 이라고 왕은 천명하지만 버론은 알아서 안되게 되어 있는 것을 아는 것이 학문의 목적이고, 맹세를 하고 서약을 했더라도 그 맹세를 깨뜨리고도 신의를 잃지 않게 되는 것을 연구하는 것이 학문이라고 역설적인 조롱으로 말문을 연다.

버론은 처음부터 이들과 도모하는 학문연구라는 것이 허상임을 지적하는 재치 있는 언변을 늘어놓는다. 즉 별들의 이름을 붙여주는 천문학자나 별들의 이름도 모르는 채 걸어 다니는 인간이나 별들의 혜택을 받는 것에 있어서는 마찬가지라는 것이다. 또한 불을 질러 점령한 도시처럼 학문은 결국 아무 소득도 가져다주지 못하는 것이고 학문연구를 하는 것은 하고픈 일을 달성하기 위해 애쓰는 동안 해야 할 일을 잊어버리는 것이라고 학문연구를 조롱한다. 즉 글은 처음부터 이들의 계획이 쓸모없는 것이며 서약도 물거품이 될 것임을 암시한다.

아니나 다를까 병석의 부왕을 대신하여 나바르 왕국을 방문한 프랑스의 공주와 세 명의 시녀를 만나자마자 서약을 한 왕을 위시해서 나머지 셋 모두 일시에 여자들에게 빠져 서약을 무색하게 하고 만다. 버론은 세 시녀 중에 하나인 로잘린에게 넋이 나가서 "사랑에 빠진 자들을 비판하고 감시하던 내가 사랑에 빠졌구나!" 하고 한탄한다. 셋 중에 가장 못난 여인에게 반한 자신을 한심해 하면서도 "그대는 어여쁨보다 더 예쁘며 아름다움보다 더 아름다운 여인"이라고 과장된 연서를 보냄으로서 가장 먼저 맹세를 깨뜨린다.

한 눈에 반한 로잘린의 모습을 그리워하며 애태우는 동안 버론은 왕도 공주에게 반해서 사랑의 열병을 앓고 있음을 뒤에서 목격하게 된다. 왕은 버론이 보고 있는 것도 알아채지 못한 채 "절세의 미인! 그 모습 형용할 길이 없구나" 하면서 오로지 공주의 생각에 빠져 맹세 같은 것은 안중에 없는 모습을 보인다. 뒤이어 왕이 보는 앞에서 롱거빌이 등장하여 사랑에 빠져 맹세를 물거품으로 만드는 모습을 발각당한다. 롱거빌은 "맹세는 입김에 지나지 않으며 입김은 수증기와 같은 것, 그대는 지상에 빛을 내려주는 아름다운 태양, 이 몸이 깨뜨린들 맹세가 어찌 죄가 되리오" 하면서 맹세의 허망함을 토로한다. 이를 지켜보며 버론은 "지독한 상사병에 걸려서 너절한 계집애를 여신으로 모신다"고 조롱한다. 듀메인 역시 "오 청순하고 신성한 케이트여, 참으로 인간의 눈에 비치는 경이로움이 아닌가?"라고 짝사랑하는 케이트를 찬양하는데 이를 지켜보는 버론은 "경이가 무어냐? 흔해빠진 계집앤걸!" 하면서 비아냥댄다. 자신의 사랑은 찬양하면서 다른 사람들의 사랑은 우상숭배라고 멸시하는 것이다.

여자를 멀리 하겠다고 서약한 네 사람은 차례로 상대가 사랑에 빠져 있음을 발견하게 된다. 듀메인은 "아, 맹세란 젊은이에게는 부당한 것! 꽃을 꺾고 싶은 심정이 젊음이거늘 맹세를 깨뜨림은 그대 위한 것이니 나만의 죄라고 부르지 말아다오!"라고 외친다. 결국 그들은 서로 사랑에 빠져있음을 인정하고 인간이 어떻게 타고난 본능을 거역할 수 있겠는가고 서약 위반을 합리화하며 이래야만 살과 피로 된 진짜 인간이 아니겠냐고 위로한다. 그리고는 서로 자기의 사랑의 대상이 가장 아름답다고 경쟁하듯 주장을 펼친다.

왕은 자기가 사랑하는 공주가 우아한 달님이라면 버론이 사랑하는 여자는 달 언저리의 빛조차 희미한 별 밖에 못된다고 폄하한다. 그러나 버론은 성서를 거론하며 얼굴이 그녀처럼 검지 않으면 아무도 미인이 될 수 없다고 자신의 연모의 대상이 가장 아름다운 미인이라고 주장한다. 듀메인도 "추물단지를 저리 애지중지 하는 건 난생 처음 본다"고 조롱한다. 서로 자신의 사랑만이 최고라고 하는 것은 사랑이 얼마나 주관적인 눈을 갖고 있는 요물단지인지를 증명하는 것이 아닐 수 없다. 결국 이들은 자신들의 연애가 정당하니 맹세를 깨뜨린 것이 잘못이 아니라는 것을 주장하며 학문이라는 것은 무용지물이며 실제의 삶과 인간 속에서 지혜를 찾아야 함을 천명하게 된다. 버론은 "여자의 눈처럼 아름다움을 가르치는 책이 세상 어디에 있단 말입니까? 여인들 눈동자 속에서 우리들의 모습을 발견한다면 거기서 곧 우리의 학문을 찾게 된 것과 다름없지요. 학문에 전념한다고 맹세했으나 그 맹세는 인생의 교과서를 버린 것입니다. 미의 스승인 매혹적인 눈이 가슴 미어지도록 불러일으켜준 열렬한 싯귀가 학문으로 떠오를 수 있습니까?" 하고 맹세의 무용성과 학문의 무력함을 결론짓는다.

합의 하에 서약위반을 합리화한 후 이들은 공주와 세 시녀들에게 선물과 사랑의 고백서를 보낸다. 그러나 여자들은 얼굴에 가면을 쓰고 선물을 각기 바꿔 장식한 후 상대 남자들을 헷갈리게 하고 남자들을 실컷 조롱한다. 망신을 당하고는 "맹세를 깨뜨린 죄 값으로 천벌을 당했으니 다시는 설익은 대사, 초등학교 학생 같은 언변을 구사하지 않을 것이며 장님 장타령 같은 싯귀 따위로 구애하지 않고 허위 허식을 모조리 쓸어버리겠다"고 하지만 여전히 남자들은 "죽음의 손이 당장 눈을 영영 감게 해도 좋다"는 애절한 마음으로 구애를 한다.

그러나 여인들은 이제 남자의 맹세는 믿을 수 없으니 서약은 할 필요 없다며 그들은 자신들을 아내로 얻기 위한 가혹한 조건들을 제시한다. 뜻하지 않게 프랑스의 부왕의 서거 소식을 들은 공주는 자신이 부왕의 승하를 추도하며 애도의 눈물로 세월을 보내는 동안 1년간 왕은 속세의 쾌락과 등진 오지에서 은둔 생활을 하라고 명한다. 자신에 대한 사랑이 그 엄한 생활에서도 변치 않는다면 그때 자신의 사랑을 요구하라고 말한다. 다른 여인들도 상대들에게 일 년 동안 고행으로 마음을 다진 후 자신들에게 다시 구애할 것을 요구한다.

비록 언어유희가 플롯을 압도하고 구성은 부실하다 하더라도 셰익스피어는 이 희비극적 장르를 통해 이 후 그가 쓸 극작품들에서 이어지는 불멸의 주제들을 이 극에서 소개하고 있다고 보여진다.『리어왕』에서 보여지는 화려한 언어의 가식성과 언제든지 마음 속의 진실과는 별개로 거짓 장식물처럼 보여줄 수 있는 언어에 속는 어리석음에 대한 주제가 이 극의 중심이라 할 수 있을 것이다. 그리고 욕망하는 것을 얻기 위해서는 자기 자신마저 속이면서 대상을 소유하고자 하는 남성들의 이기적 소유욕도 주제화되고 있다 할 것이다.

여성들을 보자마자 보이는 모습에 반하여 그 실체와 상관없이 자신들의 태양이며 천사며 여신이라고 찬탄하는, 사랑에 빠진 이들의 성급함과 보이는 것에만 쉽게 현혹되는 사랑의 어리석음을 또한 나타내고 있는 것이라 할 것이다. 즉 눈에서 시작되는 환상적인 사랑에 빠져 함부로 맹세를 하는 사랑의 허상을 통찰할 것을 작가는 그 메시지로 전하고 있는 것이다. 그리고 학문이라는 이름의 탁상공론적인 이론 공부는 실제 생활에서 적용될 수 없는 경우가 많다는 것 또한 극의 메시지 중 하나일 것이다.

여인들이 남자들을 실컷 곯려준 후에 자신들에게 다시 구애하기 전에 갖추어야 할 조건을 제시하는 것은 사랑의 맹세 따위가 사랑을 보증하는 것이 아님을 경고하는 것이다. 공주가 왕에게 제시하는 것은 열악한 환경에서 고난을 겪어봐야 한다는 것이고 로잘린이 버론에게 제안하는 것은 아무렇게나 지껄이는 우스갯소리로 사람들을 웃기기보다는 중병환자들을 문안하며 그들을 웃을 수 있게 하는 일로 일 년을 보내보라는 것이다 남의 고통을 진심으로 위로할 수 있는 성숙함이 이루어져야 사랑이 무엇인지 알게 될 것이라는 암시로 읽혀진다. 남녀 간의 진실한 결합은 머리 속의 학문으로가 아니라 삶의 고난을 통한 성숙함을 거쳐야 단단한 반석 위에 설 수 있음을 일깨워주는 것이다.

『로미오와 줄리엣』: 까마귀가 된 종달새

『로미오와 줄리엣』은 셰익스피어가 남녀 간의 사랑을 주요 주제로만 해서 쓴 유일한 비극이라고 할 수 있다. 로미오와 줄리엣은 서로 오랫동안 반목하던 두 집안의 갈등 때문에 시작부터 비극적 운명을 예고하는 사랑에 빠지게 된다. 이 사랑의 배경부터가 사랑의 본질이 어떠해야 하는가를 시사해주는 것이 아닐 수 없다. 생판 다른 두 남녀가 사랑을 시작한다는 것은 서로 나고 자란 배경이 다른 사람들이 하나를 이루어가는 어려운 길에 들어선다는 것이다. 분리된 세계를 하나의 세계로 이루어가는 것이 진정한 사랑의 과정일 것이다. 그러나 사랑은 그 이상향으로의 과정에서 이탈하고 만다.

극은 반목하는 두 집안의 하인들이 서로 갈등을 표출하는 장면으로부터 시작된다. 분리는 분리를 낳듯이 집안의 어른들이 반목 상태에 있으니 그 아래의 자식들과 또 그 아래의 하인들까지 서로 별 이유 없이 싸우게 되는 것이다. 이 두 집안 간의 반목으로 인해 캐플렛 가의 티볼트와 몬테규 가의 머큐쇼가 무고히 희생된다. 절대적인 입장에서 보면 그들은 싸울 이유도 없었으며 그 누구도 악인이 아니었다.

그러나 갈등하고 있는 집안의 한 쪽 관점에서만 보면 상대는 악인이고 원수가 되는 것이다. 스스로 만들어 놓은 경계선 안에서 경계선 밖의 존재에 악의를 품고 분쟁하며 희생되는 어리석음을 보게 해주는 것이 또한 이 비극이다.

로미오는 한 여인을 목숨 바쳐 사랑한 지고지순한 연인의 모델로 회자되어 왔다. 그러나 줄리엣을 목숨보다 더 사랑했던 로미오의 첫사랑이 줄리엣은 아니었다. 줄리엣을 만나기 전에 그는 다른 여인을 짝사랑하고 있었다.『로미오와 줄리엣』의 서두 부분에서 로잘라인이라는 여인을 짝사랑하는 로미오에게 친구 밴볼리오는 이렇게 말한다.

"그 여자를 미인으로 본 것은 옆에 아무도 없이 그녀만 봐서 그런거야. 두 눈으로 그녀 하나만 봤으니 미녀로 보일 수 밖에. 그러나 좌우 눈의 수정 저울에 너의 연인과 오늘 밤 잔치에서 내가 가르쳐주는 빛나는 다른 미인을 각각 올려놓고 저울질 해보라구. 지금은 최고로 보일테지만 그땐 별로 신통치 않을걸" 이렇게 말한 밴볼리오의 말은 사실로 증명된다.

곧 로미오는 캐플렛 가의 무도회에 가서 줄리엣을 보게 된다. 줄리엣을 일별하는 순간 그는 "내 마음이 지금까지 사랑을 해 왔다구? 내 눈이여, 결코 아니라고 맹세하라! 오늘밤까지 난 진짜 아름다움을 본 일이 전혀 없으니 말이다"라고 말한다. 그토록 로잘라인이라는 여자의 아름다움을 찬탄하며 사랑에 빠져 몸부림치던 로미오는 한 순간의 눈의 유혹에 함락되고 마는 것이다. 줄리엣을 본 이상 로잘라인의 아름다움은 비둘기 앞의 까마귀와 같다고 일축해버리게 된다.

하룻밤에 줄리엣에 대한 사랑에 빠져버린 로미오는 도움을 청하러

로렌스 신부에게 간다. 새벽녘에 뜰에 나와 약초를 캐던 신부는 이런 말을 한다. "아, 풀, 나무, 돌 등이 그 본성에 이상한 효험이 들어 있어 세상엔 아무리 흉한 것일지라도 그 무엇인가 특수한 효험을 세상에 주지 않는 것이 없고, 또 아무리 좋은 것일지라도 정당하게 쓰지 않는 날이면 본성에 어긋나서 악용의 해를 입게 되는 법이다. 덕도 함부로 쓰면 악으로 변하기 쉽고 비록 악이라도 활용하기에 따라서는 보람이 될 수도 있는 것이다." 이 신부의 말에는 완전한 미덕도 완전한 악덕도 없으며 세상의 모든 것은 상대적이라는 의미가 들어 있다.

그러나 줄리엣은 유모를 통해 로미오가 사촌오빠인 티볼트를 죽였다는 소식을 듣고는 "아름다운 폭군, 천사 같은 악마, 비둘기 깃을 단 까마귀, 늑대같이 탐욕스런 양!"이라며 로미오를 저주한다. 줄리엣의 이와 같은 역설의 묘사 속에는 인간의 속성이 전적으로 선이거나 악이 아니라 두 요소를 함께 갖고 있는 존재로서 상황에 따라 한 쪽 면이 드러날 뿐이라는 의미가 함축되어 있다.

그러나 곧 다시 티볼트를 죽인 로미오가 살아있다는 말에 어리석게 그를 헐뜯은 것을 후회하며 악담에 맞장구를 친 유모를 원망한다. 사촌오빠의 죽음은 슬프지만 상대적으로 로미오가 살아있음이 기쁘고 로미오의 추방이 죽음보다는 다행으로 여겨지지만 사랑의 꿈에 젖어 있던 마음에 다시 또 추방이라는 형벌은 죽음만큼 무겁게 다가온다.

티볼트를 죽인 죄는 법에 따라 사형을 선고 받아야 마땅하지만 추방 명령을 받은 로미오는 사랑하는 여인을 두고 베로나에서 추방되는 것은 죽음보다 더 잔인한 형벌이라고 차라리 죽는 것이 낫다며 자결을 시도한다. 그것을 말리며 로렌스 신부는 이렇게 말한다. "네가 죽도록 사모한다던 줄리엣이 살아있어. 어쨌든 넌 행복해. 티볼트가 널 죽일 뻔 했으나 네 쪽에서 티볼트를 죽였으니 네겐 다행한 일이야. 사형을 내릴 뻔한 국법도 네 편을 들어 추방으로 끝났으니 그 또한 다행한 일이지 뭔가. 축복의 여신도 마음껏 차려입고 너한테 미소 짓고 있는거야" 로렌스 신부로부터 자기의 처지가 상대적으로 얼마나 축복된 상황에 있는가 하는 이야기를 듣고서야 로미오는 줄리엣과의 첫날밤이자 마지막 밤을 보내기 위해 기쁨으로 로렌스 신부 곁을 떠난다.

로미오와 첫날밤을 꿈결처럼 보낸 줄리엣은 아침을 알리는 종달새 노래를 들으며 슬퍼한다. "아침이 밝았어요, 떠나세요! 저건 종달새예요. 가락도 맞지 않고 귀에 거슬리게 듣기 싫은 째지는 소리로 울고 있어요. 누군가 종달새는 아름다운 선율을 노래한다고 했지만 저 소리는 그렇지 않네요. 우리 사이를 갈라놓는 건데요" 아침을 알리는 같은 종달새의 노래도 아침이 밝아오는 것이 안타깝기만 한 연인들에게는 너무도 듣기 싫은 소리로 들리는 것이다.

셰익스피어는 그의 대부분의 극에서 세상엔 절대적인 것이 없음을 이야기해준다. 모든 것은 자기의 관점에 따라 상대적으로 보여지고 판단되어 진다는 것이다. 세상의 모든 것은 중립적인 것인데 주관적으로 상대를 바라볼 때 친구와 원수의 경계선이 생기고 옳고 그름이 생기며 아름다움과 추함이 생긴다는 것이다. 이러한 주제는 특별히 『맥베드』에서 마녀들이 "아름다운 것이 추한 것이고 추한 것이 아름답다"라고 하는 직설적인 표현에서 뚜렷하게 드러난다. 세상은 흑백의 이분법으로 나뉘어지는 것이 아니고 보이는 세상의 이면의 실재는 하나이며 그것을 분리하는 것은 사람들의 각자의 상황과 관점에 달린 것임을 셰익스피어의 작품들은 거듭 강조하고 있는 것이다.

『로미오와 줄리엣』의 비극은 남녀 간의 사랑도 궁극적으로 하나로 귀의되어야 함을 가르친다. 비극의 표면적 이유는 반목하는 두 집안의 갈등 때문인 것 같지만 사실 사랑의 과정은 서로 다른 두 남녀의 모든 반대되는 측면들이 만나 부딪쳐서 깎여지고 융합되는 과정이어야 하며 그러하지 못할 때 사랑은 비극으로 끝날 수 밖에 없다는 메시지를 이 비극을 통해 읽어야 할 것 같다.

극은 로미오와 줄리엣의 희생을 통해서 두 집안이 화해하게 된다는 것으로 막을 내린다. 해묵은 원한을 풀기 위해서는 어떤 형태로든지 희생 제물이 필요하다는 또 하나의 메시지를 읽을 수 있는 결말이지만 원한과 증오는 귀중한 것을 상실하게 하는 악임을 연역적으로 알려주기도 하는 메시지가 아닐 수 없다.

『한여름 밤의 꿈』: 디오니소스 축제

『한여름 밤의 꿈』을 읽으면 사랑의 완성은 그 완성된 지점만을 꿈꾸는 목표가 중요한 것이 아니라 사랑은 지금 이 순간에 창조되고 표현되고 변화되고 경험되는 것을 목표로 하는 과정이 아닐까 하는 생각을 하게 된다.

희망을 얘기하기엔 숲처럼 안성맞춤인 데가 없다. 무엇보다도 숲에는 부활의 법칙이 있기 때문일 것이다. 숲에는 푸르던 생명이 떨어져 흙에 묻혀가도 이듬해, 떨어져 쌓인 고엽더미를 뚫고 새 생명으로 솟아오를 수 있다는 부활의 찬란한 희망이 있다. 그래서 숲에서는 황혼조차 서글프지 않고 달빛조차 처량하지 않다.

우거진 잡목 덩굴과 꽃과 나무들이 싸우지 않고 함께 어우러지며 영원히 순환하는 사랑의 생명을 누리는 숲을 셰익스피어는 전 작품에서 공통적으로 화해와 조화의 공간으로 은유하고 있다. 그러한 숲은 갈등과 분쟁이 끊임없는 도시와 궁정과 대조되면서 인간 삶에서의 진정한 구원은 어디에 있는가 하는 의문에 대한 답을 제시해준다.

셰익스피어의 최초의 낭만 희극인 『한여름 밤의 꿈』이 펼쳐지는 무대는 숲 속이다. 사랑하는 연인들의 무대로 숲 속만큼 안성맞춤인 데가 또 있을까. 공상의 세계와 현실의 세계가 조화를 이룬 아름다운 서정시 같다는 평가처럼 숲 속에서 펼쳐지는 연인들의 이야기는 한 편의 서정시와 같다.

자그맣고 야무진 처녀 허미어는 싫어하는 남자와의 결혼을 강요하는 아버지의 명을 거역하고 사랑하는 연인 라이샌더와 숲으로 사랑의 도피를 한다. 딸을 만든 것은 아버지이므로 딸은 당연히 아버지의 소유라는 강압적 부권주의가 중심이 되어 있는 성에서 탈출하여 온갖 생명들이 자유롭게 춤출 수 있는 숲으로 사랑의 완성을 위해 도주하는 것이다. 장미가 가시에 싸여 외로이 죽느니 향수가 되어 향기를 남기는 것이 더 행복하다는 것이 그들 도피의 바탕에 있는 생각이다.

그들은 "사랑은 꿈과 같이 짧고 사랑의 목숨은 밤의 번개보다 짧다"고 하면서도 목숨을 건 위험을 무릅쓰는 것이다. 아버지와 공작의 명을 거역하면 자칫 교수형에 처해질 수도 있기 때문에 사랑의 짧은 수명을 이성적으로는 알면서도 목숨을 건 모험을 하는 것이다. 그토록 사랑이 찰나적이라는 것을 스스로 인정하면서도 아이러니컬하게도 둘은 일생이 끝나기까지 사랑이 변치 않기를 소망하며 서로 맹세를 주고 받는다.

달아난 허미어를 짝사랑하는 디미트리어스는 허미어를 뒤쫓고 디미트리어스를 짝사랑하는 금발의 여인 헬리너는 또 그를 뒤쫓는다. 궁정을 떠난 두 쌍의 선남선녀들은 이제 궁정의 권위와 압박으로부터 벗어나서 인간 세계에 이 모양 저 모양으로 관여하는 요정들의 세계인 숲으로 들어서서 사랑싸움을 하게 된다. 요정들은 인간들의 일에 관여하여 사랑하게도 하고 고난을 당하게 하기도 하며 행복과 불행을 좌지우지한다.

참나무, 산사나무, 뽕나무들이 우거진 숲 속에는 푸른 잔디밭도 있고 밭이랑에는 백리향과 인동초와 제비꽃, 사향장미들이 피어 그 향기가 그윽하다. 요정 왕은 요정 중 하나를 시켜 그 꽃들 중에서 즙을 짜내 요정의 여왕과 허미어의 애인인 라이샌더가 잠든 사이 그 눈에 떨어뜨리게 한다. 그 꽃즙이 들어간 사람은 잠에서 깨어나자마자 제일 처음 보는 사람을 사랑하게 된다는 것이다. 그 꽃즙이 눈에 들어간 라이샌더는 잠에서 깨자마자 떨어져 잠든 허미어 대신 뒤쫓아온 헬리너를 보게 되어 단박에 그녀를 향한 사랑에 빠지게 된다. 하루 아침에 라이샌더는 사랑의 대상을 허미어에게서 헬리너로 바꾸게 되는 것이다. 그토록 사랑하여 목숨을 걸고 같이 도망해 온 허미어를 향해서는 "그 여자와 지내던 일은 생각만 해도 숨통이 막히고 후회가 된다"고 저주를 퍼붓는다. 꽃즙은 잠자던 디미트리어스에게도 떨어지는데 꽃즙의 마술에 걸린 그는 깨어나서 그토록 미워하던 헬리너에게 "완벽하고도 신성한 님이여!"라고 하면서 사랑을 바친다. 꽃즙이 일으킨 기막힌 기적이다. 까마귀가 비둘기로 보이고 비둘기가 까마귀로 보이는 그 한 순간의 변화를 어떻게 해석할 수 있을까?

요정들은 사람들의 눈에서 시작되고 눈에서 끝나는 그 환상의 놀음을 즐긴다. 라이샌더와 디미트리어스가 헬리너를 두고 서로 차지하려고 싸우자 요정은 다시 잠든 두 사람이 허미어와 헬리너의 곁에 있을 때 잠든 두 남자의 눈에 꽃즙을 떨어뜨려서 원래대로 라이샌더가 허미어를 사랑하게 하고 디미트리어스는 미워하던 헬리너를 사랑하게 만든다. 그래서 행복한 두 연인들은 궁정에 돌아와 결혼할 수 있게 된다. 궁정에서의 반목과 갈등은 숲속에서의 치유를 거쳐 조화와 화해의 결말로 이어지게 되는 것이다.

셰익스피어의 목가 문학은 대체로 이렇게 도시와 자연의 세계로 나뉘어져 도시에서의 갈등이 자연에서 해소되고 치유됨을 그 기본 틀로 하고 있다.『한여름 밤의 꿈』에서 보여주는 사랑의 묘약은 팬지꽃에서 추출된 즙이다. 인간 세계의 아픔과 갈등은 자연이 치유하고 화해시킬 수 있음을 알려주는 우화일 것이다.

지혜와 풍요가 도시에 있을 것 같지만 연약한 야생화와 가시덤불이 뒤엉킨 숲속에 오히려 사람들 간의 싸움이 화해되는 치유력이 있음을 보여주는 극이다. 숲에는 갈등의 매듭 없이 홀연히 흘러가는 생명의 법칙이 있기 때문일 것이다. 숲에는 부활의 법칙이 있는 까닭에 끝난 듯이 보이는 생명도 그 모습을 달리하여 새로이 살아날 수 있다는 희망을 품을 수 있는 곳이다. 실망을 희망으로 바꿀 수 있는 곳, 기적같이 사랑을 소생시킬 수 있는 곳도 전원이며 그 숲속의 치유력이다.

또한『한여름 밤의 꿈』속의 숲에는 요정들의 춤과 노래가 있다. 시끄러운 부엉이도 있고 가시 돋친 고슴도치도 있고 장난치는 도롱뇽과 도마뱀도 있지만 그들을 잠재우는 나이팅게일의 아름다운 노래가 있어 조화를 이루는 곳이다.

그러나 한갓 꽃즙 때문에 사랑을 잃기도 하고 얻기도 하는 인간의 연약함과 가슴이 순간 뜨거워지다가 이내 차가운 돌처럼 변하는 남녀 간의 사랑은 숲 속의 영원한 삶의 순환에 비하면 얼마나 덧없는 것인지 모른다. 남녀 간의 사랑은 실현되는 순간부터 그 열기가 식어가지만 숲에서는 어떤 소망이 실현되자 싫어졌다는 따위의 권태는 없다. 그 어떤 극보다도 음악과 춤이 풍요하게 펼쳐지는 이극의 결말은 그러나 다소 비극성을 띄고 있다.

결혼하는 공작과 청춘 남녀 두 쌍의 결혼을 축하하기 위한 무언극이 마지막에 펼쳐지는데 이 극 중 극의 결말이 비극으로 끝나는 것이다. 극중에서 디스비를 사랑하는 피라머스는 그녀와 만나기로 한 곳에 나타나서 디스비의 피로 물든 망토를 먼저 발견하게 되고 디스비가 사자에 물려 죽은 줄로 잘 못 알고 자결을 한다. 뒤늦게 나타나서 죽은 피라머스를 발견한 디스비 역시 자기의 사랑하는 연인을 따라 자결하고 만다는 것이 극 중 무언극의 줄거리다. 달빛이 교교히 빛나고 있는 무덤가를 배경으로 하는 이 비극을 보고 세 쌍의 연인들은 신방으로 들어간다. 신혼의 단 꿈을 꾸어야 할 연인들에게 왜 이런 비극을 보여주며 왜 또 작가는 축복받아야 할 결혼식 축제에 이런 극을 보여주는 것으로 마무리를 하고 있는 것일까 하는 의문을 품어봄직 하다.

디오니소스는 창조와 해체 과정을 영원히 반복하는 우주적인 생명의 원리다. 디오니소스는 창조와 파괴, 생성과 소멸의 과정을 순환하는 힘들의 움직임이다. 숲에는 그런 힘들의 원리가 숨 쉬고 있어서 나이팅게일 새에서부터 사자에 이르기까지 각각의 생명을 유지하기 위한 힘이 순환하고 있다. 사랑에도 생성과 소멸의 원칙이 내재되어 있음을 부정할 수 없다.

사자는 파괴를 상징하는 강한 힘일 터이다. 사랑을 위협하는 힘일 수도 있다. 그 때문에 사랑은 깨지고 비극의 결말을 맞을 수도 있다. 유난히 달빛이 넘치는 이 극의 배경은 사랑의 풍요를 나타내주는 배경이기도 하지만 언제나 고정되어 있지 않고 순간마다 변하는 달빛같은 사랑을 경고하는 장치인지도 모른다. 사랑은 한여름밤의 꿈처럼 덧없을 수 있는 것임을 자각시키는 것과 동시에 숲에는 사자의 위험성도 있음을 일깨우는 사랑으로 마지막에 요정들은 신혼의 방 앞에서 춤을 추며 축복의 노래를 불러준다.

『베니스의 상인』: 야곱의 축복

인간의 삶이란 힘에 대한 끝없는 목마름을 해갈해가는 과정인지도 모른다. 그것은 돈일 수도 있고 명예, 지식, 친구, 학벌 또는 사랑일 수도 있다. 인생을 의미있게 하며 행복하게 한다고 믿어지는 그러한 힘을 소유하겠다는 의지로 우리의 삶은 유지되어가고 있는 게 아닐까? 다른 말로 하자면 그것은 욕망일 것이다. 그러나 욕망이라는 말을 기호로 표시하자면 언제나 힘의 모든 요소들을 내게로만 끌어당기려는 화살표가 되어버린다. 내가 힘의 원천이 되려는 것보다는…

『베니스의 상인』의 등장인물들은 인생을 행복하게 하는 힘을 추구하는데 있어서 다양한 모습들을 보여준다. 많은 이들이 힘을 외부로부터 자신에게로만 끌어당기려 하지만 어떤 이들은 그 힘의 원천이 되어주기도 한다. 끌어당겨오는 힘의 총체보다는 원천에 있는 힘이 더 강한 것은 분명하다. 그런데 사람은 어딘가로부터 힘을 공급받지 않고 남에게 힘을 공급할 수 있는 원천이 될 수 있을까? 힘을 끌어당겨 축적하는 사람과 힘을 퍼내주는 사람과 결국 더 힘센 자로 남는 쪽은 어느 편일까? 『베니스의 상인』은 이 물음들에 답을 주고 있다.

베니스에 사는 밧사니오는 젊은 날들의 방탕으로 인해 친구 안토니오에게 많은 빚을 지고 새롭게 정신을 차리면서 벨몬트에 사는 부귀한 상속녀 포샤에게 구혼하여 사랑도 얻고 돈도 얻어 그것으로 친구에게 빚을 갚고자 한다며 벨몬트로 가는 구혼 자금을 안토니오에게 다시 빌려달라고 요청한다. 그러한 밧사니오의 계획을 들은 상인 안토니오는 자기의 상선들이 세계 각처의 요지에서 활동하고 있으나 현재로선 현금이 없으니 자기 이름을 걸고 누구에게든지 그 자금을 빌리라고 한다. 베니스의 고리대금업자인 유대인 샤일록은 기독교도인 안토니오와 밧사니오의 곤경을 고소해하며 돈을 빌려주는데 그 차용증서에 가혹한 조건을 단다. 정해진 기간까지 돈을 갚지 못할 경우 보증인 안토니오의 가슴에서 살 한 파운드를 떼겠다는 조건이다.

한편 벨몬트에 사는 아름답고 부유한 상속녀 포샤는 아버지의 유언을 따라 배필을 정해야 하는 처지에 놓여있다. 각기 금, 은, 납으로 만들어진 상자 속 어느 한 곳에 본인의 초상화를 넣어두고 그 초상화가 들어있는 상자를 고르는 자를 그녀의 배우자로 삼아야 하는 조건이었다. 세계 각처에서 왕자와 공작들이 줄지어 와서 그녀를 신부로 맞이하기 위한 시험에 임하지만 모두 실패하고 만다.

구혼자 중 하나인 모로코 왕자는 자신의 얼굴이 검다고 속까지 검지 않다는 것을 강조하면서 상자 고르기에 나섰지만 아이러니하게도 겉모습이 화려한 금 상자 안에 분명히 귀한 것이 들어 있을 것이라는 믿음으로 금상자를 골라 구혼에 실패한다. 보이지 않는 것이 보이는 것과 같지 않으며 실제적인 힘은 보이는 화려함이나 풍요로움에 있지 않다는 것을 깨닫지 못하는 자들이 대부분이라는 것을 금상자 속에 있는 두루마리가 말해주고 있다. 즉 "나를 택하는 자는 많은 사람이 원하는 것을 얻으리라"는 것이 그것인데 그 상자 안에는 차디찬 해골이 들어 있었다. 외면적 힘만을 추구하는 자들은 생명 없는 것을 추구하는 것이고 결국 그런 생명력 없는 귀결을 얻게 됨을 이야기 해준다. 눈에 보이는 재물만이 힘의 전부인 사람에게는 사랑이나 생명은 안중에 없는 것이다.

이에 반해 밧사니오는 빛나는 금상자를 가리켜 "마이다스의 먹을 수 없는 음식"이라고 하면서 그것을 선택하지 않는다. 금이라는 물질적 가치가 꼭 생명을 살리는 양식이 될 수 없음을 나타내는 말이리라. 결국 밧사니오는 상자 고르기 시험에 합격하여 포샤를 신부로 맞이하게 된다. 많은 이들이 고귀한 포샤의 초상화가 귀한 금이나 은상자에 들어 있을 것으로 생각하여 그것들을 골라 실패하지만 밧사니오는 겉과 속이 다를 수 있으며 비록 겉모습이 초라하더라도 그 안에 보배가 있을 수 있다는 지혜로운 판단으로 납상자를 선택함으로써 시험을 통과하게 된 것이다.

이 '상자 고르기'는 눈에 보이는 가치와 눈에 보이지 않는 가치에 대한 가르침을 우리에게 전해준다. 대체로 살아가면서 우리가 손 뻗쳐 잡으려는 힘은 눈에 보이는 가치를 가진 힘이기 십상이다. 돈, 보석, 용모, 이름, 지위 등등, 그러한 힘들이 진정 우리의 인생을 힘있게 하는 것이냐는 질문을 던져볼 필요가 있음을 작가는 환기시킨다.

밧사니오의 친구 안토니오는 현금이 없어서 자신을 담보로 고리대금업자인 샤일록에게 돈을 빌려 밧사니오의 결혼 자금을 대 주었는데 그것은 자신의 목숨을 건 지극한 우정이었다. 그의 주변의 모두가 외부로부터 힘을 얻으려는 사람들 뿐이지만 그는 친구가 힘을 얻는데 목숨을 건 우정으로 그 자본의 원천이 되어주는 인물이다. 우리는 누군가가 인생의 힘을 얻는데 필요한 그러한 샘물의 역할을 해주었는가? 또 우리는 그러한 생명의 샘이 되어줄 누군가를 가까이 갖고 있는가? 이러한 질문을 또한 이 작품은 던져 준다.

밧사니오는 친구의 우정 덕택에 결혼과 부를 모두 이루었지만 제 날짜에 돈을 갚지 못하게 된 안토니오는 법정에 서서 샤일록에게 가슴살 한 파운드를 떼어주어야 하는 운명에 처하게 된다. 밧사니오의 아내 포샤는 빌린 돈의 몇 배라도 기꺼이 갚아 주리라고 제시하나 평소 안토니오에게 원한을 가졌던 샤일록은 그 제안을 거절하고 기어이 안토니오의 목숨을 해하는 살 한 파운드를 고집한다. 끝까지 자비를 요구했지만 그를 거절한 샤일록에게 판사로 변장한 포샤는 지혜로운 명 판결을 내린다. 그것은 살 한 파운드를 떼어내되 피는 한 방울도 흘리지 말라는 것이었다. 증서엔 살 한 파운드로 기록되어 있고 피는 한 방울도 언급되지 않았으니 그 증서대로 정확히 지키라는 판결이다. 결국 샤일록은 재판에 패하고 남의 목숨을 노린 댓가로 있는 재산마저 모두 몰수 당하고 유대교에서 기독교도로 개종하라는 명령까지 받고 만다.

그것이 생명을 해하는 일임에도 불구하고 끝까지 법대로를 강조하는 샤일록은 유대인의 부정적 속성만을 충실히 반영하는 존재로 등장하지만 이는 신이 주었다는 율법에 매여 살며 현실적이고 가시적인 메시야를 원하고 기다렸던 역사 속의 유대인의 한 측면을 강조하여 그려진 인물로 볼 수 있을 것이다. 즉 인생에서 의지할 힘이란 현실적이고 물질적인 힘임을 종교처럼 신봉하며 물질에 집착하는 인물로 대변되는 것이 샤일록인 셈이다. 이 극에서 극단적으로 갈등하는 힘인 샤일록과 안토니오의 대립은 유대인과 기독교도의 대립이라기 보다는 생명보다 율법이나 재물이라는 외면적인 것에 의존하는 힘과 자신의 생명까지 바치는 자기 희생적 사랑의 힘과의 대립이라고 할 수 있다.

유대인이 추구하는 힘은 눈에 보이고 계량할 수 있는 힘이지만 기독교도가 지향하는 힘은 눈에 보이지 않고 계량할 수 없지만 타인의 유익을 위해, 특히 생명을 살리고 사랑을 창조하는 힘이다. 눈에 보이는 재물은 결국 샤일록이 모든 것을 다 빼앗겼듯이 소모적이라 없어져 버리는 자본이 된다. 샤일록은 안토니오에게 빌려준 돈을 아무 짝에도 쓸모없는 살 한 파운드로 교환하려 했다. 계량할 수 있는 가치를 가지고 교환하고자 한 것은 원한을 갚고자 하는 자신의 욕망이었다. 결국 재물에 대한 그의 태도는 있는 자본마저 바닥나게 하는 결과를 초래했다.

그러나 눈에 보이지 않는 사랑을 실천하기 위해 눈에 보이는 힘인 재물을 버렸던 안토니오는 우정과 신용을 자본으로 하여 더 많은 재화를 창출한다. 밧사니오의 곤경을 구하고 자기의 목숨을 건졌을 뿐만 아니라 마지막엔 그의 상선들이 많은 재물을 싣고 돌아온다는 소식까지 듣게 되는 것이다. 작가는 이 대립되는 힘의 대조를 통해 '상인'이란 자본을 잘 활용하여 이익을 창출하는 자이며 이와 같이 삶의 진정한 상인은 가지고 있는 힘을 활용하여 자기 만의 이익을 창출하는 자가 아니고 타인의 생명과 사랑을 이루는 일에도 기여하는 자이며 그것은 결국 자기의 이익이 되어 돌아온다는 것을 일깨워주고 있다.

샤일록이 이야기한 성서의 야곱이야기도 눈에 보이지 않는 은혜의 가치를 환기시키는 주제를 포함하는 것이라 할 수 있다. 야곱은 암수 양이 교미하는 행위 중 나무껍질을 얼룩지게 벗긴 후 그것을 교미하는 양들 앞에 놓아서 얼룩무늬 양 새끼를 낳게 하고 그것으로 자기 몫을 늘려갔다는 것이다. 야곱이 재산을 늘린 이 과정처럼 자신도 재산을 늘리기 위해 이자를 받는 것이 뭐가 잘못이냐는 의미로 샤일록은 안토니오에게 야곱의 에피소드를 이야기 했지만 샤일록이 갖는 경제에 대한 태도와 야곱의 경우와는 사실상 극명한 대조를 이룬다.

야곱의 에피소드는 힘을 증대하려는 인간 개인의 노력으로 힘을 얻는 것이 아니라 신의 은혜로라야 진정한 힘을 얻을 수 있다는 것으로 볼 수 있다. 성서 속의 야곱은 눈에 보이는 물질인 팥죽을 주고 형인 에서로부터 눈에 보이지 않는 장자권을 사서 축복을 받게 되는 인물이다.

안토니오의 신용을 걸고 빌린 돈 3000더커트의 결혼 자금을 가지고 벨몬트 섬으로 간 밧사니오는 그곳의 이상적 여인인 포샤에게 구혼을 하게 된다. 밧사니오가 사랑하는 아내를 얻기 위해 노력하는 것은 사랑하는 여인 라헬을 얻기 위해 외삼촌 라반의 집에 가서 고생하는 야곱의 노력에 견줄 수 있다. 야곱이 사랑을 얻고 성공을 거두어 고향에 돌아가는 것처럼 밧사니오 역시 포샤의 사랑을 얻고 부까지 얻는 결과를 갖게 되는데 중요한 것은 이것이 본인의 노력의 결과라기보다 안토니오를 통한 하나님의 무조건적인 사랑의 결과라는 것이다. 인간이 이 세상에서 누리는 힘이 인간 개인의 노력에 의해서만이 아니라 눈에 보이지 않는 가치를 선택함으로써 신의 축복을 받아야 함을 시사하는 것이기도 하다. 이로써 작가 셰익스피어는 이 작품을 통해 인생이 꿈꾸는 외부적 힘과 실질적인 힘의 차이를 나타내고 있고, 인생의 승리는 계량할 수 있는 외면적 힘을 향해 손을 뻗치기 보다는 사랑을 실천하고 신으로부터 축복을 은혜로 받는데 있다는 것을 조명하고 있다고 보여진다.

『베니스의 상인』 : 율법과 반지

엘리자베스 시대 영국에서의 유대인은 악마의 손을 가진 무서운 존재로 여겨졌었고 실제 우물에 독을 넣거나 아이를 잡아갔다는 혐의로 심판받기도 했다. 따라서 당시 유대인들은 유럽 국가들에서 악마의 종족으로 취급되는 수모를 겪으며 소외를 당했으나 그러한 유대인에 대한 차별은 역사를 훨씬 거슬러 올라간다.

전통적으로 이스라엘 종교 사상은 유일신 신앙에 기초하고 있다. 유일신 사상은 원칙적으로 다신교를 숭상하는 열국들과는 종교적, 정치적 타협을 거부한다. 따라서 그러한 태도는 늘 힘센 열국들로 하여금 소수의 이스라엘 공동체에게 박해를 가할 수 있는 이론적 근거로 사용되었다. 근대 유럽사회에서 유대인들이 박해받은 근거로 제시되었던 것이 선민이라는 유대인들의 독특한 종교 관습이었던 것이다.

안식일을 지키며 극중에서도 나오는 것처럼 까다로운 음식 법에 따라 살면서 결코 동화되지 않는 유대인들의 종교적 성격은 지배계층인 유럽인들에게 있어서 항상 눈에 거슬리는 혐오대상이 되었음은 자명한 일이다. 이러한 독특한 종교적 신앙이 타민족에게는 반사회적 경향으로 비치며 실제 작품 속의 샤일록은 축제를 거부한다든지 하는 태도로 미루어 베니스 사회에서 고립되어 있는 반사회적 태도를 견지하고 있음을 알 수 있다.

특별히 유대인에 대한 기독교인들의 뿌리 깊은 멸시와 적대감의 근거는 예수 박해라는 역사적 사실로 거슬러 올라간다. 기독교인의 시각에서 볼 때 유대인은 바로 하나님의 독생자인 예수를 구원자로 인정하지 않고 그를 십자가에서 죽게 하는데 결정적인 존재였다. 따라서 반유대주의는 예수를 박해한 유대인들 스스로 짊어지게 된 '피값'이라는 의식이 팽배하게 되면서 생기게 되었다. 그렇기 때문에 기독교인들은 유대인을 박해하는 일에 대한 도덕적 가책도 느끼지 않는다. 그래서 기독교 문명에 뿌리를 둔 서구 문학에서 유대인은 수전노, 고리대금업자 등 조롱과 증오의 대상인 경우가 많다.

셰익스피어가 『베니스의 상인』을 집필할 무렵인 1597년경 역사적 상황은 유대인 배척감정이 고조되었던 시기다. 그러나 셰익스피어가 이 작품에서 유대인에 대한 명확한 태도를 취하고 있지 않다고 하는 견해가 많지만 그는 유대인의 물질주의적 사고와 행동에 특히 비판적인 초점을 맞추고 있다. 그렇다면 작가는 기독교도와 유대인의 갈등을 표면적 소재로 놓고 무엇인가 더욱 깊은 의미를 드러내려고 하지 않았나 생각해볼 필요가 있다.

작품의 1막 1장은 안토니오가 세상사에 염증을 느끼며 슬픔을 느낀다는 대사로부터 시작하는데 이는 안토니오라는 인물이 세상을 사랑하고 있지 않음을 나타내는 것이며 자기를 사랑하지 않기에 돈을 사랑하지 않으며 자기에게 매여 있지 않기 때문에 목숨을 버려서 친구를 사랑할 수 있는 자, 즉 예수 그리스도의 복음적 사랑을 실천할 수 있는 바탕이 되어있는 인간임을 나타내는 서두라고 할 수 있다.

이어서 밧사니오라는 안토니오의 친구가 안토니오의 도움을 요청하면서 등장하는데 벨몬트 섬에 있는 부유한 상속녀에게 구혼을 하러갈 자금을 안토니오에게 청하는 것이다. 마침 안토니오는 모든 상선이 다 해상에 나가 있고 수중에는 돈이 한 푼도 없는 상황이었다. 이에 안토니오는 자기의 신용을 걸고 베니스의 누구에게든지 돈을 빌리면 자기가 책임지고 갚아주겠다고 하며 자신의 사랑을 의심하는 것은 자기 재산을 다 탕진하는 것보다 더 나쁜 것이라고 극진한 우정을 보인다.

베니스를 무대로 고리대금업을 하는 유대인 샤일록에게 밧사니오는 3000더커트의 돈을 안토니오의 목숨을 담보로 하여 빌리게 된다. 샤일록은 안토니오의 이름으로 서명하는 차용증서에 정해진 날짜에 정해진 금액을 갚지 못하면 심장 가장 가까운 곳의 '살 한 파운드'를 떼낸다는 조건을 붙인다. 이는 유대인인 샤일록이 평소에 기독교도인 안토니오에게 품었었던 반감을 표현하는 것인데 이 작품의 전체 구도 속의 중심 갈등은 이와 같이 유대인과 기독교도간의 반감을 기반으로 하고 있다. 이는 율법과 사랑의 갈등으로 해석할 수 있고, 율법을 고집하는 곳에는 사랑이 자리 잡을 수 없고 사랑이 있는 곳에는 율법의 필요성이 없다는 둘의 양립 불가능성을 나타내는 구도라고 할 수 있다.

율법에는 은혜의 여지가 없지만 복음은 무조건적인 사랑이요, 은혜라고 할 수 있다. 안토니오는, 밧사니오에게는 전적으로 "네 이웃을

네몸과 같이 사랑하라"는 기독교 정신을 구현하는 예수와 같은 인물이다. 그런데 다른 사람에게는 무한히 자비롭고 은혜만을 베푸는 안토니오도 샤일록의 말을 빌려보면 유대인들을 까닭없이 박해하고 욕하고 미워한 기독교도 중의 하나로서 유대인 측면에서 보면 무자비한 사람에 불과하다. 우리가 샤일록의 요구와 항변이 근거가 있다고 생각하고 그를 동정 받을 여지를 갖고 있는 인물이라고 생각하는 경우, 그와 대치되고 있는 안토니오와 포샤는 그를 타자로 억압하고 그들의 사회로부터 배제하는 부정적 인물이 되고 만다. 또한 안토니오의 경우 친구에 대한 그의 우정이 돋보이기 보다는 타자에 대한 경멸과 반감이 더 드러나게 된다.

포샤의 경우 그녀의 재치와 지혜가 돋보인다기 보다는 이방인의 약점을 파고들어 교묘하게 기만하고 배제하는 인물이 되고 만다. 이런 관점에서 본다면 포샤가 말하는 자비는 단지 기독교인에게만 적용될 뿐 타자에게는 가혹하기 짝이 없는 이기적 자비일 뿐이다. 그렇게만 본다면 포샤는 자신의 말과는 달리 자비로운 심판관이 아니라 남편 친구를 구하기 위해 간교한 꾀를 쓴 교활한 여인에 불과하다는 평을 면할 수 없다.

친구만을 사랑하고 유대인을 증오하는 안토니오의 태도를 진정 만인을 포용한 하나님의 사랑에 비교할 수 없다는 견해는 부정할 수 없지만 그것은 표면적인 현상이고 그 이면적 의미를 살펴보면 새로운 시각을 갖을 수 있다. 부정적으로 보자면 안토니오처럼 이율배반적인 인물도 없다. 안토니오의, 타자에 대한 사랑과 증오는 극단적이기 때문이다. 그가 유대인을 증오한 것을 부인할 수 없기 때문에 그를 이율

배반적인 인물로 해석할 경우 자칫 독자는 혼란에 빠지게 된다.

안토니오가 유대인을 미워한 것을 예수가 율법주의자들을 경계한 차원에서 본다면 문제가 풀릴 수 있을 것이다. 예수도 바리새인들을 향하여 "이 독사의 자식들아!"라고 분노했던 것처럼 안토니오와 샤일록의 갈등은 사랑과 양립 불가능한 율법과의 갈등으로 볼 필요가 있다. 율법과 사랑은 영원한 평행선을 이룰 뿐 서로 만나질 수 없다는 것이다.

샤일록이 있는 베니스를 법과 돈이 지배하는 사회로 비유한다면 포샤가 있는 벨몬트섬은 사랑과 화해가 지배하는 복음의 영역으로 비유될 수 있다. 2막의 베니스에서는 샤일록의 하인 론슬롯이 자발적으로 밧사니오의 하인이 되기 위해 몰래 샤일록의 집을 떠나는 장면과 샤일록의 딸 제시카가 기독교도 애인인 로렌조를 따라 아버지 몰래 재신을 훔쳐내 가출하는 장면이 이어진다. 샤일록에 매여 있던 이 둘은 다같이 샤일록을 떠나 자발적으로 자리를 옮겨 기독교도의 뒤를 따르는데 이는 율법세계와 복음적 세계의 특성을 구별해주는 구도가 아닐 수 없다. 즉 율법세계는 그 무엇에 매여 종살이 하는 세계며 복음의 사랑이 있는 곳에는 자발적 의지가 넘치는 곳이라는 의미를 찾아볼 수 있다.

재산을 훔쳐 달아난 딸을 붙잡기 위해 미친 듯 날뛰는 샤일록은 율법에 매여 있는 사람들이 얼마나 자기 유익에 집착하는 속성을 갖고 있는지를 보여주는 것이 된다. 인간의 탐욕을 전제로 하는 황금만능의 세계일수록 법의 기능이 강조되는 사회라고 한다면 이러한 베니스 사회에서 샤일록이 갖는 역할의 의미는 은혜를 상징하는 안토니오와 대비되는 강팍한 것이라고 할 수 있다.

이 작품에 나오는 두 공간은 지역적 특성으로나 그 거주자들의 면면으로나 서로 대조되는 국면을 지니고 있다. 베니스는 상업의 중심지로 많은 상인들의 경제적 활동의 주 무대가 되면서 동시에 샤일록이 고리대금업을 하여 돈을 버는 곳이다. 이곳은 신의 은총과 은혜보다는 황금, 법률, 정의, 실용정신이 지배하는 현실세계며 상업적 질서와 법의 질서가 사람들의 탐욕적 한계를 가까스로 지탱해주고 있는 곳이다. 사랑과 용서와 자비보다는 투쟁과 자기 노력을 통해 인생을 살아가야 하는 곳이며 인위적 법질서에 의존하는 곳이다.

그러나 반면에 벨몬트는 포샤가 그 아버지로부터 거대한 유산을 물려받아 살고 있는 곳으로 자기의 노력 없이 값 없이 주어지는 은혜를 따라 살 수 있는 공간이다. 밧사니오는 안토니오의 도움을 받아 베니스에서 벨몬트로 가는데 자기의 명철과 노력으로 고군분투하는 삶의 영역이 아니라 하늘의 은혜로 행운을 얻는 공간으로의 이동을 의미한다.

작품의 기초를 이루고 있는 샤일록의 고리대금업에 대한 비난과 관련하여 샤일록과 안토니오의 갈등 못지않게 샤일록과 밧사니오의 관계도 주목할 만하다. 샤일록이 고리대금업을 정당화하는 논리는 근면과 절약인데 그는 방탕과 사치로 낭비하는 기독교도인들을 비난한다. 그 비난의 주 대상은 당연히 밧사니오다. 그러나 아이러니컬한 것은 샤일록의 고리대금업이 밧사니오처럼 돈을 낭비하는 기독교인들 덕택으로 번성한다는 사실이다. 그런 점에서 밧사니오는 셰익스피어 당대에 고리대금업을 비난하는 사람들이 아울러 비난했던 나태한 채 무자들의 일면을 구현하고 있다고 볼 수 있다. 스스로 시인하듯 그가 안토니오에게 신세지는 것도 뚜렷한 명분이 있는 활동을 위해서보다 사치와 사교를 위한 것이다. 그런 견지에서 보면 샤일록을 비난하고 밧사니오를 두둔할 수 있는 정당성은 약화될 수밖에 없다.

그러나 기독교도의 공간과 율법주의자의 공간이라는 두 개의 구별된 공간의 개념적 차이는 하나는 사랑이 타인에게로부터 와서 그의 삶을 풍성하게 하는 은혜의 공간이라면 다른 하나는 계산에 의한 이식의 불림으로 세상 물질을 쌓으나 사랑과 은혜와는 거리가 먼 계약이 지배하는 사회라는 것이다.

샤일록의 증서가 말해주듯 부르조아적 계약이 지배하는 사회에서의 금전적 계약은 엉뚱하게 사람의 목숨까지도 빼앗을 수 있다는 것이다. 계약과 법이 인간의 생명에 우선될 수 있는 곳이라는 말이다. 생명을 우선시하는 사랑은 율법의 근본 본질인 사람다운 도리를 부정하는 바리새인들의 융통성 없음에 견줄 수 있다. 다시 말해서 이 두 공간을 구별지어주는 중요한 특징으로 베니스는 생명보다 가시적 물질주의가 중요시되는 사회요, 벨몬트는 눈에 보이는 것보다 보이지 않는 정신적 가치가 중요시되는 사회라는 것이다.

마지막 부분에서 로렌조는 제시카에게 의미 있는 말을 한다. 음악의 조화로운 소리를 영원불멸의 영혼 속에 있는 것으로 간주하고 우리가 육체 가운데 있을 때는 그것을 들을 수 없다고 말한다. 이는 육체를 따라 흙으로 돌아갈 것에만 매여 사는 사람은 영혼 구원의 길을 볼 수 없다는 의미일 수 있다. 베니스가 물질과 율법에 매여 있어 영혼의 소리를 들을 수 없는 곳인데 반해 음악과 사랑이 있는 벨몬트는 영혼 구원의 근원이 되는 곳임을 알려주는 것이다. 벨몬트의 포샤는 처음 등장하면서부터 이 세상에 대한 염증을 토로하는데 이는 벨몬트가 육체적, 물질적 삶에 만족을 구가하는 곳이 아니라는 것을 암시한 것이라 하겠다.

3막에서는 여러 나라 해상에 띄웠던 안토니오의 배가 모두 파선했다는 우울한 소식이 들려오고 따라서 안토니오는 밧사니오를 위해 샤일록에게 빌렸던 3000 더커트의 상환 기일을 어기게 된다. 차용 증서에는 기한 내 상환 불능일 경우 심장 가까운 곳의 살 한 파운드를 떼낸다는 조건이 붙어 있었으므로 샤일록은 엄정한 법집행을 요구하며 안토니오의 살을 뗄 준비를 하고 있다. 샤일록은 그동안 유대인으로서 기독교도로부터 받아야 했던 수모를 돌이키며 무슨 일이 있어도 엄정한 법집행을 통해 안토니오를 해치려고 다가선다. 법을 통하여 자신 마음속에 간직했던 오랜 원한을 풀려는 샤일록은 율법의 효용이 오직 자기를 지키고 자기 유익을 더하는 데에 있음을 확인시켜 준다.

안토니오가 샤일록의 차용금을 상환하지 못하게 되자 법에 의해 안토니오는 꼼짝없이 밧사니오로부터 심장의 살 한 파운드를 떼이고 죽을 수 밖에 없는 긴박한 상황에 놓이게 된다. 그러나 재판관으로 변장하여 온 포샤의 기지에 의해 상황은 역전된다. 샤일록은 고의로 사람의 목숨을 빼앗으려는 의도가 드러나 오히려 재산을 몰수당하고 겨우 공작의 자비에 의해 죽음만을 면하게 된다.

상황의 역전을 이루는 극의 구조 속에서 법만을 강조하고 정의만을 주장하던 샤일록 즉 율법주의자들이 결코 율법으로 온전히 의로울 수 없으며 법에 의거하면 모든 사람이 죄 아래 가두어질 뿐임을 드러낸다. 다시 말해서 그 계약서가 아니었다면 죄인이 아니었을 샤일록이 그 계약서로 말미암아 고의적 살인을 계획한 죄인이 된 것이다. 법의 집행을 요구하다가 살인자로 지목된 샤일록은 그 역할 면에 있어서 그리스도의 사랑을 알게 하기 위해 먼저 율법이 필요했던 복음의 목적에 견줄 수 있다는 것이다.

반면 포샤는 자비의 속성은 하늘에서 내리는 비와 같고 그것은 하나님 자신에게 속한 속성이라며 자비를 베풀 것을 역설하는데 율법주의자 샤일록의 속성과 대조되는 복음적 속성을 이야기 하는 것이라고 할 수 있다. 그녀는 의로운 행위를 통해 구원 얻을 자는 하나도 없음을 얘기하고 있다. 복음서는 어떤 율법의 명령보다도 큰 계명이 사랑이라고 명시하고 있다.

외형적인 모습 즉 율법을 지킴으로써 보여지는 경건한 모습보다는 마음의 중심에 진실로 생명을 중시하는 인간 중심적 사랑이 있어야 함을 강조하고 있다. 그런데 샤일록은 법을 지키기 위해 생명을 뺏으려 했으니 예수의 복음과는 전적으로 반대편에 서는 태도인 것이다. 복음은 율법이 사람을 위하여 있는 것이지 사람이 율법을 위하여 있는 것이 아님을 강조하는데 이는 자비와 사랑이 율법 적용보다 우선한다는 사실을 보여주는 것이다. 샤일록의 무정한 주장에 대한 포샤의 자비의 설득은 예수가 선포한 새로운 패러다임으로서의 사랑에 견줄 수 있다.

달이 밝을 때 우리는 촛불을 볼 수 없고, 더 큰 빛이 작은 빛을 무력하게 하며 작은 시내가 바다에 합류하는 것처럼 큰 빛은 작은 빛을 흡수하고 만다는 마지막 막의 대사는 4막에 있었던 재판정의 진리를 압축하여 암시해준다. 법은 질서를 위해 필요한 작은 빛이지만 사랑이라는 더 큰 빛이 그것을 무력하게 할 수 있다는 것이다.

『베니스의 상인』은 반지소동으로 끝을 맺는다. 예나 지금이나 결혼식에서 신랑 신부는 반지를 주고 받는다. 그때 반지의 의미는 '사랑에의 변함없는 약속'을 상징하는 표시가 된다. 포샤는 밧사니오와 결혼하면서 그에게 절대로 반지를 잃어버리거나 누구에게 주거나 하지 않도록 당부하는데 이에 대해서 밧사니오는 설사 죽는 한이 있더라도 그 사랑의 반지를 지키겠노라고 답한다. 이 때의 반지에 대한 부탁과 맹세의 실질적인 의미는 절대 불변의 사랑 자체에 대한 것이었을 것이다.

그러나 재판관으로 변장하여 온 포샤가 명판결을 통해 안토니오의 생명을 구해주었을 때 밧사니오는 그 재판관에게 무엇이든 감사의 표시를 드려야겠다고 하며 무엇이든 요구하라고 한다. 그 때 자기의 정체를 여전히 감춘 채 포샤는 밧사니오에게 그가 끼고 있는 반지를 달라고 요구한다. 밧사니오는 처음에는 아내 포샤에게 맹세했던 말을 상기하며 그것만은 안 된다고 완강히 거절했으나 결국 친구의 목숨을 살려준 은인 판사에 대한 감사의 정을 저버리지 못하고 또한 간청하는 친구의 우정을 외면하지 못하여 그렇게 굳게 지키겠다고 맹세한 반지를 주어버리게 된다. 나중에 다시 원위치한 포샤로부터 왜 손가락에 반지가 없냐고 추궁당하면서 밧사니오는 몹시 곤란을 겪게 되나 결국 극은 해피엔딩으로 끝나게 된다.

여기서 반지와 율법과의 관계를 살펴보면 의미 있는 관련이 있음을 발견하게 된다. 사실상 율법은 하나의 약속이라고 할 수 있다. 법제정의 원 목적은 자신을 보호하고 타인을 보호하며 질서를 지키고 더 행복하고 유익한 삶이 되게 하기 위함일 것이다. 하나님은 이스라엘 민족에게 젖과 꿀이 흐르는 땅, 가나안을 약속하며 그대신 지켜야 될 율법을 주었다. 그것은 가나안을 향한 사랑의 약속이었다. 그러나 율법주의자들은 율법을 지키는 데만 목적을 두고 그 율법의 노예가 됨으로써 본질인 삶 자체가 더 불편하고 사랑을 잃어버려 더 피폐하며 강팍하게 될 때까지 율법을 위한 율법에 집착하게 된다.

약속은 형식이며 형식은 내용을 위한 것인데 형식 때문에 내용을 버리는 것이다. 밧사니오가 한 행위, 즉 반지를 빼준 것은 약속, 즉 형식적 약속은 파기한 것이지만 그 안에 담겼던 성실과 사랑에의 내용적 약속을 버린 것은 아니었다. 즉 본질에 더 충실하기 위해 반지를 버린 것은 생명을 살리기 위해 안식일을 범한 예수의 경우에 비유할 만 하다. 또한 반지를 빼준 것은 새로운 패러다임인 사랑을 위해 옛것, 즉 율법을 파기한 복음서의 내용에 비추어 이는 옛것의 폐함을 의미하는 것으로 해석할 수도 있을 것이다.

샤일록이 법대로 하겠다고 주장하는 그 법은 돈을 갚지 못할 경우 살 한 파운드를 떼내겠다는 것인데 이 가혹한 법이 가지는 속성을 바울이 말하는 율법의 속성에 비교해보면 율법과 복음의 속성이 더욱 뚜렷해진다. 반지는 율법과 같은 역할인 약속의 표시다. 처음 것의 폐기를 통해서 새로운 패러다임의 사랑이 세움을 입었듯이 밧사니오는 형식을 폐했지만 행복한 결혼 생활의 시작이라는 새로운 사랑의 날을 앞두고 있다. 타인에게 빼준 것으로 알았던 반지는 궁극적으로 본인에게 되돌아온다. 목숨을 버림으로써 목숨을 얻는다는 복음서의 역설적 새 패러다임처럼 밧사니오는 반지를 한 번 버림으로써 친구의 사랑과 아내의 사랑을 동시에 되돌려 받게 되는 것이다.

자비와 용서와 사랑을 주제로 하는 복음은 율법이나 교리가 아니며 율법이나 교리와는 완전히 다른 새로운 패러다임으로써 구분되어져야 한다. 그것은 외적인 경건과는 다른 것으로서 내적인 가치에 중심을 두어야 하는 것이다. 본질적 사랑과 자비를 위해서는 관습과 유전이 철저히 타파되고 무시된다. 인간은 관습과 유전보다 중요하며 사랑은 법보다 훨씬 더 깊고 높으며 또한 넓다. 그래서 새 패러다임으로서의 사랑의 복음은 법을 포용하며 법을 완성한다는 것을 이 극은 보여주고 있다.

『베니스의 상인』 : 저 편의 밤은 이 편의 낮

셰익스피어의 작품들을 깊이 생각하며 읽으면 어둠은 빛의 부재 현상일 뿐 현존하는 절대 상태가 아니라는 깨달음을 얻을 수 있다.

많은 극작품을 통하여 셰익스피어는 다양한 인물들의 다양한 성격과 의식과 가치관을 다루면서 세상 사람들이 선을 긋고 사는 경계의식에 대한 통찰력을 드러내 왔다고 보아진다. 결국 그의 주제에는 이 경계선 긋기가 인생의 비극을 불러온다는 것이 함축되어 있으며 이 경계선의 해체가 인생에 대한 해답임을 암시하고 있다. 이 세상은 빛과 어둠, 선과 악, 동과 서, 남과 여 등 이원론의 대립 가운데 운행되어 가고 있지만 이 이분법의 경계선 긋기가 모든 문제의 원인이며 이 이분법을 극복하는 곳에 문제의 답이 있음을 셰익스피어는 많은 그의 극작품에서 주제화하고 있다.

『베니스의 상인』은 그 어느 작품보다 장르상의 논란이 많았던 극이다. 그 만큼 정통 희극의 범주에 포함하기 어려운 작품으로 알려져 왔으며 흔히 문제극으로 범주화 되어온 작품으로 극단적으로는 비극으로까지 간주되기도 한다. 이는 작품의 결말에 세 쌍의 남녀의 결혼이 이루어지면서도 유대인 샤일록의 비극적 패배로 인해 관객이나 독자들에게 씁쓸함을 안겨주기 때문이다.

이 극은 누군가의 희극을 위해 비극적 존재가 필요하며 비극적 존재의 이면에 희극이 펼쳐지는 인생의 아이러니를 드러내는 작품으로도 볼 수 있다. 따라서 셰익스피어는 인생은 희극도 아니며 비극도 아닌데 그 경계를 분명히 하고자 하는 인간들의 어리석음을 일깨우려는 것이었는지도 모른다. 희극과 비극의 경계를 긋고자 하는 시각조차도 패러디하고 있는 것이 이 작품이고 어쩌면 의도된 문제극이었는지도 모른다.

이 극의 주요 갈등은 기독교도인 안토니오와 유대인 샤일록간의 갈등이다. 복수심에 차서 기독교도의 목숨을 빼앗으려고 한 샤일록을 악으로 보고 자기 희생을 통해 이웃사랑을 실천하는 기독교도를 선으로 보는 이분법적 시각에서 보면 이 극은 선과 악의 대결이고 결국 선이 승리한다는 도덕극적 구조를 가진 극으로 보게 된다. 복수심에 가득찬 유대인 샤일록은 18세기 까지는 그 당시의 유대인에 대한 사회적 경멸감에 병행하여 악한으로만 부각되었다. 18세기 말엽부터 사랑과 자비를 내세우는 기독교도들의 위선이 비판되면서 샤일록은 동정해야 할 인물로 부각되고 그의 인간적인 면모에 관심을 기울이게 된다.

샤일록을 선한 기독교도를 해치려는 악한으로 평가하거나 지배 사회의 편견에 의해 희생당하는 피해자로 평가하는 것은 그 평가자가 심정적으로 어느 쪽에 서 있느냐에 따라 달라질 수 밖에 없다. 작가의 의도나 텍스트의 의미가 문제라거나 모호하다거나 하는 비평을 받을 수 밖에 없는 이유는 이 두 가지 시각 중 하나를 확실하게 증명할 수 있도록 하기에는 그 반대편의 당위성을 입증할 내용이 작품 속에 공존한다는 것이다.

유대인은 악한 존재라고 하는 것이 그 시대의 통념이었기 때문에 작가는 악한의 전형적 타입으로 유대인을 등장시켰다고 할 수도 있겠지만 그 시대에 유대인을 다룬 작품들에서 유대인이 동정할 여지도 없는 악한으로 그려진데 비해 셰익스피어는 유대인 샤일록에게 복수심을 가질 만한 이유를 부여하여 그에게 동정의 여지를 갖게 한 점이 주목되는 것이다. 셰익스피어는 단지 유대인을 독특한 특성을 지닌 한 인간 유형으로 선택했을 가능성이 높다. 그가 샤일록을 '악한 유대인'으로 그리게 된 것은 엘리자베스 시대의 영국에서 일반적으로 유대인을 악마와 같은 존재로 인식했던 것에 기인할 수 있다. 또한 샤일록의 생업인 고리대금업 역시 사악한 것으로 간주되었었다. 역사적 배경에서나 사회적 평가에서나 고리대금업을 하는 유대인은 희생과 사랑을 강조하는 기독교도와의 갈등구조를 갖는 안타고니스트로서 알맞은 소재의 인물이었을 것이다.

그러나 샤일록의 항변에서도 보듯이 친구만을 사랑하고 유대인을 증오하는 안토니오의 태도는 만인에 대한 사랑을 주장하는 기독교도의 사랑에 비교할 수 없다는 주장이 타당성을 갖는다. 부정적으로 보면 안토니오는 더할 수 없는 편견의 소유자며 이율배반적인 인물이다. 이렇게 안토니오의 타인에 대한 사랑이 극단적이기 때문에 밧사니오에 대한 그의 사랑은 순수한 형제애나 기독교적인 사랑이라기보다 변태적 동성애로까지 해석되며 안토니오는 실패한 그리스도의 모습을 나타낼 뿐이라고 폄하되는 것이다.

따라서 작가는 밧사니오에게 희생적 사랑을 보이는 안토니오의 기독교적인 사랑과, 물질을 사랑한 나머지 잃어버린 재산을 찾는다면 자식이 차라리 죽어 돌아오는 것이 더 낫다는 유대인의 반인간적 모습을 도덕적으로 대비시키려는 것이 아님을 짐작할 수 있다. 셰익스피어는 인간들 사이에 차이를 두고 경계를 긋고 아웅다웅하지만 궁극적으로 인간들은 다 같으며 차이가 없음을 오히려 강조하는 것이다.

안토니오가 샤일록을 멸시하는 것은 그가 돈을 필요로 하는 사람들에게 이자를 받고 돈을 빌려준다는 것 외에는 샤일록이 단지 유대인이라는 이유 밖에는 없다. 그런데 샤일록의 안토니오에 대한 적개심은 그에게 실제적으로 가해졌던 모욕과 박해에 근거를 두고 있다. 기독교인의 경전인 성경에는 이자를 받고 돈을 빌려주지 말라는 명령이 있지만 기독교도인 안토니오는 자기네 종교의 율법에 위배된다는 이유로 유대인 샤일록의 생계수단인 고리대금업을 죄악시하고 모욕했던 것이다. 기독교도인 안토니오의 시각에서는 그런 이유로 해서 샤일록을 모욕해도 좋은 악인으로 볼 수 있겠지만 유대인의 입장에서는 정당한 이유 없이 타인을 멸시하고 박해하는 기독교도 또한 악인일 수 밖에 없다.

샤일록의 항변 내용을 통해 작가가 샤일록에게 동정심을 가지도록 유도한 것으로 보면 이 작품을 친유대적인 것으로 보게도 한다. 샤일록이 기독교도에 대해서 왜 복수심을 갖게 된 것인지에 대한 배경이 되는 대목 이후 독자들은 결코 기독교도에 대한 호의적인 관점을 회복할 수 없다. 그러나 끝까지 복수의 칼날을 갈며 기독교도의 심장을 도려내겠다는 샤일록의 고집에 초점을 맞추면 작가는 사실상 유대인 쪽에 더 동정심을 갖도록 유도하지 않는다는 것을 알 수 있다. 즉 셰익스피어는 이 작품을 통해 자신의 반유대주의를 나타내는 것도 아니고 반 기독교주의를 나타내는 것도 아니라는 말이다.

샤일록의 잔인성은 기독교인들의 잔인성을 비추는 거울과 같다고 볼 수도 있다. 작가가 이렇게 거울 이미지를 통해 양시각을 드러내는 것은 서로 타자화 하고 있는 상대가 자신의 모습임을 일깨울 필요에 의한 것이라고 볼 수 있다. 서로를 악으로 간주하는 것은 단지 자신들이 갖고 있는 믿음 체계에서 선악의 판단 기준이 다르기 때문에 다른 가치 체계를 갖고 있는 상대를 인정하지 않고 자신만을 정당화하는 아집 때문임을 드러내려는 것으로 볼 수 있다는 것이다. 셰익스피어가 반유대주의자라면 샤일록을 좀 더 동정의 여지가 없는 인간으로 그리거나 안토니오를 좀 더 완전한 인물로 부각시켰어야 할 것이다. 또는 반유대주의를 비판하고자 한 것이라면 샤일록을 전적으로 희생자로만 그려서 샤일록에게 동정의 여지가 주어지는데 더 비중을 두었어야 할 것이다.

샤일록의 관점에서 보면 기독교도들은 무자비하게 노예를 부리고 노예를 자신들의 자식들과는 차별을 두고 지배계급의 특권을 누리는 이기적 집단이다. 포샤는 법정에서 샤일록에게 자비를 베풀 것을 권고하지만 포샤가 말하는 자비는 단지 기독교도들 간에만 적용되는 자비일 뿐, 기독교인 이외의 타민족에게는 능동적으로 적용하지 않는 위선적 허구일 뿐이다.

벨몬트에서 진행되는 구혼자들의 상자 고르기에서도 구혼자들이

올바른 상자를 고르기 위해서 숙고하는 대목에서나 상자 속에서 나온 두루마리의 글귀에서나 상식적 고정관념과 이원론을 해체하는 주제를 엿볼 수 있다.

세상의 상식적 가치 판단의 기준을 갖고 있는 모로코 왕자의 대사에 의하면 당연히 금은 은이나 납보다 가치 있는 것이고 가치 있는 것은 가치 있는 형식을 갖추고 있어야 한다는 것이 상식적인 논리다. 그러나 모로코 왕자가 금 상자를 골랐을 때 그 안에서 나온 글귀는 "반짝이는 것이 모두 금은 아니다"라는 것이었다. 황금의 무덤 속에도 구더기가 들끓을 수 있는 것처럼 보기에 찬란한 금이라고 다 가치 있는 것은 아니라는 것이다. 세속적 가치의 기준을 무너뜨리는 발상이 아닐 수 없다.

이어지는 상자 고르기에서 아라공의 왕자도 은 상자를 골라 실패함으로써 역시 은이 납보다 못하다는 전복된 가치에 마주치게 된다. 결국 그 안에 포샤의 초상화가 들어있는 납 상자를 고른 밧사니오는 "외관에 의지하지 않아서 참된 행운을 선택한 자"의 축복을 받게 된다.

그러나 여기서 간과할 수 없는 것은 과연 밧사니오가 포샤 아버지의 생전의 지혜로운 뜻에 맞는 적합한 구혼자인가 하는 의문이다. 왜냐하면 밧사니오는 처음부터 포샤가 유산이 많은 미녀 상속녀임을 알고 안토니오에게 "벨몬트에 부유한 재산을 상속받은 아름다운 여인이 살고 있다"고 하면서 구혼 자금을 요청했던 것이기 때문이다. 외면적 조건만을 보고 구혼을 위해 벨몬트에 왔기에 그의 가치관 속에 외면적 조건보다는 내면적 실재를 보고자 하는 의지가 애초부터 없었다는 것이다. 올바른 상자를 고른 것도 외면을 보지 않은 그의 지혜 때문이라기보다는 포샤가 교묘히 노래를 통하여 가르쳐준 힌트에 의한 것이라고 해야 옳다. 그렇다면 앞서 상자 고르기에 실패하고 돌아간 많은 구혼자들이나 밧사니오나 특별히 다른 것이 없다는 이야기가 될 수 밖에 없다. 다른 것이 있다면 밧사니오가 포샤의 마음에 들었기에 그녀가 특별히 힌트를 주어 행운을 차지하게 되었다는 것 뿐이다. 여기서도 우리는 셰익스피어의 경계선 지우기의 전략을 눈치 챌 수 있게 된다. 즉 어떤 특정인이 지혜롭기 때문에 행운을 차지하는 것이 아니라 그것 역시 상대적인 것이라는 것이다.

눈에 보이는 것에 의해 선택하기 쉬운 상식적 판단의 기준을 무너뜨림으로써 셰익스피어는 베니스의 공간에서와 마찬가지로 눈에 보이는 것에 의해서 선과 악의 경계선을 긋고 가치 있는 것과 가치 없는 것의 경계선을 긋고 또 지혜있는 자와 지혜없는 자의 경계선을 긋는 것을 해체하고 있다. 그 다음 베니스에서 벌어지는 마지막 법정 장면에서의 경계선 지우기는 절정에 달한다.

계약을 위반하여 법정에 선 안토니오는 샤일록으로부터 심장의 살을 떼일 수 밖에 없는 죄인의 위치에 놓이게 된다. 그러나 판사는 피고의 살을 떼어내되 차용증서에는 살 한 파운드만 기록되어 있으니 살을 떼면서 피 한 방울도 흘려서는 안된다는 기지에 찬 판결을 내린다. 이로써 상황은 바뀌게 되고 샤일록은 고의로 시민의 목숨을 빼앗으려는 의도가 있었던 것으로 정죄되어 이제 원고가 피고의 위치로 전환되고 만다. 이전의 심판자가 죄인이 되고 죄인이 심판자의 위치로 바뀌는 상황 역시 죄인과 심판자가 따로 없다는, 경계의 지움을 나타내는 구조라 할 수 있다.

원고와 피고의 위치가 역전되어 자비를 베풀라고 호소하던 샤일록에게 자비를 베풀어야 되는 쪽은 안토니오가 되는데 안토니오는 마지막으로 샤일록이 기독교도로 개종하도록 요구한다. 샤일록은 그가 목숨처럼 생각하는 재산을 모두 몰수당한 상태에서 자신이 평생 지켜온 혈통 같은 종교마저 박탈당함으로써 겉으로 보기에 완전한 패배자가 되고 만다. 그러나 안토니오가 샤일록에게 개종할 것을 요구한 것은 샤일록으로 하여금 구원 받을 수 있는 기회를 준 것으로서, 그것이 기독교도의 자비라고 말하는 평가가 있는 것처럼 기독교도의 관점에서 보면 샤일록은 패배한 것이 아니라 재산을 빼앗긴 대신 새로운 삶을 얻은 것으로 간주될 수도 있다. 그래서 샤일록의 비극적 결말 때문에 이 작품을 완전한 희극이라고 볼 수 없다는 논란은 상대적인 관점에서 보면 논란할 필요가 없는 것처럼 그 여지를 남기기도 한다.

포샤는 마지막 장에서 "까마귀 울음도 주변에 아무 것도 없을 땐 종달새 소리처럼 감미롭게 들린다"고 말한다. 상대적인 것이 없다면 까마귀 소리도 아름다운 것이고, 제 아무리 아름다운 나이팅게일 소리도 거위가 꽥꽥거리는 대낮에 들려온다면 굴뚝새의 소리보다 나을 것이 없을 것이라는 말은 모든 것이 주변의 환경에 따라 달라지는 것이며 상대적인 것이라는 진리를 비유로 말하는 것이다. 즉 선과 악도 상대적인 것으로서 유대인의 입장에서 보면 기독교도가 나쁜 것이고 기독교도의 입장에서 보면 유대인이 악인으로 보일 수 있다는 것이다. 또한 유대인이나 기독교도나 역사적으로 그들이 서로 적대감을 가질 수밖에 없는 환경에 의해 대립하게 되었다는 것이다. 절대 선이나 절대 악이 있을 수 없으니 반유대주의니 반기독교주의니 하는 것도 바라보는 사람의 상대적 위치가 어디냐에 따라 갈라지는 것일 뿐이다. 누가 어디에 경계선을 긋고 상대를 바라보느냐에 따라 선과 악이 달라진다는 이야기다.

"태양이 없는 밤에 걸어다닐 경우 지구 반대편에서는 낮이라고 해야겠지"라는 밧사니오의 말은 이원론의 해체를 단적으로 드러낸다. 지구의 이쪽에서 낮이라고 하면 반대편 쪽에서는 밤이라고 하고 저쪽에서 낮이면 이쪽에서는 밤이라고 한다는 우주 섭리 속에는 밤과 낮이 절대성으로 존재하는 것이 아니라는 말이다. 단지 그가 지구의 어느 쪽에 위치해 있는가에 따라 그는 밤을 보는 것이고 그가 같은 시간에 지구의 반대편에 있으면 낮을 보고 낮을 경험하는 것이다. 포샤와 밧사니오의 이 대화는 사실상 『베니스의 상인』을 두고 벌이는 논란을 잠재울 수 있는 요약된 주제라고 할 수 있다. 유대인이 악한 것도 아니고 기독교도가 선한 것도 아니며 또 그 반대도 아니라는 이야기다. 정당화시키는 것은 자신의 입장에 서서 내세우는 자신의 관점에 의한 것 뿐이라는 것이다.

나와 상대방 사이의 경계선을 긋는 것이 비극의 시작이라면 비극을 희극으로 바꾸는 것은 그 경계선을 지우는 것이라고 할 수 있다. 종교가 다르다는 이유로 서로 대적하며 종교의 참된 본질인 자비를 잃어버리게 되는 것에 대한 경고로도 이 작품을 읽을 수 있을 것이다.

인생이 비극이냐 희극이냐의 이분법에 의해 정의 내려질 수 없듯이 작품의 결말을 두고 희극이냐 비극이냐의 이분법의 경계선을 긋는 것조차도 셰익스피어는 타파하려 했던 것인지도 모른다.

『베니스의 상인』: 성서적 해석

극의 서두에서 베니스의 상인 안토니오는 세상사에 염증을 느끼고 우울해하는 모습으로 등장한다. 그 우울증이 어디로부터 온 것인지 그 까닭 없는 슬픔이 무엇 때문에 생긴 것인지도 모르겠다는 한탄이 극의 서두를 장식한다. 그의 이런 염세적 한탄에 친구들인 살레리오와 솔라니오는 많은 돈을 투자한 상선을 각종 위험이 도사리고 있는 바다에 띄우고 있으니 그러하지 않겠느냐고 그 이유를 추정한다. 또는 안토니오가 사랑에 빠져서 그럴 수도 있다는 추측을 제시한다 그러나 안토니오는 친구들이 추정하는 그 어떤 것도 이유가 되지 않는다고 말한다. 그것을 증명이라도 하듯이 상업으로 인한 위험 같은 것이 없는 벨몬트에서도 부유한 상속녀인 포샤의 염세적 한탄으로 장이 열린다.

안토니오의 부정에도 불구하고 베니스는 분명히 물리적이고 현실적인 불안이 그 기초를 이루고 있는 삶의 현장이 아닐 수 없다. 또한 포샤가 있는 벨몬트는 사랑과 운명에 대한 불안을 안고 있는 불안정한 삶의 상황을 나타내주고 있는 곳으로 장면이 전개된다. 어떤 명확한 근거나 이유도 없이 주인공들이 삶에의 염증과 슬픔을 토로하는, 베니스와 벨몬트의 첫 장면들이 시사하는 것은 인생이 "슬픔과 수고뿐이라"는 성서 구절을 상기 시킨다. 상업에 종사하는 부유한 상인에게나 미모와 재력을 겸비한 여인에게나 고민과 슬픔에서 벗어날 길없는 것이 인생임을 전제하고 극은 시작되고 있는 것이다.

염세적 한탄을 하면서도 그 슬픔의 정체를 모른다고 하는 안토니오에 대해서 그라시아노는 인간이 본래 이성적으로 설명될 수 없는 존재라고 나름대로의 해석을 내려준다. 이성적으로 설명될 수 없다고 하는 것은 인간의 태생적 존재 조건이 그러함으로 어쩔 수 없다는 것을 함축하는 것이기도 하다. 극의 전개 장면에 처음 등장하는 베니스의 안토니오나 벨몬트의 포샤가 인생에 대한 생각과 태도에 있어서 마찬가지라면 베니스나 벨몬트의 공간이 특별히 인간이 더 행복할 수 있거나 덜 행복할 수밖에 없는 공간으로는 구별되고 있지는 않다는 것을 의미한다. 즉 벨몬트가 애초부터 낙원과 같은 낭만적 장소로 제시되고 있는 것은 아니라는 것이다. 다만 이후의 인물들이 자신의 인생에서 무엇을 선택하느냐에 따라 공간은 지옥이 되기도 하고 천국이 되기도 함을 알 수 있다.

샤일록의 딸 제시카가 "우리 집은 지옥이다"라고 말했듯이 증오와 갈등과 분리가 일어나는 곳은 지옥이 되고 현명한 선택으로 새로운 연합이 일어나는 벨몬트 공간은 천국으로 변한다. 이극은 애초부터 기독교도와 유대인간의 분리와 증오가 전제되어 있다. 그들의 반목과 갈등은 히브리인과 기독교의 역사에 근거하는 것이지만 성서 신화를 통해 근본적으로 인간세계에 죄가 들어와 분리가 시작된 것을 살펴

볼 필요가 있다.

창세기의 에덴동산에서 사탄은 이브를 유혹하여 하나님과 인간을 분리시켰다. 사탄의 유혹을 받은 아담과 이브가 선악과를 따 먹고 난 후 그들이 처음으로 한 행위는 나뭇잎을 엮어 하체를 가린 것이었다 그리고 그들은 하나님으로부터 도피하게 된다. 이러한 일련의 사건이 시사하는 것은 죄의 결과는 분리라는 것이다. 벌거벗었으나 부끄러움을 몰랐던 아담과 이브 사이에 벽이 생겼고 인간과 신 사이에 분리의 벽이 생겼다. 그리고 사탄과 여자의 후손은 원수 관계가 되었다. 그리고 난 후 명령을 어긴 아담에게 신으로부터 내려진 선고는 "네 평생에 수고하여야 그 소산을 먹으리라"는 것이었다. 인간은 에덴동산의 모든 것을 주어진 대로 누리던 은혜의 세계에서, 서로 분리된 채 분투하고 경쟁하지 않으면 살 수 없는 세계, 즉 은혜에서 벗어난 세계로 들어서게 된 것이다. 베니스는 에덴으로부터 추방되어 경쟁하고 분투하지 않으면 살아갈 길 없는 '수고와 슬픔 뿐'인 인생들의 터전이고 거기에 끊임없는 분리와 갈등과 증오가 있는 곳, 즉 은혜에서 멀어진 삶의 공간이라고 할 수 있다.

샤일록은 그들의 민족이 신으로부터 선택된 민족이라는 자부심을 갖고 성서의 야곱의 이야기를 인용하지만 그가 인용한 성서의 야곱이 신의 축복 속에 은혜로 재산을 불리는 반면 샤일록은 기독교도들이 중심인 베니스의 시민들과는 분리된 삶 속에서 그들의 박해를 받으며 고군분투하는 삶, 즉 은혜와 동떨어진 삶을 영위하고 있다.

샤일록은 베니스라는 이방에서 기독교도들에게 온갖 수모를 다 당하면서 고리대금업으로 치부하지만 결과적으로 자기가 가진 모든 것을 잃게 된다. 아이러니하게도 그는 야곱과 같은 축복은 커녕 저주를 받게 되는 것이다. 신의 은혜로 산 것이라기보다 갈등을 일으키며 돈놀이를 했고 하인을 굶주리게 하면서까지 지독하게 아끼며 인색하게 돈을 모았지만 축복이 없는 그의 삶은 무로 돌아갔음을 증명한 경우가 될 뿐이다.

즉 밧사니오는 은혜를 받고 샤일록은 그렇지 못함을 비교함으로써 신의 축복이 아닌 자기 노력만의 결과물은 '제한된 자원'임을 지적하는 것이다. 론슬롯이 샤일록을 떠나서 밧사니오에게 간다는 것은 제한된 자원을 떠나 무제한의 은혜 가운데로 옮겨감을 시사하는 것이다. 샤일록을 떠나 밧사니오에게로 옮겨간 론슬롯을 가리켜 "그가 새로운 신분을 갖는 것이며 그것은 중생을 의미한다"고도 하는 것처럼 론슬롯의 주인 바꾸기는 의미하는 바가 적지 않다.

원래 주인이던 샤일록을 배신하고 새 주인에게 가는 것에 대한 죄책감을 토로하던 론슬롯은 그의 주인에게 줄 제물을 가져오는 장님 아버지를 만나게 된다. 론슬롯은 구약성서에서 야곱이 염소 털로 가장을 하여 신분을 속이고 눈 먼 아버지 이삭의 축복을 받아낸 것처럼 눈 먼 아버지를 속이고 "축복을 해달라"고 한다. 나중에 론슬롯의 아버지가 가져온 비둘기 요리는 아들의 새 주인이 된 밧사니오에게 드려진다. 론슬롯의 아버지가 밧사니오에게 바친 비둘기 요리의 제물을 성서와 비교해보면 론슬롯의 변화에는 좀 더 깊은 의미가 있어 보인다. 성서에는 예수가 태어나서 정결예법을 치르는데 비둘기가 제물로 바쳐진 내용이 나온다.

제한된 자원을 상징하는 샤일록에 비해서 포샤는 무제한적 자원의 소유자로 대비된다. 포샤는 원래부터 아무 노력 없이 아버지로부터 재산을 물려받은 부유한 상속녀로서 그야말로 은혜 가운데의 인생으로 드러난다. 그녀는 자신이 은혜를 입은 여인이면서 동시에 은혜를 베풀고 축복을 내려주는 존재로 발전한다. 밧사니오와 결혼하면서 그녀는 밧사니오에게 자신의 부를 양도한다. "이 몸이나 제가 가지고 있는 것이 죄다 당신의 것으로 되었습니다"라고 포샤가 말한 것처럼 밧사니오는 노력 없이 결혼과 더불어 많은 축복을 받게 된다. 포샤는 마지막에 가서 명 판결로서 로렌조에게 까지 재산이 돌아오게 함으로써 그로부터 '만나'를 내려주는 여인으로 찬양받는다. '만나'라는 것은 성서에서 이스라엘 민족이 광야 생활을 하던 사십 년 동안 하늘에서 내려준 양식을 말하는데 만나는 신이 내려주는 양식으로 대가 없이 받는 은혜를 상징한다 하겠다. 로렌조에게 뿐 아니라 포샤는 마지막에 안토니오에게도 생각지 못했던 상선의 성공적인 귀항을 알림으로써 축복의 전령사가 된다.

인간들끼리의 사회적 계약은 애초에 의도한대로 이루어지지 않는다 하더라도 성서적 관점에서 보면 극의 전개와 결말은 신과 인간간의 계약대로 이루어짐을 볼 수 있다. 히브리 성서는 신의 인간에 대한 약속이요, 인간과의 계약을 담은 것이라고 할 수 있다. 성서라는 계약의 관점에서 보면 안토니오는 승리하게 되어 있고 샤일록은 패배하게 되어 있다고 볼 수 있다는 것이다.

성서의 계약은 역설적이다. 신약성서의 누가 복음에는 "무릇 자기 목숨을 보전하고자 하는 자는 잃을 것이요 잃는 자는 살리리라"는 예수의 역설적인 약속이 기록되어 있다. 이것은 『베니스의 상인』의 전체 구도를 설명하는 구절이라고 할 수 있다. 안토니오는 친구를 위하여 기꺼이 목숨을 잃을 것을 각오하고 있었지만 뜻하지 않았던 은혜로 목숨을 건졌을 뿐 아니라 잃은 것으로 생각했던 재산까지 모두 회복하게 된다. "먼저 그 나라와 의를 구하라 그리하면 이 모든 것을 더하시리라" 하는 성서의 약속처럼 그는 먼저 하늘의 의라고 할 수 있는 자기 희생적 사랑을 구하여 계약대로 그 외의 모든 것을 더 받은 경우가 된 것이다.

또한 "너의 염려를 다 주께 맡기라 이는 그가 너희를 돌보심이라"의 성서 구절처럼 안토니오는 많은 상선을 위험한 바다에 띄우고 있는 상황에서도 친구들의 우려와 달리 자기는 아무 것도 염려하지 않는다고 말하고 있다. 바다에 건 모험 때문에 얼마나 염려가 많겠느냐는 친구들의 말에 안토니오는 그렇지 않다고 단호히 말한다.

애초부터 재화의 상실에 대한 염려도 없이, 심지어는 죽음에 대한 염려도 없이 친구를 위해 목숨을 버리겠다고 한 안토니오는 "사람이 친구를 위하여 자기 목숨을 버리면 이보다 더 큰 사랑이 없나니"라는 성서 구절에 나타난 것처럼 친구를 위하여 목숨을 버리는 사랑의 실천자로서 부각된다. 그리하여 "누구든지 나를 위하여 제 목숨을 잃으면 찾으리라"는 약속처럼 목숨을 다시 찾을 수 있었을 뿐 아니라 재화의 회복까지 성취한다.

안토니오의 이 세상사에 대한 무관심은 신의 섭리에 대한 믿음에 기초한 것처럼 보인다. 이는 마치 구약 성서의 아브라함이 그의 외아들 이삭을 하나님께 바치던 믿음에 비유할 수 있는 이야기다. 아브라함은 100세에 얻은 아들을 하나님께 바치라는 명령을 받고 아들을 모리아 산으로 데려가 그를 죽이려고 칼을 든 순간 희생양을 준비해둔 하나님의 목소리를 듣고 아들의 목숨을 건지게 된다.

사실 밧사니오가 올바른 상자를 고를 수 있었던 것은 그의 순수한 지혜로 인한 것이라기 보다 포샤의 교묘한 암시로 인한 것이었다고 할 수 있다. 야곱이 아버지의 축복을 받게 된 것도 그의 지혜 때문이 아니라 어머니 리브가의 중간 역할 때문이었다고 하는 데에 두 경우의 공통점이 있다 하겠다. 그리고 올바른 상자 고르기의 기준이 눈에 보이지 않는 것과 눈에 보이는 것의 가치를 구별할 줄 아는 것이었던 것처럼 야곱의 경우도 보이는 물질인 팥죽보다 보이지 않는 가치인 장자권을 소중히 여겨서 보이는 것과 보이지 않는 가치를 맞바꾼 지혜가 있었기에 축복이 가능했던 것이라고 할 수 있다. 행운을 쫓는 피상적 인간인 밧사니오가 과분한 축복을 받는 것은 축복받을 자격이 없었던 야곱의 경우처럼 여인의 지혜로 인한, 그리고 눈에 보이지 않는 가치를 선택한 결과로 인한 것이다.

샤일록은 야곱과 같은 민족으로서 그의 은혜를 거론하지만 그는 은혜를 누리지 못하는 반면 기독교들에게 오는 축복은 어떠한 개인적인 투쟁 없이, 내리는 비와 같은 자비와 은혜의 결과로 얻어지는 것이다. 재판관 포샤는 법정에 들어서면서 "누가 상인이고 누가 유대인이냐"라고 물어보는데 마지막 심판의 장면에서의 이 질문에는 많은 것이 함축되어 있다고 볼 수 있다.

성서 복음서의 구절 중에 "천국은 마치 좋은 진주를 구하는 장사와 같으니 극히 값진 진주 하나를 발견하매 가서 자기의 소유를 다 팔아 그 진주를 사느니라"라는 구절에 주의를 기울여 이 작품의 제목과 비교해 볼 필요가 있다. 베니스의 상인인 안토니오는 위의 성서 구절이 지칭하는 장사, 즉 자기의 것을 다 내놓고 값진 진주를 사려는 상인과 같은 존재라고 할 수 있다. 이웃 사랑을 위해서 소유를 내놓는 존재와 자기 자신을 위해서 소유를 움켜쥐며 '법대로'를 외치는 존재를 심판하는 것이 베니스 법정의 심판이 된 것이다. 그리고는 "얻는 자는 잃고 잃는 자는 얻으리라"는 역설적 결과로 심판은 결정된다.

물론 안토니오는 벨몬트에서 벌어지는 천국 잔치에서 배제되는 인물로 보이지만 그것은 예수가 모든 사람의 축복을 위하여 외로운 처형의 길을 간 것과 같이 안토니오는 극의 서두에서 각자는 인생의 무대에서 각기 맡은 역할이 있다고 스스로 말한 것처럼 이 인생의 무대에서 자기가 아닌, 다른 사람들의 행복을 위한 역할을 맡은 것으로 볼 수 있을지 모른다. 또한 작가는 샤일록이 인용한 야곱의 경우처럼 인생의 축복은 자기의 이기적인 지혜로 얻어지기 보다는 염려를 섭리에 맡기고 기다릴 때 오는 자비와 은혜로 말미암는 것임을 주제화하고 있다고 보아진다.

『베니스의 상인』: 순환의 원리

셰익스피어는 『베니스의 상인』을 통해 축복을 주지 않고는 받을 수 없다는 것이 우주의 법칙임을 가르쳐주고 있다.

베니스의 상인 안토니오의 둘도 없는 친구 밧사니오는 자신이 실제 갖고 있는 재산보다 더 풍부한 것처럼 보이려고 허세를 부리느라 과도한 빚을 지게 된 방탕아로 등장한다. 이미 친구에게 빌린 돈을 다 탕진하고도 아름다운 여인에게 구혼하러 가려하니 자금을 빌려달라고 안토니오에게 도움을 요청하는 것이 극의 갈등의 시발점이다. 돈으로 힘을 과시하려다 실패한 밧사니오의 과오는 나중에 그대로 샤일록에게서 재현된다. 그러나 밧사니오의 부탁에 대한 안토니오의 반응은 과거의 밧사니오나 샤일록의 금전에 대한 태도와는 대조적이다.

자신이 갖고 있는 재산이라는 힘을, 남에게 과시하거나 남을 지배하려는 힘으로 사용하지 않고 타인의 필요에 도움이 되도록 발휘하는 태도는 범인의 그것으로 보기에 어려운 면이 없지 않기에 안토니오의 밧사니오에 대한 지나친 애정을 동성애적 사랑으로까지 보게 되는 것이다. 안토니오는 이어서 자신의 우정을 의심하는 것은 자신의 전 재산을 탕진해버리는 것보다 더 큰 잘못이라고 하는데 이러한 지극한 우정은 르네상스 시대의 이상적 우정을 나타낸다고 보지만 여기서 보여주는 안토니오의 태도를 통해 작가는 돈에 대한 가치관의 한 유형을 나타내는 것이라 할 수 있다. 즉 안토니오의 가치관은 인생에서 진정으로 추구해야 하는 힘이 재산이라는 외부적인 힘이 아니라 사람을 사랑하고 신뢰하며 그것을 더 가치 있게 여기는 실제적 힘을 추구하는 것이어야 함을 나타내주는 것이라 할 수 있다는 것이다.

벨몬트의 부귀한 상속녀 포샤 역시 안토니오처럼 그녀가 갖고 있는 막대한 힘이라고 할 수 있는 재산이나 미모에도 불구하고 힘이 전혀 없는 사람처럼 세상이 싫고 권태롭다고 그녀의 하녀인 네릿사에게 하소연 하는 것으로 등장한다. 이에 네릿사는 현명하게도 외면적 풍요가 결코 행복을 가져다주는 것은 아닌가보다는 응답을 한다. "외면적으로 넘치는 힘은 수명이 짧다"고 하며 그 말을 실천하면 더욱 좋을 것이라는 네릿사와 포샤의 대화는 앞으로 벨몬트에서 추구될 힘의 미덕이 결코 외면적으로 발휘되는 지배의 힘이 아님을 암시한다.

네릿사와의 대화에서 포샤는 역시 겉으로 드러나는 것이 진정 내적인 힘을 나타내는 것이 아니라는 의미의 말을 함으로써 앞으로 전개될 구혼자들의 상자 고르기에 내포된 의미를 암시한다. 포샤에게 구혼하기 위해 벨몬트에 와서 상자 고르기에 임하는 모로코 왕자의 말속에 두 가지 힘의 속성에 대한 암시가 내포되어 있다. 포샤의 사랑을 얻기 위해서라면 아무리 무서운 눈초리와도 맞서 이길 것이며 이 세상에서 가장 용감한 자라도 굴복시킬 것이며 암콤의 품안에서 젖먹이 새끼라도 빼내올 것이라는 용기, 즉 인간의 외면적 힘에 대한 의지를 갖고 임하지만 그 역시 행운은 약자의 손으로 돌아갈 수 있다는 가능성을 인정한다.

모로코 왕자의 말 속에는 인간이 소유한 외면적 힘의 한계와 행운은 보이지 않는 힘에 의해 좌우된다는 것을 인정하는 뜻이 내포되어 있다. 더욱이 포샤의 행운은 본인의 선택에 의해서 주어지는 것도 아니고 돌아가신 아버지의 유언에 의해 결정되는 것에 따르게 되어있다는 상황 설정은 삶을 복되게 하는 힘이 인간이 갖고 있는 개인적 위력에 있는 것이 아님을 알려주는 구조적 상징인 셈이다.

모로코 왕자는 자신의 얼굴이 검다고 속까지 검지 않다는 것을 강조하면서 상자 고르기에 나섰지만 아이러니 하게도 겉모습이 화려한 금 상자 안에 분명히 귀한 것이 들어있을 것이라는 믿음으로 금 상자를 고름으로써 구혼에 실패한다. 보이지 않는 것이 보이는 것과 같지 않으며 실제적인 힘은 보이는 화려함이나 풍요로움에 있지 않다는 것을 깨닫지 못하는 자들이 대부분이라는 것을 금 상자의 글귀가 말해주고 있다. 즉 "나를 택하는 자는 많은 사람이 원하는 것을 얻으리라"는 것이 그것인데 그 상자 안에는 차디찬 해골이 들어 있었다. 외면적 힘만을 추구하는 자들은 해골이 말해주듯 생명 없는 것을 추구하는 것이고 결국 그런 생명력 없는 귀결을 얻게 됨을 이야기해준다.

금 상자 안에 해골이 들어 있다는 이야기와 자기의 재물을 가지고 도망친 딸이 차라리 그 보석을 달고 발 밑에서 죽어 재물과 더불어 관속에 들어 있으면 좋겠다고 하는 샤일록의 이야기가 평행을 이룬다. 눈에 보이는 재물만을 추구하는 사람에게는 사랑이나 생명은 안중에 없는 것이다. 제시카가 샤일록의 집을 떠났다는 것의 의미는 제시카가 들고 나간 금반지로 원숭이를 샀다는 대목에서 찾아 볼 수 있다. 샤일록에게는 금이 외면적인 힘이고 재물로서의 가치에 그치는 것이지만 사랑을 추구하는 쪽에서 재물은 사랑이나 생명을 얻는데 필요한 수단일 뿐인 것이다.

풍랑과 해적의 위험 속에서 결코 성공을 보장할 수 없었던 안토니오의 상선들은 부요하게 되돌아 왔고 재산이 많았던 샤일록은 자신이 생명처럼 의지했던 재물을 결국 모두 잃고 만다. 작품의 이러한 전체적 구조가 말해주는 의미는 인간이 눈으로 측량할 수 있는 물질적 부요는 인간의 눈으로, 또는 노력으로 지킬 수도 없는 것이며 보이지 않고 측량할 수 없는 힘의 합력이 없이는 부요함을 지킬 수도, 증대시킬 수도 없다는 것이다.

이 극의 특징 중의 하나는 세상의 가치에 대한 계량 의식의 문제가 나타나고 있다는 것이다. 밧사니오는 부유한 상속녀이자 "카토의 딸로 손색이 없는" 포샤를 아내로 얻기 위해 이미 "돈으로나 사랑으로나" 많은 빚을 지고 있는 친구 안토니오에게 다시 빚을 지고자 한다. 밧사니오의 의식 속에는 물질로 계산할 수 없는 가치로써의 우정에 의존하여 물질적 가치를 추구하려는 의도가 내재되어 있다. 그러나 포샤를 꼭 물질적 가치의 대상으로만 인식하는 것은 아니고 카토의 딸로서의 미덕을 갖춘 대상으로서의 계량할 수 없는 가치를 추구하는 것이라고도 할 수 있다. 그는 나중에 안토니오에게 자기는 목숨처럼 귀한 아내와 결혼했다고 보고 하기도 하는데 3000 더커트라는 돈의 투자로 교환된 측량할 수 없는 귀한 가치를 결과적으로 얻은 것이다.

밧사니오의 요구에 응하는 안토니오의 반응에서 보면 물질적 계량 의식이 전혀 없음을 알 수 있다. 안토니오는 "내 돈지갑이나 내 목숨까지도" 기꺼이 내놓을 수 있다고 답함으로써 우정이라는 가치가 돈으로 물질로 계량화 될 수 없음을 암시한다. 그는 이자도 안 받고 돈을 빌려주는 사람이다.

포샤를 아내로 얻기 위해 온 구혼자들은 상자의 외면에 보이는 금속 가치를 먼저 계량하게 된다. 모로코의 왕자는 "나를 선택하는 자는 가지고 있는 모든 것을 걸어야 한다"는 납 상자에 적힌 글귀를 보고 모든 것을 걸기 위해서는 납보다는 더 가치 있는 것이어야 한다며 납 상자를 거부한다. 납을 계량할 수 있는 가치의 척도로 보았을 때 모든 것을 걸기에는 너무 하찮은 가치라는 결론에 도달하게 되는 것이다. 그리하여 가장 값진 가치라고 보여지는 금 상자를 골랐으나 그는 결국 올바른 선택에 실패하는 것이다.

눈에 보여지는 외면적 가치에 기준을 두고 선택한 전자의 구혼자들에 반해 밧사니오는 빛나는 금 상자를 가리켜 "마이다스의 먹을 수 없는 음식"이라고 하면서 그것을 선택하지 않는다. 즉 계량할 수 있는 물질적 가치에 그에 상응하는 교환가치가 없을 수 있음을 나타내는 통찰력이다.

극의 초반부에서 안토니오의 친구 살레리오는 안토니오의 기분이 울적한 것은 "지금 가치 있는 것이 가치 없는 것으로 될 것"에 대한 염려 때문이 아니겠냐고 한다. 살레리오가 든 여러 가지 예 중에 바다에 상선을 띄우고 있는 사람은 "교회당의 돌 건물만 보아도 바다의 위험한 암초가 생각나 두려워 질 것"이라고 하는데 인생이 의지하는 힘의 속성을 잘 나타내주는 예라고 할 수 있다. 교회 건물과 상선의 위험에 대한 불안을 연계한 것은 가장 견고하게 의지해야 할 힘인 정신적 의지처 조차 상업적 손실에 대한 두려움으로 불안하게 흔들리는 것이 인생들이 힘에 대해 갖고 있는 한계임을 나타낸다. 이는 교환 가치의 방향이 어느 쪽으로 향하느냐에 대한 질문을 던져 주는 것이 아닐 수 없는데 극의 초반부에서 던져지는 이 질문은 극의 결말에 이르기까지 각 인물들을 통해 여러 각도로 제기되고 있다. 가장 중요한 것은 안토니오가 샤일록에게서 빌린 3000 더커트의 돈이 밧사니오의 사랑을 완성시키는 것으로 전환된다는 것이다. 즉 3000 더커트로 계량되는 외부적 힘은 돈으로 계량할 수 없는 힘인 사랑으로 전환되는데 신경제 비평에서는 이런 관점에서 안토니오를 "자본주의의 사자"라고 볼 수 있다고 한다. 즉 안토니오의 돈은 밧사니오에게 투자되어 더 많은 재화를 창출하게 됨을 가리키는 것이다. 극의 말미에 가서 안토니오의 상선들이 재화를 가득 싣고 돌아온다는 것은 안토니오의 투자가 성공을 거두었다는 것을 가리키는 것으로 밧사니오에게 투자한 것이 성공을 거둔 것과 병행을 이룬다.

제시카가 아버지로부터 훔쳐 내온 보석과 돈도 마찬가지의 역할을 한다. 물질이 물질적 가치로만 순환되는 샤일록의 돈은 제시카의 수중에 들어가서 새로운 가치로 순환되는데 제시카가 보석 반지로 원숭이를 샀다는 것이 그 증거가 될 수 있다. 물질적 가치는 생물과 교환하는 가치로 전환되고 제시카와 로렌조의 사랑의 결합을 가능케 하는 가치로 전환된다. 여기서도 계량할 수 있는 힘이 계량할 수 없는 힘의 가치로 순환되어가는 과정을 볼 수 있다. 또한 밧사니오와 포샤의 결혼의 이미지도 금전상의 것인 것 같지만 그것은 사랑의 성장과 연결된다고 한 지적처럼 이들 결혼의 성사는 자본의 순환을 통한 새로운 가치의 창출이라는 의미를 갖는다. 이 극에서의 돈은 물건을 바꾸는 양적 교환 가치로만 쓰이지 않는다는 데에 큰 의미가 있음을 간과해서는 안 될 것이다.

포샤와 제시카가 대변하고 있는 힘은 간과할 수 없는 중요성을 띠고 있다. 제시카는 부권을 부정하고 아버지의 재산을 횡령한 제 멋대로의 딸인 것처럼 보이지만 그녀가 베니스를 떠나 벨몬트로 향하는 로렌조 일행의 횃불잡이가 된다는 것의 의미를 상고해 볼 필요가 있다. 물질이 물질적 가치에만 머물고 있는 벨몬트를 벗어나 사랑이 이루어지는 세계를 향해 갈 때 안내자가 되는 자본금은 샤일록의 물질적 힘이다. 즉 지상에서의 삶의 변화는 불가피하게도 물질이 시발점이 됨을 의미한다.

밧사니오의 사랑을 이루기 위한 출발점의 힘도 역시 샤일록에게서 빌린 돈이었다. 그러나 이 물질적 힘을 생명으로 순환되게 하는 주역은 여성들인 포샤와 제시카가 맡고 있는 것이다. 이들이 물질적 힘을 대동하고 세상에 나설 때에 남장을 하는 것을 가리켜 작가가 양성존재의 카리스마적 성질을 나타내고자 하는 것이라고도 하듯이 물질적 힘이 여성의 생명력에 맡겨졌을 때의 위력을 말해주고자 함이라고도 볼 수 있다.

로렌조와 결혼하기 위해 돈을 훔치고 부권을 부정하고 집을 떠나는 제시카를 통해 셰익스피어는 여성이 돈을 통제하게 되고 그들 삶을 통제하는 수단을 장악하게 되면 무슨 일이 일어날까에 대한 남성들의 두려움을 확인시켜주었다고 보는 견해가 있다. 또 한편 포샤가 아버지의 뜻에 복종함으로써 대를 이어갈 부를 창출하고 제시카는 아버지에게 반항함으로써 한 집안을 망하게 했다고 지적하면서 이 극이 한 집안의 경제에 미치는 여성의 힘에 관심을 두고 있다고 말하고 있기도 하다. 그러나 작가는 여성의 돈의 통제권에 대해서 이야기 했다기보다 여성이 생명을 낳고 생명을 양육하듯이 돈은 돈 자체로서 가치 있는 것이 아니고 생명의 순환에 기여해야 한다는 돈의 가치 있는 활용 방안에 초점을 둔 것이라고 보아도 좋을 것이다.

포샤는 벨사살로 변장하여 안토니오의 생명을 살리는 궁극적 힘으로 나타나는데 제시카의 경우에서도 그러하거니와 이들 두 여인은 계량할 수 있는 물질적 수단을 통해 자연의 목적에 기여하는 힘을 상징하는 존재들로 볼 수 있다. 그들이 여성인 것은 물질로는 계량할 수 없는 생명을 창조하는 것이 여성들이기 때문일 터이다.

포샤는 시골 향사의 빚을 갚아줄 수 있는 물질적 추구의 대상처럼 등장은 했지만 그녀는 가지고 있는 물질적 재산으로가 아니고 가지고 있는 정신적 재산인 지혜를 갖고 안토니오를 구하는 생명의 자본과 같은 역할을 한다. 물질적 힘이 자본으로서의 동기는 될 수 있지만 그것을 사용하는 지혜로 국면을 이상적으로 전환시킬 수 있다는 것을 포샤는 잘 보여주고 있다. 포샤의 초상화는 계량가치로는 비천한상자 속에 담겼지만 포샤는 가치를 척도할 수 없는 반신(demi-god) 같은 인물임을 밧사니오와 제시카에 의한 묘사에서 드러나는데, 이는 외부적 힘이 곧 실질적 힘은 아니며 외부적 힘을 지혜를 통해 사용할 때 힘의 효용이 잘 나타남을 알려주는 것이다.

밧사니오의 승리와 샤일록의 패배에 작용한 힘의 정체성은 론슬롯에 의해서 잘 요약되고 있다. 그는 유대인 주인인 샤일록의 집을 떠나서 밧사니오의 하인이 되기로 결심하면서 밧사니오에게 "나린 하나님의 은총을 가지시고 그 자는 재물을 가졌지요"라고 말한다. 샤일록이 갖고 있는 힘 또한 그가 추구하는 힘은 계량할 수 있고 눈에 보이는 재물이지만 밧사니오가 갖고 있는 힘은 '하나님의 은총'으로 표현되는, 측량할 수 없는 것이며 무한한 힘인 것이다. 론슬롯의 말은 눈에 보이지 않는 사랑의 힘이 인생의 힘이라고 사람들이 믿는, 눈에 보이는 재물을 능가하는 위력이 있음을 요약해주는 말이라 하겠다.

론슬롯은 아버지가 가져온 비둘기 제물을 유대인 주인인 샤일록에게 바치지 않고 새로운 주인이 될 밧사니오에게 바치는데 일반적으로 제물을 바치는 대상이 신이라고 가정할 때 기독교도인 밧사니오에게 제물을 바친다는 의미는 물질의 신을 섬기는 샤일록에게서 무한한 힘의 원천인 기독교의 신에게로의 전향을 의미한다고 볼 수 있다.

유대인인 샤일록이 추구하는 힘은 눈에 보이고 계량할 수 있는 힘이지만 사랑으로 순환하는 힘이 아니고 기독교도인 안토니오가 지향하는 힘은 눈에 보이지 않고 계량할 수 없지만 타인의 유익을 위해, 특히 생명을 살리고 사랑을 창조하는 힘이다. 생명력 있게 순환되지 못하는 재물은 결국 샤일록이 모든 것을 다 빼앗겼듯이 소모적이라 없어져 버리는 자본이 된다. 샤일록은 안토니오에게 빌려준 3000 더커트의 자본을 아무 짝에도 쓸모없는 살 한 파운드로 교환하려 했다. 계량할 수 있는 가치를 가지고 교환하고자 하는 것은 타인의 죽음일 뿐이다. 결국 재물에 대한 그의 태도는 있는 자본마저 바닥나게 한 결과를 초래했다.

그러나 가지고 있는 자본금을 순환시켜 새로운 재화를 재창조하듯이 안토니오는 우정과 신용을 자본으로 하여 더 많은 재화를 창출한 바, 밧사니오의 곤경을 구하고 자기의 목숨을 건지기도 했지만 마지막에 그의 상선들이 많은 재물을 싣고 돌아온다는 소식까지 듣게 되는 것이다. 작가는 이 대립되는 힘의 대조를 통해 '상인'이란 존재는 자본을 잘 활용하여 이익을 창출하는 자이며 이와 같이 삶의 진정한 상인은 가지고 있는 힘을 활용하여 자기만의 이익을 창출하는 자가 아니고 타인의 생명과 사랑을 이루는 일에도 기여하는 자이며 그것은 결국 자기의 이익이 되어 돌아온다는 것을 일깨워주고 있다.

밧사니오는 안토니오에게 포샤에게 구혼하러 가려는 자기의 계획을 이야기할 때 이미 잃은 화살을 찾기 위해 다시 잃을 것을 각오하고 또 다른 화살을 비슷한 방향으로 쏘아서 이미 잃어버렸던 화살까지 찾을 수 있었다는 어린 시절의 에피소드를 들려주는데 이는 성경 속에 나오는 다윗과 요나단의 이야기를 상기시키는 것이다. 다윗은 요나단이 화살을 쏘아 위기를 알려줌으로써 목숨을 건지게 되었는데 밧사니오와 안토니오의 우정은 다윗과 요나단의 지극한 우정을 상기시킨다. 이에 비추어 볼 때 화살 에피소드 또한 힘의 순환을 암시하는 것이 아닐 수 없다.

다시 말해 작가는 이 극을 통해 삶의 진정한 힘은 순환의 원리에 있음을 말해주고 있다고 볼 수 있다는 것이다. 샤일록이 이야기한 성서의 야곱 이야기도 극의 순환 원리 주제와 같은 맥락에서 의미를 갖는다 하겠다. 야곱은 암수 양이 교미하는 행위 중 나무 껍질을 얼룩지게 벗긴 후 그것을 교미하는 양들 앞에 꼽아놓아서 얼룩무늬 양 새끼를 낳게 하고 그것으로 자기 몫의 삯을 늘려갔다는 것이다. 야곱이 재산을 늘린 이 과정처럼 자신도 안토니오에게 야곱의 에피소드를 이야기 했지만 샤일록이 갖는 경제에 대한 태도와 야곱의 경우와는 사실상 극명한 대조를 이룬다. 야곱의 에피소드는 자연의 생명력이 순환하는 것을 가리키는 것이라고 볼 수 있다. 얼룩무늬 나무의 생명력이 얼룩무늬 양의 생명력으로 태어나고 다시 그것이 수년간을 하루같이 외삼촌에게 봉사한 야곱의 몫으로 순환되는 것이다. 샤일록의 고리대금업 역시 돈을 순환시켜 자본을 증식시키는 것이기는 하지만 거기엔 생명력의 순환이 없다.

극이 반지 이야기로 결말지어지는 것도 위의 사실과 무관하지 않다고 보아진다. 반지는 또 하나의 증서와 같은 것으로서 샤일록의 증서는 생명을 종식 시키고자 하는 의도가 내포되어 있는 반면 포샤의 반지에는 생명과 사랑의 순환의 의미가 내포되어 있다. 결코 손에서 빼지 말라는 약조와 함께 포샤로부터 밧사니오에게 건네진 결혼반지는 변장한 벨사살 판사인 포샤에게 되돌아 가고 반지는 포샤로부터 다시 안토니오의 손을 거쳐 밧사니오에게 되돌아간다.

포샤를 얻은 밧사니오의 덕으로 안토니오의 목숨이 구해지고 안토니오를 거쳐서 다시 밧사니오에게로 돌아가는 반지의 순환 과정에서 다시 돌이켜보면 이 반지는 안토니오 때문에 밧사니오가 포샤로부터 얻은 것이기 때문에 안토니오가 주인일 수도 있고 밧사니오가 이 반지를 얻을 수 있던 것은 샤일록의 돈 때문이었으므로 그 순환의 출발점은 샤일록이라 할 수도 있다. 결국 반지의 순환처럼 이 세상 삶은 힘의 순환 속에 있음을 나타내는 것이라 할 수 있다. 반지의 둥근 모양처럼 이 순환의 원리는 생명의 원리를 가리키는 것이라고 아니할 수 없다.

『헨리 5세』 : 영웅의 허구성

유사 이래로 세상의 각처에서 있어 온 온갖 전쟁들은 많은 영웅들을 낳았고 그 영웅들은 나라를 구한 인물들로서 많은 이들에게 존경받고 숭배받기까지 해왔을 것이다. 모든 영웅들은 과연 개인적인 동기 없이 순수하게 대의 명분을 위해 자기를 불살랐을 것인가 하는 질문을 던지게 하는 것이 『헨리 5세』라는 작품이다. 이 『헨리 5세』는 헨리 4세의 왕권을 물려받은 영국 왕 헨리가 일으킨 영불 전쟁의 승리와 헨리왕의 통치권을 극화한 작품이다.

극은 교회 토지가 몰수될 수도 있는 법안이 통과되는 것을 제지해야 한다는 성직자들의 대화로부터 시작된다. 곧 이어 궁정에서는 주교들과 대신들이 모인 가운데 프랑스 원정의 타당성에 대한 논의가 벌어지는데 각기의 시각에서 프랑스 원정의 합리성을 표명한다. 이렇게 극이 시작되는 것은 전쟁이든 무엇이든 세상사가 결정되는 이면에는 각자 자기의 유익에 따른 관점이 게재된다는 것이다. 성직자들은 전쟁을 지지하면서 교회 재산을 지키려는 의도를 위장하고 있고 헨리왕은 성직자들의 지원을 받아 프랑스 원정으로 통치권을 강화하려는 야심을 정당화한다.

전쟁이 시작되기 전에 헨리왕은 프랑스 왕자로부터 테니스 공이 든 선물 상자를 받는다. 프랑스 왕자가 보낸 선물이라는 것이 자신의 방황하던 시절을 조롱하는 뜻을 담은 테니스공임을 보고 "왕자의 조롱이 테니스공을 포탄으로 바꾸었노라"고 헨리왕은 프랑스에 선전포고를 하게 된다. 그러면서 헨리왕은 신의 뜻으로 반드시 프랑스 왕자를 혼내줄 것이니 이 의로운 전쟁을 추진하는데 각자의 정성을 기울여주기 바란다고 영국의 대신들에게 명한다.

프랑스와의 전쟁에서 승리를 거두고 영국 역사의 영웅이 된 헨리 5세의 전쟁의 동기가 자신에게 가한 개인적인 모욕에 대한 반응이었다고 설정된 것은 인간의 그 어떤 영웅적 행동도 그 이면에는 개인적인 동기나 자기 유익을 위한 에고의 욕망이 전제됨을 알리는 것으로 볼 수 있다. 그러면서도 신의 뜻을 들먹이며 신성한 전쟁임을 내세우는 것은 개인적 의도를 감추는 깃발에 불과함을 일깨우려는 작가의 시각을 엿볼 수 있다.

코러스는 "오, 영국이여… 네 자식들이 모두가 어머니인 네게 효도를 다 한다면 넌 명예가 명령하는 대로 위업을 해내고도 남을 것이다"라고 영국인의 모국에 대한 충성을 부추기며 2막을 열고 있다. 전쟁에 앞서 코러스를 내세워 영국 병사들의 사심 없는 충성을 요구하고 있지만 2막 1장은 전쟁에 참가할 이스트칩의 비속한 무리들의 언쟁으로부터 시작되고 전쟁을 이용해서 돈벌이를 하겠다는 저속한 모습들이 노출된다. 그리고 2장에서는 헨리왕의 절친한 친구가 포함된, 왕의 총애를 받던 캠브리지 백작 일파가 프랑스의 돈에 매수되어 왕을 시역하려 했다는 모반이 발각된다. 헨리왕은 "신이여, 저들에게 자비를 베푸소서" 하면서 자기의 일신에 관해서는 복수할 생각은 없으나 왕국의 안정에 관해서 중대한 일이니 사형장으로 가야한다며 그들을 죽음의 길로 보낸다.

반역자들을 심판하는 장면 이전에 폴스타프의 시동이 왕 때문에 폴스타프가 열병에 걸려 죽게 생겼다고 죽기 전에 문병을 가자는 장면이 선행된다. 이것은 헨리왕이 폴스타프와 어울려 방탕한 생활을 하던 시절에서 완전히 떠나 새로운 사람이 되었다고는 하지만 지난 날의 인간적인 죄 또는 그의 무자비함이 가까운 이들로부터 받는 배신의 업이 되었음을 암시하는 것일 수도 있다.

역적들에 대한 심판을 마치고 헨리왕은 프랑스의 왕이 되지 못하면 영국의 왕도 안할 것이라고 외치며 원정길에 오른다. 그런데 그 장면의 바로 뒤로 또 폴스타프의 시동과 일행들이 폴스타프의 죽음 소식을 전하며 이스트칩 선술집 앞에 모여 있는 장면이 이어진다. 서두에서 캔터베리 대주교가 그 전엔 보람도 없는 무익한 일에 빠져 있었고 친구들이라곤 무식하고 난폭하고 천박한 패거리였는데 왕이 갑자기 변한 것이 경탄스럽다고 했던 것을 상기하면 옛 패거리들의 모습이 교차해서 등장하는 것을 통해 헨리왕의 영웅적 모습의 인위성을 번번히 일깨우는 작가의 의도를 읽을 수 있다.

원정대와 함께 프랑스에 당도한 후 프랑스 어전에 가서 프랑스 왕자에게 영국왕의 의도를 전하는 공작 엑시터는 "왕자 전하께서 그분의 청년 시절의 방탕했던 모습과 그분의 현재의 모습의 차이를 반드시 깨달으시게 될 것이며 우리 국민들도 경탄의 눈을 뜬 바 있듯이 왕자도 놀라실 겁니다. …영국 왕이 일단 프랑스에 머무르시게 되면 왕자 전하께서 패전을 통해 절실히 깨닫게 될 것입니다"라고 하는데 이 역시 헨리왕의 집권 이전과 이후의 상황이 만들어준 변모를 알려주며 영웅이 어떻게 시대와 상황에 의해서 만들어지는가 하는 것을 환기시키려는 대목이라고 볼 수 있다.

3막 1장에서 헨리왕은 병사들의 용기를 북돋우며 "우리 향사들이여, 영국에서 태어나 갈고 닦은 그 기개를 보여, 짐에게 조국을 위해 부끄럽지 않은 백성이라고 떳떳이 말하게 해다오, 짐은 의심치 않으니 눈빛에 기품이 넘치고 있으며 비열하고 못난 자는 한 사람도 없느니라" 하고 포효하지만 뒤이어지는 장면에서 등장하는 병사들의 모습은 기품있는 병사와는 거리가 먼 부랑자들이다. 그들은 "런던의 주막에 있을걸 그랬어. 맥주 한 잔과 생명의 안전만 보장된다면 그까짓 명예 따위는 다 내놓겠다"는 말로 코러스나 헨리왕의 포효를 희화화한다. 뒤이어 나오는 장교들도 내용도 없이 작전에 대한 입씨름을 하며 아일랜드인이다 스코틀랜드인이다 하며 내분의 모습을 보인다. 이 역시 하나 된 영국을 위해서 분기하자는 헨리왕이나 코러스의 목소리를 조롱하는 듯하다.

이 후에도 영국군 진영의 병사들이 벌이는 도둑질, 싸움 등은 전쟁의 영웅들이 내거는 성스러운 전쟁이라는 깃발이 얼마나 허구적이며 아전인수격인 것인지를 알게 하는 패러디다. 헨리왕은 적군의 손실은 대단히 컸지만 아군은 교회에서 절도질을 해서 공작이 사형을 언도한 한 명을 빼고는 단 한 사람도 손실이 없다는 보고를 받자 "그런 범죄자는 모두 처단해야 한다. 짐은 분명히 명령했다. 우리 군대가 이 나라로 진격하는 동안 마을 사람한테서 무엇 하나 징발하지 말 것, 값을 치르지 않고는 무엇이든지 강탈하지 말 것" 등을 지시한다. 참다운 기독교 국가의 도덕적 군주의 모습을 보이는 것이다.

그러나 아이러니컬하게도 프랑스와의 전쟁을 통해 국익을 챙기겠다는 행위 자체가 도둑질이며 강탈이라는 것을 헨리왕은 지각하지 못하고 있는 것이다. 전쟁을 통해 돈벌이를 하겠다는 병사들은 비속하고, 함락한 프랑스의 성에서 아무 것도 강탈해서는 안된다고 명하는 군주는 도덕적인 것 같지만 결국 그 속성이 같다는 것을 통찰하는 것은 독자나 관객의 몫이 아닐 수 없다. 비속한 무리들의 전쟁에 임하는 이기적인 모습과 헨리왕의 선군다운 모습을 교차시키는 것은 이러한 리얼리티를 분별해내라는 작가의 의도일 것이다.

4막은 애진코트의 전투가 벌어지기 전날 밤 헨리왕이 변장을 하고 병사들의 사기 진작을 도모하는 장면으로 시작된다. 변장한 채 막사를 돌다가 만난 윌리암즈 병사는 헨리왕에게 전장에서 죽은 영혼들은 왕에게 책임이 있다는 말을 꺼내 헨리왕과 토론을 벌인다. 헨리왕은 전장에서 죽은 사람들에 대한 책임은 각자에게 있는 것이지 전쟁을 일으킨 자기에게 있는 것이 아니라고 일갈한다. 즉 전장에서 죽은 병사들이 모두 순진 무구한 자들이라고 할 수 없으며 그 중에는 살인자도 있을 것이고 처녀의 정조를 겁탈한 자도 있을 것이며 절도나 강도질을 하다가 전쟁에 참가해서 그 죄를 숨기려고 할 수도 있을 것이라는 말을 한다. 이런 자들이 전쟁을 통해서 신의 처벌을 받는 것이니까 왕은 병사들의 죽음에 책임이 없다는 논지를 펼치는 것이다.

이렇게 말하는 헨리왕 자신도 방탕하던 시절이 있었음으로 해서 일말의 불안을 떨치지 못한다. 그는 또한 리차드 2세의 왕위를 찬탈한 부왕 헨리 볼링부르크의 죄에 대한 처벌이 자신에게 임하지 않도록 기도한다. 프랑스군의 군력의 우세를 걱정하는 신하 앞에서 "우리의 운명은 그들의 수중에 달린 것이 아니라 신의 손에 달렸다"라고 신의 섭리에 대한 믿음을 보인다. 이와 같은 헨리의 운명관은 각자의 운명은 다른 인간 누구에게 책임이 있는 것이 아니라 각자에게 달려 있으며 그것은 신의 소관임을 말하고자 하는 작가의 목소리 같기도 하다.

윌리엄즈와의 토론 후 헨리왕은 왕이라는 지위가 의례적 형식으로 떠받들어지는 것일 뿐 일개 평민보다 나을 것이 없다는 탄식을 한다. "일반 서민들이 누리는 무한한 마음의 편안함을 왕들은 얼마만큼이나 버려야 하는가? 또 왕들이 갖고 있으나 평민이 갖고 있지 않는 것이 있다면 의전이외에 무엇이 있단 말인가?" 하면서 왕으로서의 애로를 털어놓는다.

왕도 영웅도 일개 인간에 불과한 연약한 존재임을 인정하면서 마지막 결전을 앞두고 신에게 의지할 수 밖에 없는 실상을 드러낸다. 그래서 불리한 전세 앞에서 "주여, 당신의 뜻대로 이 날의 승패를 가려주소서"라고 간절하게 외치는 것이다. 이 장면에 뒤이어 전쟁터에서는 피스톨이 프랑스 병사 하나를 사로잡아 잘 통하지도 않는 언어로 통역을 세워 말씨름을 하다 돈을 받아내고는 "사람의 생피를 빨아먹는 나지만 자비를 베풀어주지" 하면서 그를 놓아준다. 헨리왕의 전쟁에 임하는 자세는 신의 뜻에 모든 것을 맡긴다는 것이지만 그에게도 전쟁을 통해서 유익을 얻을 수 있어야 감사할 수 있다는 인간적 욕망이 내면화 되어있음을 패러디한 것이 아닐 수 없다.

프랑스군이 항복하고 영국군이 드디어 애진코트 전투에서의 승리를 선언할 때 왕은 변장하고 막사에서 만났던 윌리엄즈와 대면하여 그날 밤 그에게 모욕을 받았던 것이 왕 자신이었음을 밝힌다. 윌리엄즈는 "그때 폐하께선 폐하의 모습으로 오지 않으셨습니다. 소인에게는 일개 보통의 병사로밖에 안보였습니다. 폐하께서 받으신 모욕은 폐하께서 자초하신 것이지 소인의 죄는 결코 아니라는 것을 생각해주소서"라고 한다. 이 장면은 영불전쟁의 단초가 되었던 것이 헨리왕의 프랑스 왕자로부터 받은 모욕이었던 극의 첫 장면을 상기시킨다.

윌리엄즈의 말대로라면 헨리왕이 프랑스 왕자로부터 받은 모욕은 헨리왕이 자초한 것이라는 이야기다. 즉 그의 방황했던 지난 날에 대한 조롱으로 테니스공을 보냈었기에 헨리왕이 전쟁으로까지 비화시킨 모욕의 동기는 그 자신의 방탕했던 삶이 자초한 것이라는 결론이 될 수 있다.

전투 결과에 대한 버건디 공작의 보고는 전쟁에 의해 황폐화된 자연의 모습을 전해준다. 그는 "대체 어떤 장애로 온화한 평화가 이처럼 불편함을 가져왔으며 지난 날의 훌륭한 환경을 다시 찾게 해줄 길이 무엇인가?"고 묻는다. 헨리왕은 이 물음에 대한 답으로 전적으로 자기의 요구를 받아들여야 한다고 말한다. 그것은 프랑스의 지배권을 갖는 것과 프랑스의 캐더린 공주와의 결혼에 대한 요구다. 헨리왕은 결국 전쟁에 승리하여 이 모든 요구를 관철시키는 영웅적인 왕이 된다.

마지막에 코러스가 "짧은 세월이었지만 그 짧은 시간에 영국의 샛별 헨리 5세는 광채를 뿜었습니다. 운명이 갈고 닦은 검으로써 세계에서 가장 아름다운 정원 프랑스를 장악하고 자식에게 지배권을 물려주셨습니다"라고 하듯이 헨리 5세는 약한 군사력을 가지고 최소한의 전사자를 내며 완전한 승리를 거둔 영웅적인 왕으로 서게 된다.

그럼에도 불구하고 『헨리 5세』의 극에는 영웅적인 전투 장면 대신 전쟁과 전쟁을 이끄는 군왕의 덕성을 조롱하고 패러디하는 장면들이 계속 교차된다. 코러스와 헨리왕의 진지한 이야기와 달리 비속한 자들의 조잡한 언쟁과 야비한 행동들이 교차되어서 진지함은 훼손되고 왕의 영웅화, 신격화는 손상된다.

헨리왕은 열세한 군력을 가지고 승리를 쟁취한데 대해 "신이 우리를 위하여 함께 싸워주신데 대한 감사를 말해야한다"고 선포했고 코러스도 "허영과 자만적인 자기 과시 같은건 찾아볼 수 없고 전승의 공적과 표창을 모두 자기 것이 아니라 오로지 신의 것이라고 합니다"라고 겸손한 그를 높였지만 우쭐거리는 피스톨을 등장시켜서 헨리왕의 겸손조차 희화화하고 있다.

막이 내리기 직전 헨리왕은 캐더린 공주에게 "나는 당신에게 서약을 하고 그리하면 당신도 내게 서약하세요. 우리들의 서약이 잘 지켜지고 순조롭기를 비나이다"라고 마지막 말을 하지만 이미 둘 사이에 언어 장벽으로 의사소통이 되지 않음을 보여주었음으로 해서 이 서약조차 제대로 효력을 발휘하지 않을 수 있다는 의구심을 갖게 한다.

셰익스피어는 『헨리 5세』를 통해서 한 나라의 역사 속에 기록된 영웅적인 왕이라 할지라도 일개 연약한 인간일 수밖에 없으며 영웅적 행동이나 도덕적 언사들도 상황이 만들어내는 것일 뿐 그것의 순수한 미덕을 온전히 신성시할 수는 없다는 것을 말하고 싶었는지도 모른다.

또 한편 이 작품은 우리가 바라는대로의 현실을 창조할 수 있는 가장 강력한 출발점은 현재의 조건이 열악하더라도 "모든 것이 다 괜찮다"라는 긍정의 자리라는 것을 일깨워준다.

『줄리어스 시저』 : 힘에의 의지

셰익스피어는 그 누구보다도 이 세계가 '힘에의 의지', 즉 생명이 있는 존재는 누구나 힘을 증대하려는 의지로 가득 차 있는 세계라는 것을 인식하고 그것을 극화하는데 관심을 많이 기울인 작가라고 할 수 있다. 20세기 들어서서 니체는 "존재하는 모든 것은 보다 많은 힘을 증대하려는 의지를 본성으로 하고 있다"고 생명의 철학을 정립했지만 셰익스피어는 일찍이 그러한 존재의 본질을 꿰뚫고 있었던 셈이다. 인물들이 현 상태에서 만족하지 못하여 보다 힘 있는 자리를 쟁취하기 위해 쉼 없이 분투하는 과정에서 빚어지는 예기치 않은 상황이 셰익스피어의 주요 비극의 모티프라 할 수 있다. 물론 니체에게 있어서의 '힘에의 의지'는 외부적인 권력이나 물리적 힘을 의미하는 것이 아니고 끝없이 자신을 극복해가며 성장하려는 힘을 가리키는 것이지만 셰익스피어 비극에서의 주인공들은 외면적 강자가 되기 위한 권력 투쟁의 양상을 보인다.

지배세력과 전복 세력 간의 갈등과 충돌을 다루는 다른 사극에서도 마찬가지지만 특히 『줄리어스 시저』에서 셰익스피어는 절대 권력을 정점으로 둔 개별자들의 '힘에의 의지'문제를 다루고 있다. 각기 개별의지를 지닌 생명체들로 가득 차 있는 세계에서 개별자들이 보다 많은 힘을 얻기 위한 투쟁은 불가피하며 그 싸움의 결과들이 비극을 만들어내는 것이고 그것이 셰익스피어의 비극의 근간을 이루고 있다고 볼 수 있다. 왜냐하면 이 작품의 중심 주제라고 할 수 있는 시저리즘은 그 무엇보다 자기 힘의 증대와 자기 확장을 목적으로 하는 정신적 메카니즘을 가리키는 것일 수 있기 때문이다.

『줄리어스 시저』의 세계는 투쟁을 통해 계속하여 새로운 질서를 만들어 가고자 하는 세력들의 다툼의 장이다. 시저를 살해한 다른 음모자들은 악한 반면 공익을 위한 것이라고 천명한 브루터스는 고결하다는 이분법적 시각에서 벗어나 인간 모두의 내면에 선한 특성과 악한 특성이 구별되어 있는 것이 아니라 자기 보존과 자기 확대를 위한 동일한 충동이 있을 뿐이라는 시각에서『줄리어스 시저』를 읽어볼 필요가 있다. '사실이 있는 것이 아니라 관점만이 있을 뿐이다'라고 하는 니체의 관점주의적 해석 철학은 키케로우가 "사람들은 어떤 것의 본의와는 무관하게 자기 나름대로의 방식으로 추론할 수 있다"라고 말한 것과 유사하다.

니체에게 있어서 해석은 인간 스스로가 부여하는 의미의 투입인 바, 브루터스 일당은 자신의 행동에 의미를 부여함으로써 살인이라는 행위를 정당화 하고 있다. 따라서 어떤 가치도 절대적 가치로 확립될 수 없으며 세계는 각각의 관점에 따라 가치가 설정되며 그로 인한 복합적 결과로서 파악될 수 밖에 없다는 것이 이 극의 주요 주제 중에 하나라고 할 수 있다.

또한 니체의 '영원회귀 사상'에서처럼 어떤 삶의 가치도 최종적 승자가 될 수 없다는 것이 『줄리어스 시저』의 주제 중의 하나라고 할 수 있다. 폼페이는 시저에 의해 제거되고 시저의 권력은 브루터스와캐시어스에 의해 도전 받고 브루터스 일당은 안토니에 의해 밀려나며안토니의 권력은 다시 옥타비우스와 레피두스와 갈등관계에 놓이면서 '힘에의 의지'가 유기체적 세계를 움직여 가는대로 세계와 세계내의 힘은 변화하고 순환한다.

작품의 서두는 로마 군중들이 폼페이를 무찌르고 입성하는 시저를 환영하기 위해 거리로 몰려나와 있는 상황에서 출발한다. 호민관들은 이전에 폼페이의 승리를 환영하던 로마인들이 하루 아침에 폼페이를 등지고 새로운 권력자 시저를 환영하는 것을 비난하여 그들을 거리에서 쫓아내려 한다. 이들 로마인들은 각기 자기의 직업이 있지만 자신의 직업을 나타내는 옷을 입지 않은 채 시저를 환영하기 위해 거리에 나와 있는데 이는 개별적 힘의 의지와 별개로 군중들이 권력을 지향하고 권력에 아부함으로써 타자의 힘에의 의지에 편승하여 자신들의 힘을 확장하려는 보편적 권력에의 의지를 나타내는 것으로 보인다. 로마 군중들이 직업을 나타내는 옷을 입지 않았다는 것은 사람들 개개인이 자기의 일을 통해 힘을 확장해가며 사는 분야가 다르다 할지라도 공통된 것은 권력에의 의지이며 그것이 보편적 속성임을 나타내고자 하는 장치일 수 있다.

극이 시작되기 이전 상황에서 이미 정치적 라이벌인 폼페이를 무찌르고 온 시저는 힘겨루기를 통해서 승리한 자로 등장한다. 호민관 플래비어스는 시저의 권력증대를 염려하며 그 힘에의 의지를 자라는 새의 날개로 은유하고 있다. 플래비어스의 염려처럼 시저는 상승하려는 날개가 돋쳐나서 자라게 되고 보통의 높이 이상으로 날아올랐지만 그는 권력의 후계자가 없는 무자(無子)의 상태임이 드러난다. 루퍼칼 축제에서 아내 칼퍼니아의 불임을 치료하기 위해 시저는 안토니에게 경주 도중 아내를 접촉해줄 것을 요구한다. 시저가 끊임없이 힘의 증대를 위해 투쟁해가는 존재임을 드러내기 위해 시저의 원래 출발점에서 그의 무력을 전제하고 있는 것은 불임상태 뿐만이 아니다.

캐시어스가 말하는 시저는 형편없이 무력했던 존재로 회상된다. 그는 캐시어스와의 수영시합에서 패배하고 벌벌 떨며 구해달라고 애걸하던 자였으며 학질에 걸려 두려움에 떨던 연약한 존재였던 것으로 부각되고 있다. 현재 막강한 권력을 휘두르고 있는 시저라는 인물이 얼마나 연약한 존재였는지를 부각시킴으로써 시저리즘은 무력한 상태를 극복하고 더 높은 힘에 도전하여 최고 힘의 경지까지 오르고자 하는 '힘에의 의지'임을 효과적으로 보여준다. 그 '힘에의 의지'가 다른 '힘에의 의지'를 억압하고 자신만이 신처럼 군림하고자 할 때 그것이 얼마나 위험한 것인가 하는 것을 아이러니하게도 시저 자신이 "위험과 나는 같은 날에 태어난 쌍둥이 사자지만 내가 형님격으로 더 무서운 존재"라고 말한다.

한 연약한 인간이 위험보다도 더 위험한 존재라고 하는 것은 연약한 인간이 신에 이르려는 '힘에의 의지'가 잘못되면 얼마나 위험한 것인가 하는 것을 암시하는 것일 수 있다. 또한 시저리즘이 위험한 것은 자기 힘을 확대하려는 의지는 제한이 없기 때문이며 자기를 높임으로써 타자들과의 장벽을 쌓고 자신의 리얼리티나 상황의 리얼리티를 보지 못하는 소경이 된다는 데에 있다. 시저는 암살자들을 최측근에 두고도 보지 못했고 캐시어스는 나중에 가서 상황을 잘못 보고 죽음에 뛰어들게 된다. 브루터스도 음모를 계획하고 실행하는 과정 내내 그리고 그 후에도 현실파악에 눈이 어두워 비극적 결말을 맞이하는 인물이다.

시저를 질투하는 캐시어스 역시 그 내면에 힘에의 의지가 들끓고 있음을 보여주고 있다. 실제 그는 브루터스를 음모에 유인해 들일 때 우리가 힘있는 자가 못되는 것은 운명에 있지 않고 우리에게 달려있다고 주장한다. 그는 브루터스보다도 더욱 힘에의 의지가 강한 자라고 볼 수 있다. 니체는 지배자와 노예의 도덕규범을 규정하는 철학에서 피지배자는 자신의 존재를 유지하기 위해 적대적 외부 세계를 필요로 한다고 말한다. 캐시어스는 지배권력 밑에 억눌려 있는 존재의 대표로서 자신의 힘에의 의지를 억압하는 외부세계의 대표격인 시저를 적대시하며 타도의 목표로 삼게 되는 것이다. 그는 캐스카와의 대화에서 생명체는 자신을 노예 상태에서 해방시킬 힘을 갖고 있는 법이라며 신에게 약자를 강자로 만들어달라고 탄원하는데 이것 역시 그의 강렬한 '힘에의 의지'를 표명하는 대목이 아닐 수 없다.

캐시어스를 통해 시저가 이리나 사자와 같은 무서운 힘을 가진 존재로 묘사되는 것과 대조적으로 시저의 약점 또한 캐시어스를 통해서 드러나지만 그의 약점은 캐시어스를 통해서만 언급되는 것이 아니다. 시저는 왼쪽 귀가 안 들리는 것으로 나오고 또 쓰러지는 병을 가진 것으로 되어있다. 이런 약점 투성이의 인간이 권력의 왕좌에 올라 신처럼 군림하며 자신을 올림푸스산이나 하늘의 북극성으로 천명하는 것은 무력한 인간이 신을 목표로 끊임없이 힘을 얻겠다는 의지로 투쟁하는 삶이 시저리즘을 중심에 둔 삶임을 보여주는 것이다.

또한 시저가 살해되기 전날 밤의 로마 거리의 기묘한 풍경은 많은 상징성을 내포하고 있다고 보여진다. 사자가 사람을 보고도 해칠 생각 없이 그냥 지나간다든지 밤에 우는 부엉이가 낮에 운다든지 새와 짐승들이 모두 본래의 특성을 잃어버린 형국들에 대한 묘사는 그것을 시저의 죽음과 관련해서 볼 때 인간 세상을 지배하려는 힘은 결국 동물적 힘으로써 시저리즘의 몰락을 예고하는 것이며 짐승들이 힘을 잃음으로써 인간들이 그 힘을 무서워하지 않고 거리를 활보한다 함은 한 인간의 지배욕의 제거로 사회가 평화를 누릴 수 있음을 암시하는 것일 수 있다.

브루터스의 '힘에의 의지'가 동기를 부여받는 것은 캐시어스에 의한 것 같지만 보다 정확히 말하면 그것은 힘을 확장하려는 자신의 욕망에 의해서다. 그가 시저 살해의 음모를 받아들이는 동기는 캐시어스에 의해 여러 필체로 꾸며 쓴 편지들인데 로마를 구하기 위해 브루터스가 일어서야 한다는 내용에 의해 그는 '힘에의 의지'라는 자신의 욕망을 편승시킨다.

브루터스가 익명의 편지들에 의해 힘에의 의지를 부추김 받는 것과 맥베드의 욕망이 마녀들에 의해 점화되는 것과 비슷하다. 맥베드에게 있어서 힘에의 의지를 부추겨주는 박차 역할을 맥베드 부인이 맡고 있지만 브루터스에게는 캐시어스를 대표로 하는 로마인들이다. 맥베드의 경우에서와 마찬가지로 브루터스는 그를 앞세워준 자들을 제압하고 독선적 힘을 지향한다. 거사의 과정에서부터 그 이후에 이르기까지 줄곧 브루터스는 캐시어스를 비롯한 주위 의견들을 무시하면서 독선적 자기 힘만을 내세운다. 브루터스는 끝까지 공익을 명분으로 내세우지만 의식적이든 무의식적이든 그는 자기만의 힘을 향한 의지를 밀고 나가는 것이다. 그는 특히 도덕적 우월성에 대한 힘을 확장하고자 하는 의지가 더 두드러질 뿐이다라고 할 수 있다. 니체에 의하면 공익을 위한다는 도덕적 우월주의는 자기 기만에 불과하다는 것이다.

브루터스는 독재자의 제거가 로마의 조상들로부터 면면히 역사 속에서 이어져 내려왔음을 언급하는데 이는 인간의 힘에의 의지가 역사의 수레바퀴를 돌면서 계속 회전하고 있음을 말한다. 브루터스는 로마의 공화정을 위해 전제군주를 몰아내는 일에 자신이 나서야 된다는 것에 고무되어 있지만 이 또한 하나의 힘을 밀어내면서 자신의 힘을 증대시키려는, 회전하는 '힘에의 의지'를 나타내는 것 뿐이다. 이는 본인 스스로가 이미 음모를 주도할 결심을 할 때 드러내는 생각 속에서 증명이 되고 있다. 평범한 대부분의 사람들이 힘을 쟁취하려는 야망의 사다리를 타고 올라갈 때는 겸손한 데서 출발하지만 꼭대기에 이르러서는 야망의 사다리를 등지고 아랫 쪽을 경멸한다는 내용이다.

이것이 보편적 인간의 속성이라고 이야기한 것으로 보아 어떤 사람이든 독재의 왕좌에 올라서 다시 아래를 경멸하고, 그래서 그를 물리쳐 다른 사람이 대치되어도 결국은 악순환이 연속된다는 이야기다.

니체는 '힘에의 의지'로서의 세계 해석이 세계에 대한 구조적 해석이라면 '영원회귀'로서의 세계 해석은 그러한 '힘에의 의지'로서의 세계에 대한 시간적 해석이라고 한다. 즉 시작도 끝도 없는 힘은 소비되는 것이 아니라 변화되며 영원히 스스로 창조하고 영원히 스스로 파괴하는 디오니소스적인 세계 속에 순환한다는 것이다.

극의 구조 또한 이러한 주제를 반영하여 순환의 구조를 이루고 있다. 시저는 폼페이의 동상 밑에 시체가 되어 눕혀지고 캐시어스는 생일날 죽음을 맞이하고 죽은 시저의 혼령은 자신의 정체성을 브루터스의 악령이라고 말하며 캐시어스와 브루터스는 시저를 죽인 칼로 목숨을 끊는다. 모든 것이 원을 그리며 제자리로 회귀하는 구조다. 폼페이와 시저의 죽음은 역사적 순환 논리를 일깨워 주는 것이라고 하지만 이는 역사적 순환 논리일 뿐만 아니라 우주적 힘의 순환논리로까지 확대 해석할 수 있는 문제다.

브루터스는 캐시어스의 죽음 앞에서 "오, 줄리어스 시저, 그대의 힘은 아직도 위대한가! 그대의 혼백은 땅 위를 헤매며 우리의 칼로 우리들 자신의 가슴을 찌르게 하는구려" 하면서 앞서 죽은 시저의 힘이 여전히 막강한 영향력을 미치고 있음을 인정한다. 이와 같은 상황은 유한한 공간에서의 생명체의 운동이 힘의 중심을 위해 분투함으로써 닫힌 우주 공간에서의 에너지의 무한한 운동은 일정 크기의 공간에서의 운동이므로 돌고 도는 반복 운동이요, 순환운동일 수 밖에 없다는 니체의 영원회귀 사상에 적용되는 상황이다. 이 순환 운동에서는 과거, 현재, 미래라는 시간이 그 절대적 의미를 잃는 것이다. 과거에 죽은 시저는 여전히 살아서 현재에 영향을 미치는 것이다. 이는 또 반복해서 겪게 될 미래가 되고 미래라고 하나 이미 있었던 과거가 반복되는 것이다. 그래서 음모자들은 시저를 살해한 후에 이런 사건이 "미래에 아직 태어나지도 않은 나라들에서 또 얼마나 반복될 것인가"라고 말하는 것이다. 대부분의 셰익스피어의 작품들이 원의 구조를 갖는 것은 무질서에서 질서로 회복되어가는 세계 속에 끊임없이 상호작용하는 개별적 '힘에의 의지'들이 총체적으로 연관되어 움직인다는 영원회귀의 우주론적 원리를 작가가 통찰했기 때문으로 보인다.

그런데 한 인간 개체는 타자의 '힘에의 의지'와 관련하여 자신의 보존과 상승을 꾀하는 또 하나의 '힘에의 의지'이므로 총체적 연관 속에서 힘들은 충돌할 수밖에 없게 된다. 절대군주의 역할을 고수하려는 시저는 공화제 회복의 이상을 실현하려는 공화파에게 대의 명분의 구실을 주었다지만 이 두 세력의 충돌은 결국 개인적 '힘에의 의지'들의 충돌일 뿐이다. 이는 음모자들이 시저 살해에 가담한 동기들을 살펴보면 자명해진다.

캐시어스는 자기보다 연약한 인간이 통치자로 군림하는 것을 시기했고 메텔러스 씸버는 자기의 형을 복권 시켜주지 않은 것에 불만을 가져서 음모에 가담한다. 이들의 경우는 대부분의 음모자들이 자신의 개인적인 '힘의 억눌림' 상태에 대한 반발로 시저 살해에 가담한 것임을 짐작케 한다. 브루터스는 캐시어스가 꾸민 편지로 개인적 영웅심을 불러일으킨 경우다. 겉보기에 공화정과 제국주의의 정치체제간의 충돌이 주요 플롯인 것 같지만 비극의 전 국면에 개별 '힘에의 의지'들이 충돌하고 있음을 볼 수 있다.

의기투합해서 거사를 치루었지만 브루터스와 캐시어스의 충돌은 끝까지 이어진다. 브루터스와 캐시어스는 로마의 변방으로 피신하여 있는 상황에서 더욱 노골적인 힘의 충돌을 보인다. 캐시어스는 류셔스 펠라 문제로 브루터스를 원망하고 브루터스는 군자금을 보내주지 않았다고 캐시어스를 원망하고 급기야는 서로가 더 유능한 군인이라는 주장을 하며 사적인 파워게임으로 충돌한다.

권력은 폼페이에서 시저로, 시저에서 브루터스와 캐시어스 일당에게로, 또 다시 안토니에게로 이동한다. 안토니 역시 필라파이 전투에서 옥타비우스와 지휘권의 갈등을 겪고 있고 이미 레피두스를 변방으로 밀어내고 있는 상황이다. 권력의 이동 접점에는 언제나 두 세력간의 '힘에의 의지'의 충돌이 이어진다. 자신들의 힘을 증가시키거나 상실하는 의지의 접점들이 명멸하면서 역사는 이어져 가는 것이다.

시저의 장례식에서 먼저 연설을 한 브루터스가 로마시민들로부터 시저 살해에 대한 정당성을 인정받은 것도 실은 로마시민 개개인의 '힘에의 의지'에 호소하여 공감을 얻은 것이라고 할 수 있다. 브루터스의 연설 내용의 요지는 '여기 누가 노예가 되길 원하는 비열한 사람이 있는가?' 하는 것이었다. 이 물음에 시민들은 이구동성으로 그런 사람은 아무도 없다고 답하며 브루터스를 시저로 모시자고 외치는 것이다. 비록 현재 힘이 없는 비천한 자들이라도 자신을 노예라는 힘없는 상태에 있는 존재로 인정하고 싶지는 않은 것이다.

브루터스 행위의 정당성을 인정해 준 군주들의 마음을 돌변하게 한 안토니의 연설 역시 로마시민들의 '힘에의 의지'를 더욱 강력하게 자극한 결과였다고 할 수 있다. 안토니는 높은 권좌에 앉아있던 시저가 백성들을 사랑했음을 구체적으로 지적하며 낮은 위치의 로마 시민들이 심리적으로 시저와 수평선상에 있는 것처럼 유도한다. 즉 가난한 사람들이 배고파 울부짖을 때 시저도 함께 울었다는 것으로 시민들의 연민을 이끌어 내며 시저와 자신들을 동일시하게 한다. 그 다음에 시저의 피묻은 찢긴 옷을 보여줌으로서 마치 자신들이 상처 입은 듯 느끼게 하고 마지막에는 시저가 자신의 재산을 배분하여 백성들 하나하나에게 이익이 돌아가게 유언을 남겼다는 것을 알려줌으로써 로마 군중들의 마음을 완전히 자기 편으로 돌아서게 만든다. 이 과정들은 면밀하게 로마 시민 개개인들이 마치 시저와 같은 힘을 공유한 것처럼 유도하는 과정이 된다.

브루터스의 연설보다 안토니의 연설이 더 강력하게 로마시민의 마음을 사로잡았던 것은 '노예로 살기 원하는가?'라는 브루터스의 질문의 소극성보다 안토니의 연설의 내용이 더욱 적극적으로 시민들의 '힘에의 의지'를 자극했기 때문으로 보인다. 안토니의 연설을 들은 시민들은 결국 브루터스 일당이 자기들에게 돌아올 이익을 훼손했다는 생각에 이르러 "복수다. 찾아내라. 불을 질러라. 죽여라. 반역자는 한 놈도 살려주지 말자"라고 외치며 자신들의 힘을 약화시킨 대상들에게 분노를 터뜨린다.

시저가 죽고 음모자들이 로마 변방으로 도피한 후의 안토니의 변모를 보면 상위 권력이 사라진 후에는 다시 또 그 주체의 자리를 향해 손을 뻗는 또 다른 '힘에의 의지'를 확인할 수 있다. 그는 이미 시저의 장례식 연설에서 로마인들의 '힘에의 의지'를 자극하고 부추김으로써 자신의 힘을 증식시키는데 성공했다. 안토니는 레피두스와 옥타비우스와 삼인정치를 시작하자마자 반대편 정치세력들을 숙청함으로써 자신의 세력의 입지를 굳히려 한다. 혈연까지도 숙청대상에 넣는 무자비한 힘의 다툼이 이어지고 시저의 유언장에도 손을 댐으로서 정치력과 금력을 향한 힘의 증식에 몰두한다. 또한 함께 세력을 나눠가져야 할 레피두스를 제거하려는 음모를 통해서도 자신만의 힘의 증대를 노린다.

권력을 잡은 안토니는 다시 로마 변방으로 피신해간 브루터스와 캐시어스 군대의 힘과 대결을 펼치게 된다. 크게는 안토지 진영과 브루터스 진영의 싸움이지만 각 진영에서는 각기 또 힘겨루기가 펼쳐진다. 브루터스와 캐시어스는 금력과 지휘권을 두고 싸우고 안토니와 옥타비우스 역시 지휘권을 두고 갈등한다.

시저를 죽인 칼로 브루터스와 캐시어스는 최후를 맞이하는데 둘다 타인의 손에 의한 죽음인 듯 위장하지만 부하에게 칼을 들리우고 거기에 뛰어들어 죽는 그들의 죽음에는 결국 자신의 행위로 죽음을 맞이한다는 의미가 내포되어 있다. 개별적 존재들이 지상의 힘을 증대하려다 서로 부딪혀 죽게 되는 죽음은 모두 자신들이 자초하는 것임을 지적하려는 장치가 아닐 수 없다.

인간으로서 꿈꿀 수 있는 '힘에의 의지'의 최고 목표는 무소불능의 신의 경지일 것이다. 이 작품에서의 시저는 실제하는 인물이라기보다 사람들의 마음 속에 있는 일련의 이미지라고 보는 견해처럼 시저라는 존재는 자신에게 절대성을 부여하며 신격화하고 싶어하는 인간 소망의 상징적 존재로 볼 수 있다. 그렇다면 시저리즘은 우주 내를 운행하는 에너지이자 자아를 확장하고자 하는 에너지의 상징일 수 있다. 니체에 의하면 인간의 삶은 서로 주인이 되려고 하는 인간 내면의 여러 힘에의 의지들의 투쟁의 과정으로 사유된다.

시저리즘은 보편적인 '힘에의 의지'를 가지고 부단히 자신을 확대해 나가려는 인간 본성의 상징이라고 할 수 있다. 브루터스에게 찾아온 시저의 영이 브루터스에게 '나는 너의 악한 영'이라고 했던 것은 시저리즘이 그 누구보다도 브루터스에게 내재해 있다는 것을 가리키는 것이라고 할 수 있다. 브루터스는 끝까지 정치가로서, 또한 군인으로서 자기의 능력을 과신하고 도덕적인 면에서도 자기만의 우월함을 내세우고 자아의 힘을 확대하려고 한 대표적인 인물이기 때문이다. '악한'이라는 수식어를 쓴 것은 이기적 '힘에의 의지'로 타인의 의지를 제압하고자 하는 것은 상생의 힘을 죽이는 세력이요. 타인을 압박하는 정신이 될 수 있기 때문이라고 본다.

'힘에의 의지' 자체는 선할 것도 악할 것도 없는 중립적인 것이지만 시저, 캐시어스, 브루터스 등의 죽음이 의미하는 것은 자신의 힘을 증대시키기 위해 타자를 억압하는 힘은 결국 파괴를 불러올 뿐이라는 것이다. 캐시어스와 브루터스가 결국 시저를 죽인 칼로 죽음을 맞는다는 의미 또한 힘에의 의지가 잘못 발휘될 때 그 '힘에의 의지'는 자신을 파괴하는 힘이 된다는 것을 함축하는 것이 아닐 수 없다.

세계가 이러한 이기적 힘에의 의지로 순환될 때 역사는 피의 역사를 멈출 수 없을 것이며 힘을 향한 피의 투쟁이 '아직 태어나지도 않은 나라에서도 수 없이 반복될 일'이라고 캐시어스가 예고한 것처럼 이 같은 비극은 인간 존재의 본질이 변하지 않는 한 계속될 것이라는 것이 이 극의 주제가 될 것이다.

『줄리어스 시저』: 거울 구조

우리의 행동은 대상에 대한 자기 나름대로의 해석을 기초로 해서 결정된다. 우리의 행동을 정당화시키는 것은 그 주관적 해석일 뿐이다. 실제에 대한 반응이 아닌, 자기 주관적 해석에 대한 반응으로 결정된 행동은 오류로 이어지고 비극으로까지 치닫을 수 있음을 『줄리어스 시저』는 잘 가르쳐주고 있다.

셰익스피어의 시대는 인간의 관심이 신 중심에서 인간 개인에게로 돌려져 인간존재를 능동적인 개인적, 사회적 존재로 인식하던 시대였다. 봉건주의 사회의 인간에 대한 고정된 관념이 변화하여 사람들이 더 이상 운명 지어진 틀에 매였다고 생각하는데서 벗어나던 시기였던 만큼 이런 변화를 반영하는 셰익스피어 극의 인물들은 전통적 이념의 틀을 고수하려는 인물 군에서 공격적 진보주의자에 이르기까지 다양한 면모를 보인다.

셰익스피어는 그의 많은 극작품들에서 이와 같은 다양한 인물군들을 등장시켜 인간의 정체성에 관한 문제를 제시하고 있다. 물론 일반적으로 문학이 우리에게 던져주는 질문 중의 하나가 "인간이란 무엇인가" 하는 것이지만 셰익스피어만큼 다양한 인간의 다면적 모습을 통찰하고 독자로 하여금 인간의 정체성에 직면케 하는 작가도 드물 것이다. 무엇보다도 셰익스피어는 인간의 참모습을 알아내기가 어려움을 극화하면서 그의 극중 인물들의 삶을 통해 우리로 하여금 인간의 정체성 문제를 탐구하도록 인도한다.

특히 그의 비극의 주인공들은 각기 자기만의 이기적 욕망에 갇혀 자기 자신을 제대로 보지 못하여 비극에 이르는 인물들이다. 비극의 주인공들은 대체로 타인들로부터 인정을 받던 뛰어난 인물들이었지만 불행을 겪기 전까지는 자기 자신들에 대해서 제대로 알지 못하고 있다가 고통을 겪은 후에야 자신의 정체성에 부딪치는 경우가 대부분이다.

주인공들이 자기 기만의 울타리에 갇혀서 자신의 참모습을 보지 못하기 때문에 분별력이 결핍되고 분별력의 결핍으로 결국 자기 파괴에 이르고 마는 인간의 어리석음을 보여주는 것이 셰익스피어의 비극이라면 작가는 그의 비극 곳곳에 이러한 어리석음에 빠지지 않을 방법, 즉 불행에 이르기 전에 자신의 참 모습을 어떻게 볼 수 있을 것인가 하는 지혜를 암시해주고 있을 것이다. 그 중 하나로 이 작품에서 작가는 자아의 정체성을 발견해갈 수 있는 장치로서 거울구조를 제시한다.

『줄리어스 시저』에서 셰익스피어는 작품 제목에 있는 줄리어스 시저를 주인공으로서 끝까지 살아남게 하지 않고 공화정의 이상을 갖고 독재의 가능성을 배제한다는 브루터스 일당을 내세워 시저를 일찍 죽게 하고 만다. 따라서 시저는 명목상의 주인공으로 무대 위에 잠시 머물다 사라지지만 브루터스와 그 외 사람들 속에 내재된 시저의 정신은 끝까지 살아남아 작품의 메시지를 전하는 주인공의 역할을 하고 있음을 알 수 있다. 시저는 귀머거리, 간질병 환자. 허약한 육체적 한계에 갇혀 있다가 그 육체가 사라지자 시저의 정신은 오히려 방어할 필요도 없이 자유롭게 나돌아 다니게 되었다는 말처럼 시저가 무대에서 사라지면서 시저의 정신은 더욱 분명하게 부각된다. 시저의 유령이 브루터스 앞에 나타났을 때, 브루터스가 그 유령에게 누구냐고 그 정체를 묻자 나는 "너의 나쁜 영(thy evil spirit.)"이라고 했듯이 시저의 정신은 브루터스를 따라다니는 그의 내재적 속성으로 상황에 따라 나타나며 캐시어스나 안토니 등에게서도 나타나면서 끝까지 작품의 중심을 차지하는 주인공 역할을 한다.

시저 암살의 음모를 처음 계획했던 캐시어스는 브루터스를 음모에 가담시키기 위해서 초기에 그를 설득할 때 자신이 그의 거울이 되어주겠다는 말로 시작한다. 극은 처음부터 브루터스라는 인물을 비추어줄 거울을 설정해놓고 출발하는 것이다. 그리하여 극은 시저와 캐시어스라는 거울에 비쳐진 브루터스의 모습을 뒤쫓으면서 그의 정체성을 드러내는 것으로 진행된다고 볼 수 있다.

이 극은 로마의 평민들이 공휴일이 아님에도 불구하고 직업을 나타내는 의복을 입지 않고 거리에 몰려나와 호민관들로부터 야단을 맞는 장면으로부터 시작된다. 호민관들은 시민들을 향해 "너희는 뭐하는 사람들이냐?"고 반복해서 묻는다. 이 첫 장면의 질문이 암시하듯이 이 작품은 "너는 누구냐?" 하는 정체성을 묻는 작품이라고 볼 수 있다. 주인공들은 물론 정치가라는 특수 위치에 있는 사람들이지만 이 극은 정치적 역사적 상황을 통해 볼 수 있는 인간의 정체성에 관한 극이라고 할 수 있다. 그래서 이 극은 역사극이지만 작가가 역사에 초점을 두었다기 보다는 역사적 인물의 인간적 면모에 대한 사람들의 반응에 관심을 가졌다는 평가에 주의를 기울일 필요가 있다.

캐시어스는 브루터스를 음모에 끌어들이려는 첫 시도에서 브루터스에게 "자네는 자네의 얼굴을 볼 수 있나?"라고 묻는 것으로 시작한다. 사람은 반사에 의해서 밖엔 자신의 얼굴을 볼 수 없다고 브루터스가 답하자 캐시어스는 곧이어 자신이 거울이 되어서 브루터스가 아직 모르고 있는 참모습을 환하게 비춰주겠노라고 한다.

서두에 캐시어스가 브루터스의 거울이 되겠노라고 천명한 만큼 이후 보여지는 브루터스의 면모는 캐시어스를 반영한 모습이며 거울을 통해 반사되는 객체나 주체가 모두 같은 모습임을 감안하면 또한 캐시어스의 면모는 브루터스의 면모임을 상정할 수 있다.

그러나 외면상으로만 보면 브루터스와 캐시어스는 닮았다기보다 여러 면에서 대조되는 성격의 인물이라고 볼 수밖에 없다. 대체로 비평가들도 캐시어스는 브루터스와 달리 간교하고 더 실용적인 인물로 본다. 작품 내의 주변 인물들에 의해 묘사된 브루터스는 고결하고, 공익을 우선시하는 덕망 있는 사람이다. 그러나 우리는 브루터스의 움직임을 따라가면서 그를 파악함에 있어서 캐시어스가 "내가 자네의 거울이 되어주겠다"라고 한 말을 잊지 않고 추적해 갈 필요가 있다.

캐시어스는 브루터스를 음모에 가담시키기 위해 그를 유도하는 장면에서 시저의 유약한 면을 부각시키며 자신의 시기심을 드러낸다. 그리고 이어서 그는 로마인들의 의견인 것처럼 꾸미는 편지를 써서 브루터스를 속인다. 여기서 캐시어스가 브루터스의 거울이라면 브루터스 역시 자신보다 나을 것이 없음에도 자신보다 위에 앉은 자에 대한 시기심이 있으며 자신의 목적을 위해 속임수를 쓰는 인물일 수 있다는 것을 상정할 수 있다. 캐시어스는 브루터스를 속였지만 브루터스는 자신을 속이고 있는 것일 수 있다. 브루터스는 정원에서의 독백 장면에서 "인간의 정신과 육체가 싸움을 벌이고 있어서 인간의 상태가 작은 왕국처럼 반란을 겪고 있다"고 말한다.

브루터스는 그가 겪는 내면의 갈등 속에서 무엇을 보는가? 자기 마음 속에 반란이 일고 있다는 것은 서로 다른 자아가 다투고 있음을 의식하고 있다는 것이 아닐 수 없다. 다른 사람은 볼 수 없다 할지라도 그는 그 자신의 내면 속에 있는 진실을 볼 수 있을 것이다. 그것을 표면화시킬 때 다른 모습으로 위장하는 것은 자기 기만일 수도 있고 아니면 자신의 모습을 보면서도 진실을 깨닫지 못하는 어리석음일 수도 있다.

그런데 캐시어스는 끊임없이 모든 상황에 대해 의심하는 소심한 모습을 보인다. 음모의 과정에서 제시하는 그의 의견은 모두 의심과 두려움을 바탕에 두고 있다. 첫 번째로 그는 음모의 성공적 성취를 위해서 음모자들끼리 맹세를 하자고 한다. 또 여론을 좋게 하기 위해 시세로를 끌어들이자고 한다. 세 번째로 안토니를 그대로 두는 것은 위험하니 시저와 더불어 제거하자고 제의한다. 의심과 두려움을 경계 삼아 이러한 캐시어스의 제의를 브루터스가 받아들였다면 거사는 성공했을지 모른다.

결과적으로 보았을 때 캐시어스의 판단은 브루터스의 판단보다 정확하고 지혜로웠다. 그러나 브루터스는 캐시어스의 모든 제의를 일언지하에 거부해버린다. 그에게 조금의 의심도 두려움도 없었다기 보다 다른 사람이 제안한 것을 따를 의사가 없는 브루터스의 독선의 근거 역시 두려움과 의심이라고 볼 수 있다. 시저의 장례식 연설에서 시민들에게 '노예로 살고 싶은 자가 있느냐?'라고 묻는 브루터스의 물음 속에는 자신의 두려움이 반영되어 있다고 볼 수 있다.

또 다른 측면에서 브루터스는 많은 부분 캐시어스 뿐 아니라 시저 역시 거울로 두고 있음을 알 수 있다. 자신은 위험보다도 더 강한 존재임을 천명하며 두려울 것이 없다고 큰소리치는 시저는 두려움 없는 용감한 자 같이 보이지만 칼퍼니아의 꿈 이야기에 주저앉으려고 했던 시저의 원래 속 마음에는 두려움이 있었음을 간과할 수 없다.

또한 시저는 왼쪽 귀가 들리지 않으며 간질병을 갖고 있는 인물로 등장하는 바, 그의 약점은 그대로 브루터스에게도 반영됨을 볼 수 있다. 브루터스는 역모의 과정에서 캐시어스의 제의를 세 번이나 듣지 않는다. 그리고 시저가 죽고 나서도 안토니를 연단에 서게 하는 것은 위험하다는 캐시어스의 의견을 끝내 무시하고 만다. 시저는 생각 없는 자신 과잉의 교만한 자로 평가되지만 이 모습은 브루터스에게 그대로 반영되고 있는 것이다.

번번히 캐시어스의 제의를 거절하고 시저의 장례식에서 자신이 먼저 연설을 하고 자신의 허락 하에 안토니가 연설을 해도 무방하다고 생각했던 것은 자신과잉의 태도라고 할 수 있으며 시저가 자신을 신격화 하던 교만함에 쓰러졌듯이 브루터스 역시 귀머거리 같이 남의 말을 듣지 않고 자신 과잉의 꼭대기에서 우쭐하다가 '쓰러지는 병'의 희생자가 되고 마는 것이다. 브루터스는 캐시어스가 가지고 있는 두려움과 의심을 보이지 않게 내면에 숨기고 있으면서 겉으로는 자신과잉 또는 자만이라는 측면의 시저를 그대로 거울삼아 그 모습을 반영하고 있는 셈이다.

캐시어스는 시저와의 추억을 들추며 자신이 얼마나 시저보다 용감했으며 담대했는지를 말하면서 연약했던 시저를 드러낸다. 수영 시합에서 허우적이면서 살려달라고 외쳐대던 모습과 학질에 걸려 계집애처럼 벌벌 떨던 모습을 이야기하면서 그렇게 연약했던 인간이 지금은 제왕이 되어 자기들을 내려다보고 있음을 지적하면서 브루터스가 자신의 시각과 같은 시각을 갖기를 촉구한다. "병든 계집애 같은"이라고 시저를 비유하면서 그의 연약함을 조롱하며 캐시어스는 또한 로마인들이 아버지다운 정신은 잊어버리고 어머니의 기질에 압도 당하고 있다고 한탄한다. 즉 시저를 여성으로 폄하함으로써 타자화 하면서 동시에 타자의 정신에 지배되어 있는 자신들의 억눌린 상황을 반영한다.

시저가 브루터스의 거울이요, 캐시어스 역시 브루터스의 거울이라면, 즉 타자는 상호간의 거울이라면 모두가 연약한 모습을 지니고 있으면서 그것을 자각하지 못하고 교만하게 연약한 타자를 비하하고 있는 격이라고 할 수 있다. 이런 의미에서 브루터스와 시저는 아이러니컬하게도 자신들이 둘 다 완전한 인간인 듯한 자기 기만적 교만에 빠져 있지만 이 때문에 둘 다 공히 비극적 운명을 향해 가는 인물들이라는 것이다. 공화제 회복의 이상을 실현하려는 인물들도 이상을 앞세우고 있으나 그 마음속엔 절대 군주가 갖는 교만함의 속성이 그대로 반영되어 있음을 이 극은 우리에게 일깨우고 있음을 알 수 있다.

한 국가의 국민은 그 군주에게 두려움 없는 강력한 통치력과 신과 같은 완전한 모습을 기대하게 되는 것이 일반적일 것이다. 로마의 국민들 역시 브루터스의 생각과는 달리 통치자 시저에게 초인적 절대 군주의 역할을 기대하고 있었다. 이러한 신과 같은 정체성을 스스로 갖고 있다고 인정한 시저지만 작가는 캐시어스의 입을 통해 시저가 수영 시합에서는 겁 많은 나약자의 모습을 보였으며 열병이 걸렸을 때 역시 겁 많은 계집애 같은 모습을 보였고 간질병 환자며 왼쪽 귀가 먼 귀머거리라는 등 육체적 허약함을 지닌 인간임을 전제로 내세우고 있다. 캐시어스를 통해 이런 인간의 연약한 모습을 소개하는 것은 그가 아무리 신적인 존재임을 내세워도 한갓 인간임을 강조하기 위함일 것이다. 다시 말해서 아무리 높은 권좌 위에서 자신과 신과를 동일시하고 있다 할지라도 연약한 인간에 불과함을 망각했을 때 비극은 찾아온다는 것을 일깨우려는 것이 아닐 수 없다.

브루터스는 음모자들이 집에 모였을 때 그들에게 자신들의 얼굴에 흉악한 목적이 드러나지 않게 하고 로마의 배우들처럼 시치미 떼고 침착함을 보이자고 말한다. 브루터스의 말은 인간이 외양을 꾸며 속내의 모습을 감추고 그 거짓의 정체성이 사실인양 내세우며 살아가고 있는 배우와 같은 모습임을 암시하고 있다.

대체적으로 브루터스는 덕망 있는 고결한 이상주의자로 평가되고 캐시어스는 브루터스보다 간교한 사람이라는 평을 받지만 어떤 면에서는 브루터스는 더 철저하게 자신의 교만함과 분별력 없는 모습을 숨기고 그럴듯하게 이상주의자를 연기하는 교활한 배우인지도 모른다. 물론 브루터스를 악한으로 규정하기는 어렵겠지만 분명한 것은 브루터스에게도 시저와 같은 욕망이 있는데 셰익스피어는 시저의 자만심을 나타내는 시저리즘을 악으로 간주하지는 않는 까닭에 그것이 인간적 속성의 하나일 뿐임을 드러낸 것이라는 선에서 인간적 브루터스의 모습을 해석할 수 있을 것이다.

브루터스가 음모자들의 일당에 가담하게 된 동기는 물론 외면적으로 로마를 전제 군주에게 내어줄 수 없다는 대의 명분에 의한 것처럼 보여진다. 그러나 실상은 캐시어스가 여러 필체로 로마 백성들에게서 온 것처럼 꾸민 편지에서 자신을 부추켜 준 것이 브루터스의 행동의 직접적인 동인이 되었음을 부인할 수 없다. 그렇다면 시저가 아첨하는 것을 싫어한다고 했지만 아첨을 싫어하시냐는 디셔스의 물음에 싫어한다고 답하는 그때야말로 가장 아첨에 약하게 넘어갈 때라고 했듯이 브루터스 역시 개인에 대한 아첨 따위는 안중에 없는 듯 대의 명분을 내세우지만 로마 백성들로부터 온 것으로 꾸민 편지 속에서 브루터스야말로 로마를 개혁할 인물이라는 말에 우쭐한 것으로 보아 아첨을 좋아하는 속성에 있어서도 시저와 다를 바가 없음을 알 수 있다. 시저와 브루터스 공히 완전한 사람이며 아첨이나 유혹에 흔들리지 않는 인물들임을 내세우나 사실은 이 아첨과 유혹 때문에 비극적 운명을 맞이하는 희생자들이 되는 것이다.

브루터스가 캐시어스의 유혹 전에도 시저의 독재 가능성에 대해 고민한 흔적은 보이지 않는다. 그는 "캐시어스로부터 시저를 제거하자는 선동을 받은 후 한잠도 자지 못했다"고 말하고 있지만 캐시어스가 개인적인 이유로 브루터스를 선동하기 이전에 공익을 위해 시저를 제거해야 할지에 대해서 생각해보았던가에 대한 정보가 전혀 없는 것이다. 그는 캐시어스가 보낸 위장된 편지들을 보고 비로소 로마 백성을 생각해낸 것에 불과하다.

대체로 시저 살해의 음모에 가담한 음모자들을 말할 때 다른 사람들은 시저에 대한 사적인 원한이나 시기심에서 그 음모에 가담했지만 브루터스만은 그렇지 않았다는 안토니의 말을 그대로 받아들이기 때문에 브루터스의 인물 분석에 혼란을 야기한다. 그러나 브루터스의 내면에 숨겨진 시기심, 영웅심, 자만심을 들추어내지 못한다면 거울 구조와 메타드라마 기법을 통해 작가가 의도한 숨겨진 정체성의 일깨움을 간과하는 것이 될 것이다.

캐시어스가 브루터스를 음모에 끌어들일 것을 계획하며 캐스카와 대화를 나눌 때 캐스카는 "우리에게 흠처럼 보일 것도 그분의 얼굴은 귀한 연금술처럼 옳고 덕스로운 것으로 바꾸어놓을 것"이라고 말한다. 캐스카의 말 뿐만 아니라 모든 사람들이 브루터스를 고귀한 인물로만 평가하는데 이는 내면을 비추는 거울이 없고서야 한 사람의 외면만을 볼 수 있을 뿐 내면을 통찰하기가 얼마나 어려운 것인가를 알게 하는 대목이다.

안토니도 브루터스의 죽음 앞에서 브루터스에 대해 "공명정대한 정의감과 만인의 유익을 위해 한패가 되었다"고 그의 고결함을 칭찬한다. 안토니는 대의 명분을 위해 싸우다 권좌에 오른 것도 아니고 결국 브루터스의 개인적 약점인 판단력 부족으로 연단에 선 결과 권좌에 오르게 되었으며 그 역시 로마 백성들의 안녕과 유익을 위해서 올라선 사람은 아니다. 즉 안토니의 브루터스에 대한 평가도 객관적으로 옳은 것은 아니라는 것이다. 안토니오 역시 상대의 진면목을 꿰뚫을 수 있는 통찰력 있는 인물이 아님을 환기해야 하는 것이다.

시저를 없앨 수밖에 없다고 결심하는 장면에서 브루터스가 내세우는 그 일에 대한 합리적인 명분을 살펴보면 시저리즘은 모든 인간에게 내제되어 있다는 것이 이 작품의 메시지임을 알 수 있다. 현재의 시저가 그렇게 되리라는 확신은 없지만 일반적인 증거가 그러하니 그의 힘이 증대되면 해롭게 되리라는 가정 하에 그렇게 되기 전에 그를 죽이자고 하는 것이 브루터스의 독백의 요지이다. "일반적인 증거"가 그러하다는 것은 그 가능성이 모든 사람에게 있다는 것이며 시저를 죽인다 한들 시저리즘을 죽일 수 없다는 것이 명백하니 "시저의 정신만을 해치우고 육체는 다치고 싶지 않다"는 것은 애초부터 불가능성을 배태한 아이러니한 이상일 뿐이다. 그러니 개인적 원한은 없지만 시저를 죽여야 한다는 명분 속에서 자신의 영웅심을 발휘하고자 하는 개인적 욕구가 교묘히 숨겨져 있을 뿐이다.

야심이 없었던 것처럼 보였던 안토니 역시 권좌에 앉자 시저가 로마 백성에게 남긴 유산을 삭감할 궁리를 하고, 레피두스를 무시하는데 브루터스가 말한 바 권좌에 오르면 누구나 자기가 올라왔던 아래를 내려다보고 업신여기게 마련이라는 것을 증명하고 있다. 안토니 역시 시저와 동일한 모습을 반영하고 있는 것이다. 그래서 브루터스는 시저를 죽였지만 그 자리에 안토니를 교환해놓은 것이라고 할 수밖에 없게 된다. 이로써 권력의 속성 내지는 권좌의 속성은 모든 인간의 내면에 있는 시저리즘을 비추어주는 거울과 같은 역할을 함을 알 수 있다.

개인적 욕망의 성격이 조금씩 다를지라도 또한 어떤 대의 명분을 내세울지라도 행동의 직접적 동인은 개인적 욕망임을 대중의 움직임 속에서도 간파할 수 있다. 로마 시민들은 브루터스의 연설을 들은 직후 브루터스를 시저로 모시자고 외친다. 이 순간은 대중들의 마음을 사고자 했던 브루터스 속의 시저리즘이 승리하는 순간이기도 했다. 그러나 브루터스의 연설이 끝나고 안토니가 연단에 올라서서 시저가 백성들을 얼마나 사랑했으며 그는 로마인 일인당 75드라크마 씩 돌아갈 수 있도록 유언을 남겼다고 구체적 사실을 이야기 해주자 시민들은 금시 마음을 돌이켜 음모자 일당을 "도살자, 반역자"로 부르며 폭도로 변해버린다. 브루터스의 추상적 사랑의 증거보다는 시저의 구체적 사랑의 증거에 유익을 추구하는 평민들의 내적 욕망은 더욱 확실하게 자극을 받게 된다.

분노한 로마 시민들은 무고한 시인 시너를 희생시키는데 이들의 모습은 개인적 욕망에 의해 시저를 살해했던 음모자들의 모습을 비추어준다. 무고한 시인의 어이없는 죽음처럼 시저를 "심장없는 제물"로 바친 음모자들의 살해 동기 역시 시너를 죽인 자들의 행위와 크게 다르지 않다는 암시로 무고한 자를 죽이는 살해 행위를 거울처럼 비춰주는 것이라고 볼 수 있다.

브루터스는 캐시어스나 시저라는 거울을 통해 내면의 보이지 않는 속성을 보임에 있어 드러나지 않던 유약함, 시기심, 명예심, 독선, 교만 등을 드러내기도 하지만 한편으로 서로의 선한 면들도 거울처럼 반사하고 있음을 알 수 있다. 시저가 죽고 나서 안토니에 의해 시저의 장점들이 밝혀지는데 그는 브루터스가 염려했던 대로의 독재 군주로서의 속성과는 반대로 용감한 애국전사였을 뿐만 아니라 백성들 하나하나에게 자신의 유산을 나눠주고자 유언장을 쓸 정도로 각별한 사랑을 품고 있었음이 밝혀진다. 이렇게 백성을 사랑하는 군주의 모습은 브루터스에게도 보여 지는데 그는 그의 사환 루셔스에게 아버지와 같은 자애로움을 보이며 거사에 실패하여 싸디스 전쟁터로 물러나 있을 때 자기의 편안한 막사에 부하들을 재우고자 하는 따뜻한 지휘자의 모습도 보인다. 또한 가난한 농부들로부터 군자금을 쥐어짜낼 수 없어 괴로워하는 인간적인 모습도 보인다. 또한 그의 성격의 강직한 면은 시저가 죽기 전 메텔러스의 형을 사면해주기를 바라던 음모자들의 청을 거부하던 시저의 강직한 모습을 거울처럼 비추고 있음을 드러내는 것으로 볼 수도 있다. 어느 면으로 보아 강직함은 지도자로서의 덕목이기도 하다.

캐시어스 역시 신하들에게 신뢰받고 존경받았으며 티티녀스에게는 로마의 태양으로까지 추앙받았음이 드러나는 마지막 장면도 간과할 수 없다. 안토니 역시 브루터스에 의해 시저의 수족에 불과하다는 평가를 받았었으나 그 역시 레피두스를 가리켜 자기가 일일이 행동의 일거수 일투족을 가르쳐야 하는 수족에 불과한 인물이라고 비하하는 교만함을 보이기도 하지만 반역자들을 너그러이 대하며 특히 마지막에 브루터스의 고결한 정신을 기려주는 자비로움을 보인다. 서로에게 내재되어 있는 약점뿐만 아니라 신성한 측면 역시 거울로 반사되듯 등장인물 상호간의 입을 통해 드러나고 시인되는 것을 볼 수 있다.

이와 같이 이 작품의 거울 구조는 인물들 상호간의 약점과 강점을 서로 비추어 주는 구도를 갖고 있으면서 또한 전체적으로 보면 역사의 구도 역시 순환 하면서 앞선 역사는 후에 일어나는 일들의 거울이 되고 있음을 보여주는 것으로 드러난다. 캐시어스는 브루터스를 설득하면서 한 때 로마를 통치하는 왕을 두느니 악마를 왕으로 섬기는 편이 낫다고 하던 브루터스라는 인물이 과거에도 있었음을 말한다. 또한 그는 시저 살해음모를 성사시키고 나서 "이러한 장면은 아직 생기지도 않은 나라들에서 얼마나 거듭 연기될 것인가"라고 하는데 이 역시 삶의 연극성을 암시하는 동시에, 반사되면서 거듭 이어지는 역사의 반복성을 말하는 것이다.

나라의 권세의 상황도 거울처럼 복제되고 있다. 극은 폼페이를 환영하던 군중들이 폼페이를 이기고 돌아온 시저를 다시 환영하는 장면으로 시작된다. 시저는 폼페이를 이기고 돌아왔지만 얼마가지 않아 폼페이상 앞에서 죽고 시저를 죽인 브루터스는 시저를 죽인 그 칼로 죽음을 맞이한다. 필리파이 전투에 임하는 양 군대의 진영에서 보여지는 주도권 싸움도 거울처럼 서로를 반영하고 있음을 간과할 수 없다.

브루터스 진영에서는 먼저 공격을 할 것인가 남아서 방어를 할 것인가의 문제를 두고 주도권 갈등이 있듯이 안토니오 진영에서도 안토니오와 옥타비우스간에 오른쪽을 맡을 것인가 왼쪽을 맡을 것인가를 두고 주도권 싸움을 벌이다 마지막 전투에서 캐시어스의 시저에 대한 배반을 반영하듯이 캐시어스 역시 자기 진영의 기수로부터 배신당한다. 등장인물들이 주위 사람들을 통해 반사되어 되돌아오는 면모를 드러내는 것 뿐만 아니라 플롯 전체의 구조가 순환의 구조를 가진 것으로 볼 수 있다. 작가는 되풀이되는 역사 속에 동일한 속성에 뿌리를 둔 인간들이 어떻게 앞선 역사와 앞선 인간들의 어리석음을 반영하고 있는가를 보여주고 있다고 할 수 있다.

겉으로 보이는 캐시어스의 모습과 브루터스의 모습이 다르기 때문에 캐시어스가 브루터스의 거울이 되어주겠다고 한 말은 잊혀지고 둘은 명백하게 다른 인간처럼 평가되기 쉽다. 그러나 보이지 않는 모습은 물리적 거울이 비추어줄 수 없듯이 보이지 않는 내면은 보이는 인간의 외면적 모습과 일치하지 않을 수 있다. 예컨대 부정한 방법으로 군자금을 스스로는 모을 수 없어하면서 어떤 수단을 썼는지 모를 캐시어스의 군자금 조달을 요구하는 것에서도 브루터스가 내면적 모습에서 비열한 캐시어스를 반영하고 있음을 유추할 수 있다.

마지막에 아군을 적군으로 오인하여 죽음에 이르는 캐시어스의 어리석음 역시 판단력 부족으로 죽음에 이르는 브루터스의 어리석음을 거울처럼 반영하고 있다. 내면에 비열하고 교만한 속성을 갖고 있으면서도 겉으로는 공익을 내세우고 명예를 존중하는 고결한 인품을 가진 자로 평가되기 때문에 비열한 살인에 가담하고도 끝까지 고매한 인간으로 죽음을 맞이하는 브루터스의 애매함 때문에 이 극을 문제극으로까지 보는 비평가도 있다.

브루터스는 매번 자신의 사환 루셔스를 잠에서 깨우는데 잠에 둘러싸여 있는 이 루셔스는 브루터스의 내적 자아라는 시각으로 볼 수 있다. 이 극에서 작가는 훌륭하게 보이는 자들의 비극을 통해 인간이 스스로의 정체성을 똑바로 인식하기 위해서는 각자 얽혀 있는 인간관계의 상황 속에서 타자의 모습 속에 비춰지는 자신의 모습을 볼 수 있어야 한다는 것이다. 이것을 일깨우기 위해서는 극은 시기심 많고 비열한 듯한 캐시우스를 거울로 천명하게 하고 브루터스의 내면을 볼 수 있도록 유도하고 있다.

브루터스의 정체성을 정리하기 위해서 그의 거울이 되어 그의 내면의 모습을 비추어주는 모든 인물들을 살펴본 바 브루터스는 고귀한 인물이라든지 이상주의자라든지 하는 인물로 단일화되기 보다는 그의 주변 인물들의 면모들을 거울처럼 반영하고 있는 다면적 인물임을 알 수 있다. 그는 자신과 주변 인물이 자각하고 있지 못한다 할지라도 두려움과 의심 그리고 비열함을 가진 캐시우스를 반영하며 남이 자신이 한 일을 따르지 않으려는 시세로를 반영하고 있으며 자신을 완전하게 여기는 자만스러운 시저를 반영하고 있다. 그러나 동시에 백성을 사랑하던 시저의 또 다른 모습도 반영하고 주변 사람들이 갖고 있는 덕성들도 반영한다. 이러한 이중성 때문에 브루터스의 성격의 애매함이 문제 되어왔지만 셰익스피어는 『줄리어스 시저』를 통해 인간이 자신의 정체성을 파악하기 위해서는 특정 타자가 필요하다는 주제를 극화하고 있다고 볼 수 있다. 작가는 인간 상호간의 관계를 통해 자신이 누구인지를 경험하며 의미 있는 '자기 자신 알기'를 하는 것이 인생의 목적이라고 역설하는 듯하다. 아무리 훌륭한 평가를 받고 있는 인물이라 할지라도 연약한 한계 내에 있는 우리 인간들은 주변의 거울을 통해 자신을 바라보며 자아의 리얼리티를 찾아야 한다는 것이 이 작품의 중요한 주제 중의 하나라고 본다.

『뜻대로 하세요』 : 결혼의 유형

『뜻대로 하세요』는 셰익스피어가 그의 주요 비극들을 쓰기 전에 완성한 작품으로서 숲을 배경으로 하여 남녀 네 쌍의 결혼이 이루어지는 목가적인 희극이다. 이 극은 무엇보다도 남녀 간의 낭만적인 사랑의 속성을 다루고 있으며 이러한 낭만적인 사랑을 통한 결혼의 유형에 대해서 생각해보게 하는 극이다.

다른 희극들의 그 어느 여주인공보다도 이 극의 여주인공인 로잘린드는 주체적인 활발한 여인이다. 로잘린드는 자신의 아버지의 권력을 찬탈한 숙부의 궁에서 그 숙부의 딸인 사촌동생 실리아와 함께 살다가 추방명령을 받고 남장을 하고 실리아와 아든 숲으로 떠난다.

이 극의 배경은 씨름 시합이 벌어지는 서두 부분만 도시의 궁궐이고2막 이후는 대부분 아든 숲을 배경으로 한다. 현재의 공작에 의해서 추방당하여 아든 숲에서 생활하는 전 공작은 2막의 서두에서 "속세와 멀리 떨어져 온갖 사람들로부터 방해받지 않고 사는 나날은 수목에서 말을 듣고 흘러가는 여울물을 책으로 삼고 작은 돌에서 신의 가르침을 얻으며 삼라만상 속에서 선을 발견" 하며 산다고 자연 속에서의 삶을 찬양한다.

겉모양만 화려한 궁궐 생활보다 모진 비바람이 불어치는 숲이라도 수목과 여울물과 돌들이 말하는 것을 교훈 삼아 배우며 성장하는 삶을 살 수 있다는 것을 숲 속 삶의 미덕이라고 설파하는 것이다. 이러한 숲 속으로 들어가는 모든 인물들은 자연의 움직임 속에서 성숙하며 이 숲 속에서 이루어지는 결혼은 성숙의 출발점이 됨을 암시한다. 그러나 공작과 함께 생활하고 있는 제이퀴즈의 관점에서 보면 숲은 사슴들이 화살에 맞아 죽어가는 잔인한 터전이기도 하다. 즉 숲은 낙원과 같은 이상향인 것만은 아니라는 것이다.

찬탈자에 의해 숲으로 추방된 인간들이 또 숲 속의 생명들을 찬탈하는 존재들이 되니 숲 속의 삶은 또 우리를 바라보아야 하는 그런 영역이 되어야 함을 이야기해주는 것이다. 숲 속에서 결혼이 이루어진다 해도 결혼은 우리의 궁극적 이상향도 아니고 단지 성숙해야 할 첫걸음에 불과함을 생각하라는 것인지도 모른다.

숲에서 이루어지는 4쌍의 결혼의 양상을 살펴보면 재미있는 현상을 발견하게 된다. 이들 남녀의 결혼에 이르는 과정은 우리의 현실 삶에서도 그러하듯이 각기 다름을 알 수 있다. 양치기 청년 실비우스는 사랑에 넋을 잃을 만큼 양치기 소녀 피비를 짝사랑하는 상황에서 등장한다. 실비우스가 자기의 불타는 연정과 그로 인한 상처를 토로하는 것을 우연히 지켜보게 되는 로잘린드 역시 자기 가슴에서 시작된 올란도에의 사랑을 확인하며 아파한다. 이러한 일들이 일어나는 숲속을 제이퀴즈는 "숲 속은 바보들의 천국"이라며 조롱한다. 그의 친구 에미언즈 역시 "사랑은 미친 놀음"이라고 놀린다.

실비우스는 자기의 사랑을 받아주지 않고 비웃으며 무시하는 피비에게 모진 상처를 입으면서도 그녀에게 동정까지 구걸한다. 이것을 본 로잘린드는 어리석은 실비우스를 나무라며 또한 도도한 피비의 교만을 꾸짖는다. 남장을 하고 자신을 힐난하는 로잘린드에게 반한 피비는 더욱 실비우스를 무시하며 로잘린드가 남자인 줄 알고 그를 연모한다.

실상은 여자라는 로잘린드의 정체가 드러나면서 할 수 없이 약속대로 결혼하게 되는 실비우스와 피비의 결혼의 양상은 한 쪽의 일방적인 구애로 성공에 이르는 경우다. 피비는 자기가 한 약속 때문에 어쩔 수 없이 실비우스와의 결혼을 받아들이는 것이다.

터치스톤은 순진한 시골처녀 오드리를 달변으로 꾀어 결혼하지만 "어느 누구도 데려가려 하지 않는 계집을 아내로 삼으려는 건 저의 기분입죠"한다던가 올리버 목사의 주례를 고려하면서 "다른 목사보다 이 사람보고 주례를 부탁하는 것이 좋을거야. 이 목사는 정식 결혼을 시켜주지는 않을테니 정식 결혼을 안해야 나중에 여편네를 버릴 때 떳떳할 게 아닌가"라고 하는 그의 말을 보면 결혼에 대한 진실성이 전혀 없다. 그래서 제이퀴즈는 결혼한 터치스톤에게 "당신의 사랑의 항로는 그 식량이 두 달 밖에 지탱 못할 것"이라고 악담을 한다.

동생 올란도를 찾아 숲에 들어온 올리버는 올란도와 화해한 후 실리아를 만나 둘은 첫눈에 사랑에 빠진다. 올리버와 실리아는 사랑에 빠지자마자 구혼을 하고 결혼에 이르는 성급한 커플의 전형이다. "두 사람이 사랑에 무쇠처럼 달아 있다"는 로잘린드의 표현에서 알 수 있듯이 이 둘은 물불 안가리는 정열적인 사랑의 전형을 보여준다.

마지막으로 로잘린드와 올란드의 사랑은 가장 오랜 시간을 두고 익어가는 사랑의 전형을 보인다. 프레데릭 공작의 궁궐에서 있었던 씨름 시합에서 올란도의 늠름한 모습을 본 이후 로잘린드의 마음 속에 새겨진 사랑이 숲 속에 온 이후 지속적으로 그리움으로 키워졌던 것이다. 역시 그 때 궁정에서 본 로잘린드를 사랑하게 된 올란도는 숲 속에 들어와 나뭇가지마다 로잘린드에 대한 연모의 정을 적은 시를 걸어 놓는다. 자신의 신분이 드러나지 않은 상태에서 올란도를 만난 로잘린드는 그가 로잘린드를 표현할 길 없이 사랑한다고 하자 시치미를 떼고 "사랑이란 광증에 지나지 않아요… 난 사랑의 광증을 충고로 고칠 수 있답니다"라고 이성적인 태도를 보인다. 그리고는 자신을 가상의 로잘린드라 생각하라고 하고는 가상의 사랑관계를 지속해나간다.

올란도가 로잘린드를 아내로 맞이하면 영원히 사랑할 것이라고 말하자 로잘린드는 남자란 청혼할 땐 화사한 4월이지만 일단 결혼하고 나면 눈보라 치는 섣달이 된다고 하며 처녀 역시 처녀 땐 따스한 오월이지만 결혼하고 나면 변덕스런 날씨가 된다는 만고의 변함없는 사랑과 결혼의 양태를 지적한다. 로잘린드의 사랑과 결혼에 대한 관점은 낭만적 환상에서 벗어난, 현실적이고도 이성적인 관점이다. 그러면서도 동생 실리아에게 자기의 올란도에 대한 사랑은 "포르투갈 만 같이 깊고 깊다"고 말하며 올란도를 한시라도 못 보면 죽을 지경이라고 말한다. 청혼할 때의 처녀는 따스한 오월 같다고 한 자신의 말처럼 연애에 대한 이성적인 생각과 사랑에 빠진 감정적 상황이 별개임을 증명하고 있다. 그러니 자신의 말대로 결혼 후에는 '맹수 하이너'처럼 될 수도 있음을 짐작하기 어렵지 않다.

이상과 같이 『뜻대로 하세요』는 아든 숲 속에 들어와서 모두가 축복받고 그 축복의 표시인 양 4쌍의 커플이 결혼하는 것으로 행복한 결말을 짓는다. 이들의 결혼식을 주재하는 하이멘이 "마음과 마음을 합치고 어떤 불행이 닥쳐도 영원히 하나가 되어 겨울철과 흐린 날씨에도 화답해야 한다"고 선언하자 춤과 음악이 성스러운 결혼식을 찬양하며 막이 내린다.

결혼식은 음악과 춤으로 한결같이 축복받고 있지만 각 쌍들이 결혼에 이르는 과정은 각양 각색이다. 이 숲 속에서 이루어지는 결혼의 과정들은 각각 다르지만 "겨울철과 흐린 날씨에도 화답해야 하리"라는 결혼식 축가의 가사처럼 숲에서 이루어진 이들의 결혼은 역시 겨울철의 추위와 비바람도 포용해야 하는 숲의 운명처럼 그렇게 인내가 필요함을 함축하고 있다. 그래서 마지막에 제이크스가 전해주는 소식은 이들 결혼식에 양념이 되는 축복같지만 그 이상의 의미가 담겨 있다고 보여진다. 즉 오래전에 추방되었던 전 공작 주변으로 많은 사람들이 모여든다는 소문을 듣고 이들을 제거할 목적으로 아든 숲으로 진격해 온 현 공작이 숲에서 만난 수도사의 교화로 지난 날의 잘못을 회개하고 모든 권력을 추방된 전 공작인 형에게 양도한다는 소식이다.

오랜 인내 끝에 결국 권력을 회복하고 헤어져 살던 딸하고도 재회하는 등 좋은 일을 맞게 된 공작의 일은 이들 결혼하는 이들에게 던져주는 의미가 깊다 하겠다. 결혼하게 되는 과정은 다 달라도 한결같은 공통점은 결혼이란 새로운 세계에서의 인내를 요구하는 과정이라는 것이다. 일방적인 사랑으로 하는 결혼, 한눈에 불이 붙어 생각할 겨를 없이 진행되는 결혼, 진지하지 못한 사랑으로 맺어지는 결혼, 이성적으로 생각해보면 영원히 이상적인 것은 아님을 알고 시작하는 결혼 등등 이러한 전형들은 오늘날에 와서도 마찬가지로 존재함을 부인할 수 없다. 숲 속에는 여전히 비바람 폭풍우, 겨울의 찬바람도 닥쳐오고 뱀과 사자가 웅크리고 있듯이 이제 시작된 축복받은 결혼에도 그러한 것들을 맞이하여야 할 가능성을 알고 출발해야 함을 깨우쳐 준다. 맹수와 폭풍우의 위험이 있는 곳이지만 추방되었던 공작의 처음 말처럼 자연을 책 삼아 순리대로 살며 인내하면 공작의 경우와 같이 좋은 결과를 얻게 되리라는 것이 궁극적인 메시지가 아닐까 싶다.

『십이야』 : 해방의 축제

셰익스피어의 작품들에서 읽을 수 있는 주제 중의 하나는 종교는 우리들의 무감각이라는 어둠을 흔들어 빛을 일깨우려는 노력이 그 중심이어야 한다는 것이다.

크리스마스로부터 12일째 되는 날의 전야에 벌이던 축제에서 비롯된 이 작품의『십이야』라는 제목은 작품 내용과는 직접적으로 관계가 없어 보인다. 그러나 작가가 이 극의 제목을 '십이야'라고 한 것으로 미루어 보아서는 축제가 작품의 중심 주제임을 암시하는 것일 수 있다. 축제도 그냥 축제가 아니라 크리스마스와 관련이 있는 축제라면 그리스도 탄생과 연관하여 구원의 축제라는 의미를 생각해볼 수 있다.

극은 난파라는 인생 여정의 재난으로부터 살아남은 자들이 중심축을 이룬다. 바이올라는 난파 중 쌍둥이 오빠 세바스찬을 잃고 살아남아 올시노 공작의 시동으로 들어간다. 한 편 삶의 항해 길에 난파를 당한 듯 아버지와 오빠를 잃어버린 올리비아도 삶의 항해에 난파를 당한 듯한 어려운 상황에 처해있다. 올시노 공작 역시 고위직에 있는 인물이나 사랑의 열병으로 인해 '욕망이라는 사냥개에 쫓김을 당하는' 곤고한 상황에서 등장한다.

극의 배경인 일리리아 섬은 낙원이라는 의미를 담고 있는 섬이다. 이 섬은 온통 바다에 둘러싸여 소외되어 동떨어져 있는 삶의 상황을 내포하는 동시에 난파한 배에서 구조되어 올라온 인물들이 행복한 삶을 회복하는 낙원 같은 장소이기도 하다.

배의 난파로 인하여 쌍둥이 남매가 서로 죽은 줄로 알고 각자 홀로 이방 세계에 발을 딛게 되는 상황에서 출발하여 죽은 줄로 알았던 이들이 살아 재회하는 장면으로 끝나는 극적 구조는 영적으로 죽은 사람들을 살리기 위해 그리스도가 이 땅에 왔음을 축하하는 크리스마스 주현절의 의미를 담아내기에 적합하다. 그리스도라는 말 속에 '해방시키는 자'라는 의미가 있음도 주목할 일이다. 축제란 사회적 금기나 억압 등으로부터 풀려나는 해방의 자유로움을 구가할 수 있는 마당이라면 이 극에서는 속박된 애욕으로부터의 해방, 묶인 정체성으로부터의 이탈, 기존 질서를 조롱하는데서 오는 해방감 등이 십이야의 축제의 내용이 될 수 있다.

난파에서 살아남아 일리리아 섬에 발을 딛은 바이올라는 남자로 변장하여 올시노 공작의 시동으로 들어가서 공작을 사랑하게 된다. 그러나 공작은 올리비아를 사랑하고 바이올라는 남자 시동으로 변장하여 공작의 사랑 심부름을 해주다가 올리비아의 사랑의 표적이 된다. 성이 바뀌고 사랑하는 대상이 엇갈리고 신분을 바꾸기 위한 노력들이 이루어지는 이 복잡한 구도는 기존의 질서와 전통을 전복하고 억압된 것을 풀고 새롭게 변화해나가는 것이 삶임을 일깨우려는 구도가 아닐 수 없다.

공작의 시동으로 변장하여 올리비아에게 공작의 사랑을 전하는 심부름을 간 바이올라는 올리비아가 자기에게 반한 것 같음을 눈치 채고 "남장한 여자인 가련한 나는 주인을 연모하고 있고 아가씨는 잘못 알고 나에게 반한 것이고 장차 이 일이 어떻게 될 것인가?"라고 한탄한다. 셰익스피어의 낭만 희극에 자주 등장하는 이러한 변장으로 인한 엇갈림은 낭만적인 사랑이 대상의 실체를 사랑하는 것이 아니라 보이는 모습에만 집착하는 것임을 꼬집고자 하는 의도에서 비롯되는 것이 아닐까 싶다.

이 극에서 사랑하는 대상들은 한결같이 쌍방 간의 사랑으로 시작하는 것이 아니라 이렇게 엇갈리는 짝사랑으로 시작하여 종래는 신분이 드러나 각기 다른 짝을 찾아 결혼을 하기도 하고 종내 짝사랑으로 끝나기도 한다. 돈으로 올리비아의 사랑을 사려는 에이규치크도 사랑을 얻는데 실패하고 결혼을 신분 상승의 수단으로 생각하는 말볼리오의 계획도 조롱거리만 될 뿐이다.

에이규치크나 말볼리오 뿐만 아니라 이 극에 등장하는 남성들은 대체로 의지가 박약해 보이거나 어리석은 인물들이다. 공작 역시 "사랑하는 사람의 모습만이 언제나 마음에 새겨져 있고 그 밖의 생각은 무엇이건 간에 흐리고 멍해진다"고 스스로 고백하듯이 사랑에 빠져 다른 일에는 무기력한 모습이다. 그는 또한 자신의 사랑조차 스스로 적극적으로 표현하지 못하고 시동을 시켜 간접적으로 전하는 소극적인 인물이다.

남장한 바이올라나 올리비아 그리고 올리비아의 하녀 마리아 등 여성 인물들이 더욱 적극적이고 의지가 강한 모습을 보인다. 바이올라는 공작에게 벙어리 냉가슴 앓듯 사랑을 가슴 속에 묻어두는 여성의 사랑을 이야기 하지만 "실제로 여자의 진심은 남자와 못지않습니다" 하고 공작에게 당당하게 말하는 자아를 본모습으로 가지고 있다. 이렇듯 시대의 수동적인 여인상에서 벗어난 바이올라와 올리비아는 여성의 정체성이 가부장 시대와 사회의 이데올로기가 강요해서 만들어진 것이라는 것을 드러내주는 인물들이다.

올리비아가 바이올라에게 자기를 어떻게 생각하는지 말해보라고 하니까 바이올라는 "자신을 자신이 아니라고 생각하고 계신 것 같습니다"라고 한다. 거기에 올리비아도 "내가 그렇게 생각한다면 당신 역시 그래요"라고 하자 바이올라는 "옳은 말씀입니다. 저는 보시는 대로의 제가 아니니까요"라고 하는데 이들이 나누는 대화 속에서 다른 사람들이 보는 자기들의 정체성은 사실과 다르다는 것을 인식하고 있음이 드러난다.

올리비아는 바이올라가 올시노 공작의 하인이라는 신분에도 불구하고 자기 사랑에 제한을 두지 않는 진취적인 가치관을 보인다. 나중에 바이올라의 쌍둥이 오빠인 세바스찬이 살아 돌아와서 여자인 바이올라 대신 바이올라와 똑같은 세바스찬과 결혼함으로써 올리비아의 진취적인 결혼관은 보상을 받는다. 낯선 이방인과의 결혼에도 올리비아는 대단히 진취적이고 주도적인 역할로 결혼을 진행한다. 올리비아의 숙부인 토비 경과 마리아의 결혼도 신분의 차이를 뛰어넘은 결합이다. 마리아는 비록 말볼리오를 경멸하고 속임수로 그를 조롱하여 낭패를 당하게 하지만 기지와 재치가 있는 당당한 여인으로서 하녀라는 신분의 장애를 극복하고 토비 경을 남편으로 맞게 된다.

청교도적인 위선을 경멸하여 말볼리오를 욕보이기는 하지만 마리아의 전복적 태도는 기존 질서와 위선적 도덕관을 뒤집어엎는 의지를 보여주는 태도라 아니할 수 없다. "여자의 마음이란 벅찬 사모의 정을 담을 만큼 크지 못해"라고 여자를 비하하며 사랑에 빠져 자기의 다른 책무들을 다하지 못하는 공작에 비해 세바스찬에 의해 보여지는 올리비아는 "저택을 챙기며 하인들을 부리고 저렇게 원활하고 현명하고 착실하게 가사 일절을 처리해 나갈 수 있단 말인가?" 하고 경탄할 만큼 사랑에 빠졌어도 자기의 임무를 현철하게 해나가는 당당한 여장부 근성의 모습을 드러낸다. 이 극에 드러난 남성과 여성에 대한 기존 관념의 전복은 십이야라는 축제일에는 율법주의적 기존 관념을 뒤엎는 자유의 의미가 내포되어 있음을 알리는 장치일 수 있다.

이 극이 결혼할 수 없었던 세 쌍의 남녀가 장애를 벗어던지고 결혼에 이르게 되는 희극적 결말을 가지면서도 말볼리오가 받는 고통과 그에게 고통을 준 자들에 대해 분노하며 복수를 다짐하는 그의 마지막 모습 때문에 희극의 유쾌한 분위기는 손상된 채 막이 내린다.

『베니스의 상인』에서 모두가 행복한 결말을 맞이하지만 샤일록의 패배로 인해 극의 마지막 분위기가 침울해짐으로써 극이 문제극이라는 이름으로 분류되듯이 『십이야』 또한 여러 사람이 계략을 써서 올리비아의 충직한 집사를 미치광이로 몰아가고 소외시킴으로써 문제극의 소지를 안게 된다.

그렇다면 왜 말볼리오는 희극에서 소외되는 인물이 되어버리는 것일까. 다른 어떤 극에서보다도 이 극에서는 말볼리오를 중심으로 하는 부줄거리의 비중이 상당히 크게 부각되어 있다. 그가 토비 경과 마리아 그리고 광대들로부터 조롱받는 이유 중의 하나가 청교도적인 위선자라는 데에 있다. 다른 사람들이 술 마시고 노래하며 즐기는 것을 그는 못마땅해 한다. 그는 "여러분! 정신이 나갔소? 대체 이게 무슨 짓들이요? 분별이고 예절이고 체면이고 다 어디로 간 겁니까?" 하고 훈계하는 역할을 맡는다. 그래서 토비를 비롯하여 마리아, 광대 등은 그를 고지식하다고 비웃고 높은 사람에게만 알랑거리는 해바라기성 머저리라고 놀린다. 아첨으로 높은 사람에게 잘 보이려 하고 다른사람들의 계약에 걸려들어 신분 상승을 꾀하려는 말볼리오는 기존 질서에 야합하려는 어리석은 자로 매도되는 것이다.

그리스도는 율법을 폐하고 은혜를 선포하기 위해서 왔으며 십이야 축제가 그리스도 탄생을 축하하는 축제라면 말볼리오가 왜 이 축제에서 제외되는 인물이 되는가 하는 것은 쉽게 짐작할 수 있다. 주변인들이 지적하듯이 말볼리오는 청교도적인 태도를 보이는 것을 특징으로 하고 있다. 다른 사람들이 춤추고 노래하는 것을 못마땅해 하며 다른 사람들의 행태를 주인에게 고자질하고 남들을 훈계하며 자신의 유익을 챙기려는 모습이 그의 특징이다.

그리스도가 율법주의자들에게 '독사의 자식들'이라고 일갈했듯이 목사로 변장한 광대는 갇혀있는 말볼리오에게 "이 뻔뻔한 마귀야!"라고 외친다. 은혜의 세상이 밝았는데 옛날의 율법에만 매여 있음이 어둠 가운데에 있는 것과 같은 것처럼 방이 깜깜하다고 호소하는 말볼리오에게 광대목사는 "방은 깜깜하지 않다. 이 세상에 암흑이라는 것이 바로 무식하다는 것이니라. 안개에 싸여 길을 잃고 헤매는 이집트 사람들처럼 너는 무지의 어둠에 싸여 있느니라"고 조롱 섞인 충고를 한다.

광대는 조롱조로 이야기했지만 실제 이스라엘 민족이 이집트에서 모세의 영도로 해방된 역사는 그리스도가 사람들을 율법이라는 기존 질서의 속박으로부터 해방시키려고 왔음을 그림자로 보여준 것이라고 할 수 있다. 비록 말볼리오 때문에 희극의 분위기는 손상을 입었다 할지라도 셰익스피어는 어떠한 축제에도 제외될 수 있는 인물이 있으며 또한 어떠한 속성의 인물이 축제에서 소외될 수 있는지를 알려주고 있는 셈이다.

기존의 질서가 사람을 속박하는 것이고 그 질서가 더 이상 유효하지 않을 때 능동적으로 그 질서를 전복하며 새롭게 변화해가는 주체가 될 때 그 인생은 희극적 결과를 갖게 됨을『십이야』는 그 옛날의 이야기로가 아니라 오늘날의 이야기로 우리를 일깨워준다. 그렇다고 결혼하는 세 쌍 모두가 애초부터 건설적인 새로운 변화를 도모해서 행운을 얻은 것이라고만은 할 수 없다. 이들의 행복한 결말에는 운명의 은혜와 축복이 개입되어 있음을 부인할 수 없다. 십이야의 축제는 구원의 은혜를 즐기는 축제임을 암시하는 것인지 모른다.

『햄릿』 : 경계선을 넘어선 자유

『햄릿』은 처음에 덴마크의 성벽 위에서 보초들이 어둠 속에서 서로 교대하는 장면으로 시작된다. 어두워서 신원이 잘 파악이 안되기 때문에 이들은 상대에게 "너는 누구냐?"라고 묻고 암호를 대어 상대방을 확인한다. 인간은 대체 어떤 존재냐 하는 것이 어둠에 묻혀 있다면 그것을 밝히고자 하는 것이 이 극의 방향임을 암시하는 것으로 볼 수 있다.

햄릿왕은 동생 클로디우스에게 죽임을 당한 후 유령으로 나타나 아들에게 자기가 살해당한 경위를 설명하고 복수를 부탁한다. 그러나 그는 동생이 자기를 죽인 것을 이야기 하는 과정에서 아이러니하게도 "살해란 어떤 경우에도 비열한 짓"이라는 말을 한다. 복수를 명하지만 복수의 명분으로 살인을 한다 해도 결국 비열한 죄를 짓는 것이라는 의미가 내포되어 있다. 또한 극의 초반부에 호레이쇼를 통해 전해지는 극적 상황에서 죽은 햄릿 왕은 덴마크의 적국인 노르웨이 왕을 죽이고 영토를 빼앗았었다는 사실이 드러난다. 덴마크의 신하의 입을 통해 전해지는 햄릿왕의 노르웨이 왕 피살은 용감한 행위로 미화

되고 있다. 즉 아군의 시각에서 보면 적국 왕을 살해한 것은 용감하고 명예로운 일로 간주된다는 것이다. 그러나 노르웨이 왕자의 입장에서 죽은 햄릿왕은 자기 아버지를 죽인 원수로서 복수의 대상이 되는 것이다. 즉 극은 애초부터 햄릿왕이 복수를 명하는 주체로의 자격이 없는, 복수의 대상임을 내포하고 있는 것이다.

또한 삼촌 클로디우스를 악인으로 간주하여 경계선을 긋던 햄릿은 얼마 안 있어서 자신이 사랑하던 여인 오필리아의 아버지이자 국가의 대신인 폴로니우스를 살해하게 된다. 폴로니우스의 아들이며 오필리아의 오빠인 레아티즈의 입장에서 보면 햄릿은 또 자기 아버지를 죽인 원수이므로 자기가 복수해야 하는 대상이 된다. 이뿐 아니라 햄릿은 클로디우스에 의해 영국에 사신으로 보내어지던 중에 탈출하면서 자신과 동행하여 가던 두 동창생인 로젠크렌츠와 길덴스턴을 죽게 하는 주체가 된다. 살인자와 살해된 자, 악인과 선인을 구별하던 자신이 살인자가 되고 악인이 되는 것이다. 자신이 경계선을 긋는 주체였지만 객관적으로 보면 그 경계선은 무너진다.

그럼에도 불구하고 햄릿은 1막 5장에서 자신은 올바른 사람으로서 이 악한 세상을 바로잡도록 태어난 존재임을 천명하며 "세상의 질서가 무너졌구나. 오, 저주받은 운명이로다. 내가 이런 세상을 바로잡도록 태어났다니…" 하고 탄식한다. 이러한 대사로 인하여 독자나 관객은 의로운 햄릿이 클로디우스에게 복수하지 못하고 같이 죽고 마는 결말을 두고 안타까워하게 된다. 그러나 곧이어 햄릿은 대신인 폴로니우스가 자기와 왕비인 어머니 사이에 오가는 이야기를 엿듣기 위해 방장 뒤에 숨어 있는 것을 왕으로 잘 못 알고 그를 살해하게 된다. 이로써 햄릿은 복수의 주체이면서 동시에 레아티즈의 복수의 객체가 되는 것이다. 이렇게 해서 작가는 애초부터 복수의 주체와 객체가 뒤바뀔 수 있음으로 해서 악과 선이 분리되어 있지 않음을 구조 속에 심어놓고 있음을 알 수 있다. 햄릿은 어머니의 재혼을 힐난하면서 "눈이 있습니까? 모든 신이 도장을 쳐서 이거야 말로 남아의 모범이라고 이 세상에 내놓으신가 싶은 이분이 당신의 남편이었습니다. 당신의 현재 남편은 썩어 곰팡이가 슬은 보리이삭 모양으로 그 신성하던 형을 말리워 버렸습니다"라고 자신의 아버지였던 왕비의 전 남편과 왕비의 현재 남편인 클로디우스를 극단적으로 비교하며 왕비의 정욕을 악으로 정죄한다. 아직까지도 햄릿은 자기와 타인의 세계를 이분법적으로 구분하면서 자기도 죄인일 수 있다는 자각에 이르지 못하고 있음을 알 수 있다.

그러나 폴로니우스를 살해하여 본인 역시 자신이 정죄하던 살인자의 하나가 된 뒤 햄릿은 그 의식이 변화함을 알아챌 수 있다. 폴로니우스의 시체를 어디에 두었냐는 왕의 질문에 햄릿은 구데기가 시체를 먹고 있는 중이라고 하면서 "우리가 다른 동물들을 살찌우는 것은 우리가 살찌자고 하는 노릇이고 우리가 살찌는 것은 구데기를 살찌우자는 것입니다. 살찐 임금님과 여위어빠진 거지는 요컨대 구데기 식탁에 올라 앉는 종류가 다른 두 접시의 요리격이지요. 결국은 마찬가지입니다"라고 미친듯한 대답을 한다. 그러나 그의 의식 속에는 이 세상 왕과 거지가 다를 바가 없다는 무경계 의식이 자리 잡기 시작했음을 알 수 있다. 영국으로 보내어지던 배에서 탈출해온 뒤 자살한 오필리아의 무덤을 파던 묘지기들과의 대화에서 햄릿은 이 세상 최고의 권력을 누리던 자나 일개 광대에 불과하던 자나 한 줌 흙으로 돌아가는 것은 같은 것이라는 인식에 이르르며 "지존하신 씨저가 죽어 흙이 되면 구멍 때우는 바람막이가 될 수도 있구나"라며 삶과 권력의 무상함을 절감하는 의식을 보여준다. 자신의 아버지의 원수를 갚겠다고 흥분한 레아티즈를 생각하며 햄릿은 호레이쇼에게 역지사지로 레아티즈의 입장을 이해한다는 말도 한다.

뒤이어 햄릿을 죽일 음모로 왕이 햄릿과 레아티즈와의 검술시합을 준비하고 그를 부르자 걱정하는 호레이쇼에게 햄릿은 "죽음이 이제 오면 장래에는 아니 올 터이고, 장래에 아니오면 이제 올 터이고 이제 아니온다면 장래에 올 터이지 평소의 준비가 제일이야"라고 허심탄회하게 죽음의 두려움을 초월한 듯한 심정을 이야기한다.

햄릿은 레아티즈와의 검술시합에 앞서 레아티즈에게 자기가 그의 아버지를 살해한 것에 대한 용서를 구한다. 살인 행위는 자신이 한 것이 아니라 자신의 광증이 한 것이라고 하면서 용서를 구하는데 이러한 햄릿의 인식은 인간 누구에게나 비이성적인 광증(madness)이 내포되어 있어서 그것으로 인해 죄를 짓는 것이지 선인과 악인이 구별되는 것이 아니라는 작가의 암시를 읽을 수 있다.

햄릿은 검을 들고 자신에게 복수하려는 레아티즈에게 "레아티즈에게 폭언한 것은 햄릿인가? 그건 결코 햄릿이 한 일은 아닐세. 만약 햄릿이 그 본성을 떠나서 그 자신이 아닐 때에 레아티즈에게 어떤 무례한 행동을 했다면 그것은 햄릿이 행한 것이 아닐세. 햄릿은 그것을 부인하네. 그러면 누가 했는가? 그의 광증이 했네"라고 변명을 한다. 그러나 이것은 레아티즈의 분노를 비켜가려는 변명이 아니라 극의 전체 의미를 환기시키는 주제가 될 수 있다. 누구나 그 내면에 안고 있는 이 광증이 참자아 (real self)가 아니라는 것이다. 클로디우스의 왕위 찬탈도 사실은 이 광증이 한 짓이며 그 광증이 원수이기에 인간의 악과 선을 구분짓는 경계선은 무의미함으로 각자는 모두 자기의 광증의 원수를 스스로 갚아 모두 죽게 된다는 것으로 극의 결말을 해석할 수 있게 되는 것이다. 햄릿은 살인을 행한 자기도 역시 자기 자신의 희생자라고 함으로써 희생시키는 자와 희생된 자를 동일시하여 경계선을 지우는 것이다. 이 극은 복수극이라고 하지만 결국 복수의 대상이 달리 존재하는 것이 아니라 적은 자기 자신이라는 것이다. 원수는 자기 안에 있는 광기라고 함으로써 주체와 객체의 경계선을 지우는 것이다.

또한 이 극에서는 간접적이고 우회적인 방법으로 진실을 알아내고자 하는 모티프가 반복됨을 볼 수 있다. 처음에 폴로니우스는 햄릿의 광증의 원인을 알아내기 위해 햄릿이 잘 다니는 곳에 오필리아를 내세우고 햄릿의 행동을 살피자고 왕에게 제안하고 숨어서 엿본다. 왕과 폴로니우스는 '보는자'이고 햄릿은 '보여지는 자'가 된다. 그러나 그다음 햄릿은 왕의 범죄를 알아내기 위해 연극배우들로 하여금 왕의 살해 행위와 비슷한 장면을 연출하여 왕의 반응을 보게 되는데 여기서 '보는자'였던 왕은 다시 '보여지는 자'의 상태가 된다. 보는 자와 보여지는 자가 교체되면서 보는 자와 보여지는 자의 경계도 무너진다.

결국 이 극은 모두의 죽음으로 끝나는데 원수 갚는 주체도 객체도 없고 누구나 다 죽는 것이며 다만 "죽음에 대한 준비가 중요하다"는 햄릿의 말이 의미심장하다.

사실은 셰익스피어는 이 작품에서 죽음의 경계선도 무너뜨리고 있다. 제3독백에 의하면 죽는 것은 자는 것과 같은데 잠을 자면 꿈을 꾸듯이 죽음 다음의 세계도 있으리라는 암시로 죽음이 끝이 아니라 삶의 연장임을 이야기하고 있다. 꿈이 잠의 세계 속에 있듯이 삶 속에 죽음이, 죽음 속에 삶이 있는 것으로 경계를 허무는 것이다.

셰익스피어는 『햄릿』에서 근본적으로 분리된 것들에 대한 생각을 부정하고 있다. 그리하여 독자로 하여금 비이원성, 무경계성으로 현실을 보도록 유도한다. 원수 갚는 주체와 갚음 당할 객체가 존재하는 것이 아니라는 것이다. 'self'와 'not-self'가 모두 자기 안에 있다는 것이다. '보는자'와 '보여지는 자'의 경계선이 무너지면 성인과 죄인이 따로 없다는 것이다. 보고 경험하는 주체가 'self'이고 보여지고 경험되어지는 객체가 'not-self'인데 이 경계가 무너져야 된다는 것이 결국 이 작품에 나타난 작가의 중심생각이라 할 수 있다.

4대 비극 : 진흙 한 덩어리의 인생

운명적인 죄악의 힘의 결과로 불가피하게 죄에 빠지게 되는 인간은 결국 혼돈세계에서 방황하다 죽음을 맞을 수밖에 없다는 4대 비극의 비슷한 플롯 속에서 찾을 수 있는 또 하나의 공통된 양상은 지상적 가치의 무상함을 나타내는 패턴이다. 그것이 가장 잘 나타나 있는 곳은 『햄릿』에서의 무덤 파는 장면이다. 법률가도, 지주도, 재담꾼도, 결국은 모두 진흙 한 덩어리로 돌아가고야 만다는 덧없는 운명을 강조하고 인간으로서의 최고 영광을 누렸다고 할 수 있는 씨저도, 알렉산더 대왕도 흙으로 돌아가서 술병마개가 될 수도 있다는 사실을 환기시킴으로써, 역으로 권력에의 욕망은 무상한 것이며 "모든 지상적 삶은 흙의 자양분을 위한 것 외에 아무것도 아님을 부각시킨다. 따라서 햄릿의 인생에 대한 회의나 갈등은 결코 "단순히 우울한 기질로 치부될 수 없으며" 사고 능력이 있는 인간이라면 인생을 살 동안 한번쯤 지상적 가치가 전부가 아니라는 인식에 이르러야 함을 자각시키고자 한 것을 받아들일 수 밖에 없다.

『맥베드』에서도 마찬가지로 글래미스의 영주였던 맥베드는 코더의 영주로 승격되었지만 이보다 더 높은 위치를 탐내어 충성으로 따르던 던컨왕을 죽이고 왕위에 오른다. 맥베드는 최고의 지위에 올라설 수는 있었지만 왕위를 얻고는 단 한순간이라도 행복을 얻기는 커녕 수면을 빼앗겨 평범한 마음의 평온조차 지킬 수가 없게 된다. 적극적으로 악을 선동했던 맥베드 부인 역시 최고 지위인 왕비의 자리에 올랐지만 결국 양심의 가책에 못 견뎌 몽유병에 시달리다 자살하고 만다. 부인의 죽음을 전해 듣고도 무감각하게 그것을 받아들이는 맥베드는 인생이 허무한 속임수임을 간파한 사람 같다. 이러한 패턴이 시사하는 바는 인간이 꿈꾸는 지상적 가치가 얼마나 인간을 기만할 수 있는 것이며 무상한 것인가를 일깨우는 것이다.

맥베드는 던컨왕을 죽이고 나서 즐기지도 못할 지상적 가치를 위해서 불멸의 영혼인 "영원한 보석"을 악마에게 주었다고 후회하게 된다.『리어왕』에서는 리어가 왕위를 양도함으로써 이어지는 비극이라는 측면에서 보면 왕위로 표상되는 모든 권력은 놓쳐서는 안되는 가치인 것처럼 인식될 여지도 없지 않으나 이 작품의 의미 또한 인간이 집착하는 권력이나 권위는 인간을 노예로 만들고 자신의 참된 모습을 보지 못하게 할 뿐이며 무상한 것이라는 점을 일깨우는데 있다. 이는 이 작품에서 수수께끼 같은 이야기로 진실을 전달하는 바보광대의 대사에서도 그 실마리를 찾을 수 있다.

인간이 추구하는 최고의 영광인 왕관조차 계란 껍데기에 불과하다는 바보광대의 말과 같은 내용은『햄릿』에서도 찾아볼 수 있다. 햄릿은 노르웨이의 포틴브라스가 이웃나라를 침략하기 위해 덴마크 땅을 통과하게 해달라고 할 때 수많은 병사들의 목숨이 걸린 전쟁이 겨우 달걀껍질만한 땅덩어리를 소유하기 위해서라며 한탄하는데 이 말을 통해서도 작가는 이 세상에서 많은 사람들이 달걀껍질 같은 하찮은 것을 위해서 목숨을 걸고 싸우고 있음을 간접적으로 지적하고 있는 것인지 모른다.

리어가 황야로 쫓겨나서 헤매이다 미쳐가는 상태에서 하찮은 잡풀로 엮은 화관을 쓰고 나타나는 장면에서도 우리는 인간의 최고 권력욕구의 대상인 왕관조차 한나절이면 시들고 마는 잡풀처럼 덧없는 것이 아닌가 하는 메시지를 읽게 된다.

『오셀로』에서도 이야고가 왕관을 하찮게 여기고 있는 것을 보여주는데 물론 이런 지엽적인 대사에서가 아니라 극 전체의 플롯을 통해서 『오셀로』에서도 역시 인간이 추구하는 최고의 사랑조차, 그리고 철석같은 사랑의 맹세조차 덧없이 변해버리는 것임을 알려준다.

전체적으로 4대 비극을 이러한 맥락에서 조망해보면 『맥베드』에서는 무엇보다도 권력의 무상을, 『리어왕』에서는 권력의 무상과 더불어 부모 자식 간의 인연의 무상을, 또한 『오셀로』에서는 남녀간 사랑의 무상을, 그리고 『햄릿』에서는 종합적인 인생무상과 지상적 가치의 허무성을 드러내주고 있음을 알 수 있다.

4대 비극에서 뿐만 아니라 『리차드 3세』에서도 주인공은 혈육을 죽이고서까지 왕위를 찬탈하지만 권좌에 오른 후의 삶은 더욱 불안해지고 권력은 삶을 더 풍요하게도, 행복하게도 해주지 못함을 드러내고 있다. 전쟁에서의 승전 장군으로 얼마든지 영광을 누릴 것 같았던 코리올레이너스도 이 세상에서의 영광대신 비운을 맛보게 된다. 『안토니와 클레오파트라』에서 안토니도 권력과 사랑을 다 잡아보려 했지만 권력도 사랑도 그에게 안정적이고 지속적인 행복을 가져다주지 못함을 경험하고 최후를 맞이했을 뿐이다. 『줄리어스 시저』에서도 브루터스는 로마를 구한다는 명분으로 시저를 죽이고 영광을 얻으려 했지만 무위로 끝나고 만다. 시저의 인생처럼 그의 인생도 지상에서의 영광이 거품같이 실체없는 것임을 드러내 주고 말 뿐이다. 비극의 주인공들은 한결 같이 지상적 가치를 추구하여 분투하지만 결국에는 허무한 최후에 봉착하고 마는 모습을 보여준다.

반면에 희극의 경우는 주인공들이 권좌에 앉아 있다가 그것을 빼앗겨 고난의 길을 걷는 데 자기의 과오로 인하여 잠시 불행에 빠지는 것을 출발점으로 한다. 그러나 그들은 결국에 가서 행복한 귀결을 맞이하는데 그것은 권력이나 눈에 보이는 가치의 획득으로서가 아니라 용서와 화해, 진정한 사랑의 회복으로 인한 것임을 보여준다.

『겨울 이야기』의 레온티즈는 잘못된 질투심으로 아내와 자식을 잃고 불행에 빠지지만 참된 회개를 통해 자식과 아내를 돌려받고 행복한 결말을 맞이하는 왕이다. 『태풍』의 프로스페로스는 동생의 반역으로 권좌에서 추방당하지만 결국에 동생을 용서하고 화해함으로써 행복을 되찾게 된다. 페리클리즈의 경우도 수없이 재난을 당하여 주어진 권력을 누리지 못하고 방황하는 과정을 거치지만 고난의 파도에 자신을 맡기고 운명에 순응함으로써 잃어버린 가족을 되찾고 행복을 회복하는 경우다. 심벨린 역시 지혜롭지 못한 판단으로 신하와 사위를 추방하고 사악한 왕비의 말에 이끌려 모두를 불행에 빠지게 하지만 결국 포스튜머스와 그의 참회와 용서로 잃었던 가족을 되찾고 축복된 결말을 맞이한다.

그런데 이렇게 비극적 과정을 거쳐 희극으로 끝나는 로맨스극들이 셰익스피어의 말기 작품들이라는 것에 주목할 필요가 있다. 그의 초기 희극들은 좌충우돌 사랑에 빠지고 사랑의 삼각관계 속에서 갈등하다 그 사랑을 이루어 행복해하는 인생의 청년기의 모습을 그린듯하다. 예컨대 『베로나의 두 신사』, 『사랑의 헛수고』, 『말괄량이 길들이기』, 『한여름 밤의 꿈』 등에서 보여지는 사랑의 좌충우돌과 결혼의 축복이 생명이 피어나는 봄의 숲 속 같은 모습을 보여준다.

그리고 이어지는 『베니스의 상인』에서는 눈에 보이는 지상적 가치의 추구와 진정한 자기희생적 사랑의 가치를 가늠하게 해보는 주제를 던져준다. 곧이어 『줄리어스 시저』를 필두로 하는 비극들에서 더 높고 큰 힘을 쟁취하려는 삶의 무위성과 권력의 무상성을 통찰하게 해준다. 그리고는 말기에 들어선 작품들을 통해서는 권력의 힘 대신 가정의 회복과 따뜻한 사랑이 인생을 풍요하고 축복스럽게 해줌을 보여주고 있다.

셰익스피어의 작품의 흐름은 우리 인생 여정의 흐름을 보여주는 것처럼 느껴진다. 셰익스피어 자신이 그의 생애를 통해 통찰해온 인생의 지혜가 과정 과정 순서대로 정리된 듯한 느낌을 받는다. 우선 그의 초기 작품들은 인생이 사랑 때문에 울고 웃는 세상에 던져졌음을 보게 해준다. 그리고 누구나 세상에 생명을 받고 태어난 사람은 죽음으로 그 인생을 마감할 수밖에 없다는 사실을 자각하게 해준다. 그리고 주어진 지상의 시간 동안 각기 맡은 역할을 충실히 해야 하는 연극배우 같은 존재임을 자각하게 해주고 그 역할 속에서 재물이든 권력이든 더 큰 힘을 소유하고자 전전긍긍하지만 그러한 노력이 행복을 가져다주는 것이 아님을 일깨워준다. 그리고는 모든 것을 놓아버리고 참회하고 용서하고 화해하여 진정한 관계를 회복할 때 인생은 의미 있어지고 축복된 결말을 맞이한다는 것을 보여주고 있다. 셰익스피어가 그의 비극에서는 인생의 실제 문제들을 제시해주고는 있지만 비극적 인생에 대한 해답을 제시하고 있지 못하다는 비판을 받기도 한다. 그러나 셰익스피어는 그가 살면서 말년에 체득한 지혜인 것처럼 인생이 불행으로 점철되는 비극적인 것만은 아니고 어떻게 해야 축복된 삶을 살 수 있는 것인지를 말년의 작품들을 통해 일깨워주고 있는 셈이다.

셰익스피어가 단지 인생에서 추구하는 모든 지상적 가치가 무상하다는 것만을 드러내는데 그쳤다면 그야말로 셰익스피어는 인간이 고난을 겪으며 가는 인생에 어떤 희망도 부여하지 않았다는 평가나 셰익스피어는 우리에게 생사 신비의 통찰을 제공해주지 않았다는 평을 면할 길이 없을 것이다.

브래들리는 셰익스피어가 인생에서 이러한 절망감을 느낀 것이라고 믿을 사람도 있을 것이지만 그가 그런 절망감에 압도 되었으리라는 것은 불가능하다고 한 바 있다. 브래들리의 통찰대로 작가가 결코 인생과 인생의 가치의 무상함에 압도된 것도 아니며 절망을 느낀 것이라고 할 수는 더욱 없다. 분명히 그는 철저히 인생의 비극적인 측면들을 적나라하게 제시해주고는 있다. 그러나 그가 더욱 중점을 둔 것은 인생이 눈앞에 보이는 권력이나 사랑에만 의지하고 본능만 따르며 산다면 얼마나 비극적인가 하는 것을 일깨우고자 한 것임을 알 수 있다. 표면상으로만 보기에는 인생의 허무를 나타내는 것 외에 아무것도 아닌 것 같지만 인생으로 태어나 지상적 가치만을 추구하는 것은 아무 의미가 없다는 것이 4대 비극의 공통적인 주제 중의 하나라고 할 수 있다.

『윈저의 즐거운 아낙네들』: 여성성에의 두려움

셰익스피어의 극에는 아내의 있지도 않은 불륜을 의심하여 질투로 고통을 겪는 남편들이 여럿 있다. 오셀로는 정숙한 부인 데스데모나를 의심하여 목 졸라 죽이기까지 하고『겨울이야기』의 레온테스는 무고한 아내를 감옥에 가두고 갓난 딸을 추방하며『심벨린』에서는 포스트휴머스가 남몰래 결혼한 아내 이모젠을 의심하여 그녀를 죽일 지경에까지 이른다. 아내의 불륜에 대한 의심이 음모에 의한 것이었음이 밝혀지거나 오해가 풀렸을 때는 희극으로 결말이 맺어지지만『오셀로』에서처럼 과격한 불신의 불을 끄지 못한 채 아내를 희생양으로 만드는 경우도 있다. 아내가 다른 남자를 사랑하는 것은 아닐까하는 질투심과 부정한 아내의 남편으로서 '오쟁이 진 남편'이라는 불명예스러운 '뿔'을 달게 되는 것에 대한 남성들의 두려움은 많은 문학 작품의 소재가 되기도 한다. 본 작품 역시 그러한 것이 소재이자 주제가 되고 있다.

『윈저의 즐거운 아낙네들』은『헨리 4세』 2부작을 본 엘리자베스 여왕이 이 극에 등장하는 폴스타프라는 인물에 매력을 느껴 이 인물이 사랑에 빠진 모습을 보고 싶다고 해서 그 명을 받아 2주 안에 급히 완성하였다는 설이 있어 그 문학성이나 완성도에 평가절하를 받기도 한 작품이다. 그러나 기품 있는 문학성이 결여되었다 할지라도 박진감 넘치는 행동으로 인한 재미와 분규가 교차되고 갈등이 차례로 해결되어 나가는 극적 재미가 넘치는 작품이다.

폴스타프는 패거리들을 대동하고 윈저 마을에 들어선 이방인으로서 귀족 계급이긴 하나 윈저마을에 오자마자 섈로우 판사의 영지에 침입해 밀렵을 하고 하인들을 때리는 등 비행을 일삼고 분규를 일으키는 저급한 사람이다. 그는 마을의 포드 부인과 페이지 부인을 유혹해서 금품을 갈취하려는 흑심을 가지고 똑같은 연애편지를 두 여인에게 보낸다. 포드 부인과 페이지 부인은 이 연애편지에 넘어가기는 커녕 폴스타프를 골탕 먹일 계획에 착수한다. 포드 부인은 "그 자를 좋아하는 척 해서 그 자의 사악한 욕정의 불꽃을 타오르게 하여 자신의 기름 속에 녹아버리게 하자"고 하고 이에 페이지 부인은 "우리 복수를 해요. 만날 약속을 해놓고 그 자의 말을 들어주는 척 하면서 감질날 정도로 질질 끌어 마침내 그자가 가터 여관 주인에게 자기 말들을 저당 잡히도록 말이예요" 하고 복수극에 동참하기로 한다. 그런데 폴스타프에게서 쫓겨난 일당들이 연애편지 사건을 그녀들의 남편들에게 알려 질투심 강한 포드를 자극하게 된다. 그래서 포드는 브룩이라는 가명으로 변장하고 폴스타프를 찾아가 폴스타프가 유혹한 자기 아내의 부정을 적발해내려고 계획한다.

폴스타프는 약속한 시간에 포드 부인을 찾아가고 포드 부인은 폴스타프를 골려줄 계획으로 커다란 빨래바구니를 준비해놓고 있다. 폴스타프가 포드 부인에게 연정을 표현하고 있을 때 계획한 대로 페이지 부인이 들이닥쳐 포드 부인에게 남편이 사람들을 이끌고 이 집에 숨어든 남자를 찾아내려 온다고 법석을 떤다. 폴스타프는 다급해져서 빨래바구니 속으로 들어가 냄새나는 빨래바구니에 담긴 채 하인들에 의해 더러운 강물에 던져지는 신세가 된다.

폴스타프는 포드에게 발각되는 위기를 넘겼지만 포드 역시 아내의 부정을 밝히는 데에 실패한다. 포드 부인은 남편이 속아 넘어간 일을 기뻐해야할지 폴스타프가 속아 넘어간 일을 기뻐해야할지 모르겠다고 너스레를 떤다. 그런 악당 놈들은 강물에 던져져 좀 씻어낼 필요가 있을거라고 포드 부인과 페이지 부인은 폴스타프를 골려준 것에 대해 의기양양해 한다. 그러나 그런 탕자의 병은 한번 정도로 치유되지 않으니까 한번 더 따끔한 맛을 보여줘야 한다는데 동의하고 중개자인 퀴클리를 보내서 물에 빠뜨린 일을 사과하고 다시 폴스타프를 덫에 걸리게 한다.

한편 포드는 폴스타프를 찾아가 아내와 만났다는 그의 이야기를 들으며 그가 빨래바구니 속에 숨어 빠져나왔다는 말을 듣고 다시 질투의 불꽃에 타며 고통스러워 한다. 두 부인의 계략인줄도 모르고 다시 약속한 시간에 포드 부인을 만나러 간 폴스타프는 이번에는 포드가 들이닥친다는 바람에 포드가 빨래광주리를 뒤지는 사이 그가 증오한다는 뚜쟁이 할멈의 옷을 입고 변장하여 달아나다가 포드에게 지독하게 두들겨 맞는다. 포드는 자기에게 두들겨 맞고 달아난 자가 폴스타프인줄도 모르고 온 집안을 뒤집고 찾아다니지만 아무 것도 찾아내지 못한다.

마침내 두 부인네들은 남편들에게 그 동안의 일을 낱낱이 털어놓는다. 모든 것이 폴스타프를 혼내주기 위한 계략이었음을 밝히자 포드는 아내를 의심했던 것을 미안해 하며 사과한다. "여보, 나를 용서해요. 앞으로는 당신 마음대로 하구려. 조금 전까지도 당신의 정절을 의심했던 나지만 이제는 당신을 굳게 믿겠소"라고 부인에게 진심으로 사과한다.

자초지종을 들은 두 남자들과 부인들은 다시 한번 윈저 숲에서 폴스타프를 혼내 줄 계책을 꾸민다. 어리석은 폴스타프는 또 다시 부인들을 만나기 위해 한밤 중 윈저 숲에 들어서는데 머리에는 박제한 숫사슴 머리를 쓰고 온다. 숫사슴은 그 뿔로 인해서 '오쟁이 진 남편'(cuckhold)과 같은 말이므로 폴스타프는 스스로 오쟁이 진 남편의 우스꽝스러운 모습으로 나타나는 것이다. 이는 오쟁이 진 남편이 될까봐 두려워하는 포드의 모습을 패러디 한 것일 수도 있다.

숲 속에서 이상한 소리가 나자 두 부인은 놀라서 피하는 척 하고 요정으로 변장한 윈저 사람들이 나타나 공포에 질려있는 폴스타프를 촛불로 지지고 꼬집으며 조롱한다. 두 부인들과 그들의 남편들이 나서서 폴스타프의 정체를 폭로시키자 폴스타프는 "이 따위 유치한 속임수를 눈치챌만한 지혜도 없었다니, 내 골을 햇볕에 쬐어서 말려버렸단 말인가?" 하면서 자신을 한심해 한다. 한편 포드는 "다시는 아내를 의심하지 않을겁니다"라고 재삼 다짐을 한다.

다른 희극에서와 마찬가지로 이 극에서도 숲은 용서와 화해의 장이 된다. 마지막에 윈저 숲에서는 페이지 부인의 딸인 앤이 부모가 원하는 남자들을 따돌리고 자기가 사랑하는 펜튼과 맺어지게 된다. 폴스타프를 실컷 골려준 페이지 부인은 딸이 자기의 뜻에 안맞는 사람을 선택한데 대한 섭섭함을 지우고 자기 집에 가서 난로 앞에 모여 재미있었던 이야기들을 하며 웃어보자고 폴스타프를 비롯한 모두를 초대하며 막이 내린다.

그런데 극의 마지막 대사는 포드의 몫이 된다. 그는 폴스타프에게 "당신은 역시 브룩씨와의 약속은 지킨 셈입니다. 그 사람은 오늘 저녁에 포드씨 부인하고 동침하게 될테니까요"라고 하는 것이다.

처음에 폴스타프가 자기 부인에게 연애편지를 보냈다는 폴스타프 하인의 고자질을 듣고 그는 브룩이라는 가명으로 폴스타프를 찾아가서 자기가 포드 부인을 사랑하는데 그 뜻을 이루지 못했으니 대신 그녀를 함락시켜 달라는 부탁을 했었다. 그래서 일단 폴스타프에게 함락되어 약점을 잡히면 자기가 그것을 빌미로 제 욕심을 채우게 공략해보겠다고 돈까지 주어가며 폴스타프에게 부탁을 했던 것이다. 폴스타프는 "신사로서 약속합니다만 그렇게 소원이라면 포드 부인을 꼭 당신 것으로 해드리죠"라고 약속했던 터였으니 결국 포드는 폴스타프를 통하여 부인을 새롭게 되찾게 된 셈인 것이다. 어리석은 질투로 돈까지 낭비해가며 아내의 부정을 확인하려고 했던 포드는 한바탕 열병을 치르고 새롭게 부부관계의 신뢰를 회복한 것이다.

이 극에서는 폴스타프를 비롯한 대부분의 남자들이 품행이 단정치 못하거나 가난하거나 어리석은 인물로 등장한다. 폴스타프는 돈 한 푼 없는 허풍장이에 어리석은 뚱보로 묘사되어 있고 그의 패거리인 피스톨, 님, 바돌프 같은 건달들은 치안판사 섈로우의 사촌이며 앤을 사랑하는 슬렌드를 술집에 데려가 만취시키고 돈지갑을 훔치며 그를 희롱하는 불량한 자들이다. 앤을 짝사랑하는 슬렌더의 연적인 케이스라는 프랑스 의사도 영어를 잘 못해서 조롱당하는 어리숙한 인간으로 묘사되고 있고 또 그의 연적인 슬렌더는 항상 자기 의견도 제대로 표현하지 못하고 사촌인 섈로우에게 의지하는 얼띤 인간이다. 포드는 말할 것도 없이 아내를 의심하여 헛된 돈을 쓰며 좌충우돌하는 어리석은 남자다. 여관주인 가터 역시 야비한 거짓말쟁이다. 목사로 나오는 에반스 역시 소심하고 지혜롭지 못하다.

어리석은 남자들에 반해서 이 극에 등장하는 여자들은 남자들을 조롱하고 통제하는 활발하고 지혜로운 모습을 보인다. 주인공인 페이지 부인과 포드 부인은 명랑하고 정숙한 여인들이다. 활달하고 유머러스하며 주관이 뚜렷하고 적극적인 특성을 공유한다. 두 부인네들과 폴스타프 사이를 오가며 중재해주고 또 앤과 그 구혼자들 사이를 다니며 이중 삼중의 중재자 역할을 하는 퀴클리라는 케이스의 하녀는 영리하고 수완 좋고 지혜롭다. 이 여인의 중재로 폴스타프는 여러 번 망신을 당하지만 페이지 부인과 포드 부인의 전략은 성공하게 된다.

아내를 빼앗길 것에 대한 과도한 반응을 보이는 포드의 심리 이면에는 '오쟁이 진 남편'이라는 소리를 들을 것에 대한 두려움이 그 원인으로 자리하고 있다고 볼 수 있다. 자식이 있는 페이지에 비해 자식도 없는 것으로 설정된 포드에게는 대를 이을 것에 대한 염려도 있었을 것이다. 무엇보다 잘나고 똑똑한 여인들, 자식을 낳아줄 수 있는 어머니에 대한 의지가 남성들의 내면에 역설적으로 두려움을 키울 수도 있을 것으로 짐작된다.

이 극은 여자들에 의해서 망신 당하는 어리석은 한 남성의 이야기를 주된 줄거리로 보여주면서 동시에 한 여인을 차지하기 위해서 세 명의 남성들이 해프닝을 벌이는 부주제를 보여주고 있다. 주요 주제와 부주제의 공통점은 여성에 대한 동경과 두려움이 남성 지배력의 근저에 있다는 것이다. 이것을 뿌리로 두고 원저의 명랑하고 즐거운 아낙네들과 소심하고 어리석은 남자들을 대비시킨 극적 구도 속에서 어머니로서의 활발한 생명력을 지닌 여성들을 부각시키고 있다. 이 작품은 이러한 생명력 넘치는 여성들에 대해 남성들이 갖고 있는 은밀한 두려움을 극화한 작품으로 볼 수 있다.

『끝이 좋으면 다 좋다』: 여성 치유력

『끝이 좋으면 다 좋다』는 육체는 천한 육체나 귀한 육체로 분리될 수 없으며 육체는 소통의 수단일 뿐이고 그런 인식을 바탕으로 치유가 이루어질 수 있음을 생각하게 한다.

『끝이 좋으면 다 좋다』는 결혼이라는 희극적 결말을 갖고 있으면서도 그 결혼이 남주인공이 진실로 원하던 것이 아니었으므로 씁쓸한 감정을 유발하여 진정한 희극이라는 평가를 받지 못하고 문제극들 중의 하나로 범주화되고 있다. 이 극의 남주인공 버트람은 결혼을 받아들였으면서도 아내인 헬레나를 무시하고 모욕하며 그녀를 떠나서 비도덕적인 성의 대상인 다이아나의 처녀성을 빼앗으려는 욕망을 불태운다. 그러나 그 욕망을 달성했다고 생각한 후에는 그 욕망의 대상에 대한 관심을 버리고 그녀를 사랑의 대상으로서 부정한다.

이 작품은 가부장사회의 전형적인 가치관을 가진 버트람은 아버지를 찾아 어머니를 떠나는 아들로 출발을 한다. 어머니를 버리고 대리 아버지를 찾지만 그 대리 아버지마저 배신하고 아내를 버리고 전쟁터로 떠나는버트람은 남성 정체성 확립 과정을 통해 연속적으로 대상을 부정해간다. 여성을 한 인격체로서 부정하고 부도덕한 인간으로 피폐하게 된 그의 도덕적 정체성은 여성들의 합력과 그가 부정했던 여인을 통한 새로운 생명의 잉태로 회복되게 된다.

신분이 낮다는 이유로 아내를 거부하는 남주인공은 낮은 계급의 인간과 여성을 타자로 소외시하고 학대하는 지배 세력의 폭력적 힘이라고 할 수 있다. 계급이 낮아 주체적 목소리를 낼 수도 없었고 가부장 사회에서 타자로서 억압당해 온 여주인공은 스스로의 정체성조차 갖기 못했던 수동성을 극복하며 피폐한 남성을 회복시키는 주체적 위치로 전환된다.

『끝이 좋으면 다 좋다』는 남주인공 버트람이 돌아가신 아버지 대신 왕을 후견인 겸 대리 아버지로 받아들이며 어머니 곁을 떠나는 것으로 시작된다. 셰익스피어의 작품에서 아버지의 부재나 연약함은 아들을 어머니의 무서운 지배 속으로 던져 넣는 것으로 상정되어 그 어머니를 떠남으로서 남성성을 성취하는 과정으로 도입된다. 인간이 자연의 지배 하에서 벗어나기 위해 자연을 정복하고 착취하고 이용하는 것처럼 남성 중심의 부권 사회는 남성 지배의 힘을 기르기 위해 부권을 찾아 어머니의 지배를 떠나게 된다. 버트람이 헬레나와의 결혼을 받아들이지 못하는 것은 어머니와 동일시되는 여자와의 결혼으로 부과되는 위협으로부터 떠나 그의 남성을 세우고자 하는 심리로도 해석할 수 있다. 그러나 버트람의 대리 아버지 격인 왕은 그의 남성성의 기반이 되어줄 수 없을 만큼 병약한 상태에 놓여있다. 그의 어머니로부터의 분리를 가능하게 해주기는커녕 헬레나를 통해 오히려 그 어머니에게로 돌아오도록 강요하게 된다.

버트람은 헬레나를 아내로 맞이할 수 없는 이유를 신분상의 차이라고 내세우는데, 이것은 계급의 차이로 우월의식을 갖고 열등한 자를 무시하고 학대하는 봉건 사회의 유물이다. 버트람이 헬레나를 거절하면서 하는 말은 "저 여자는 아버지가 거두어 교육시킨 가난한 의사의 딸이다. 그런 여자를 아내로 삼느니, 만 사람의 멸시를 받는 게 낫겠다"라고 하는 것으로서 명백하게 신분의 차이를 두고 하는 거절의 변이다. 결혼 대상자를 신분의 차이 때문에 거부하는 것은 그 시대나 지금이나 지극히 흔하고 이해할 만한 처사라고 할 수 있다. 헬레나는 이 점을 너무나 잘 이해했고 그래서 그가 집으로 돌아오도록 하기 위해 기꺼이 자신을 희생하겠다는 의지를 보였다고도 할 수 있다.

여성의 성욕성이 생명의 번성, 즉 자연의 생명력을 의미하는 것이라면 여성 성욕성에 대한 두려움은 당연히 자연의 생명력을 지배하려는 힘으로 나타날 수 밖에 없다. 버트람은 자신의 아버지가 거두어 교육시킨 가난한 의사의 딸이라는 이유만을 들어 헬레나와 결혼생활 하기를 거부하고 전쟁터로 떠난다. 버트람이 왕의 강압에 의해서지만 결혼을 했으면서도 아내와의 동침을 거부하고 지아비로서 무책임하게 전쟁터로 가는 것은 자연의 생명 생산을 방해하는 행위다. 여성 지배를 정당화하는 가부장적 세계관이 자연을 지배하고 남용함으로써 지구를 파괴했다는 생태 여성주의자들의 주장처럼 버트람의 가부장적 세계관은 결혼을 통한 생명의 계승을 방해하고 전쟁이라는 생명 파괴의 부정적 지향성을 갖는다.

버트람이 후견인으로 삼고 아버지처럼 의지하려는 왕은 등장하면서부터 전쟁에 관한 이야기를 시작한다. 버트람을 만나 처음 인사하는 장면에서 버트람의 부친과 전투에 참가했던 이야기를 하고 플로렌스 전쟁터에 젊은 신하들을 출정시키면서 이태리 여자들을 조심하라고 충고한다. 말할 것도 없이 전쟁이란 파괴를 전제로 하며 생명을 위협하는 것을 핵심으로 하고 있다. 버트람은 헬레나를 집으로 쫓아 보내면서 칼을 휘두를 수 있는 동안은 헬레나가 있는 고향에 가지 않으리라고 맹세하는데 칼을 휘두른다는 것, 즉 생명을 위협하고 죽이는 쪽과 생명을 사랑하고 병든 자를 치유하는 헬레나의 존재가 대조되는데 이는 이 둘이 상대적, 극단의 가치임을 드러내는 것이다. 역사적으로도 전쟁은 고아와 과부를 양산해 냄으로서 여성을 고통스럽게 해 온 남성 폭력의 대표적 힘으로 간주될 수 있다. 이런 이유로 많은 생태 여성주의자들은 반전, 반핵 운동에 앞장서며 생명의 위협을 제거하는 생태 원리를 주장하는 것이다.

헬레나는 버트람의 하인인 페롤리즈와 함께 전쟁의 은유로 성욕성에 대해 이야기 하는데 언뜻 듣기에는 남성의 폭력적 공격성에 희생되는 처녀성에 대해 말하는 것 같다. 그러나 헬레나는 여성이 언제나 공격의 목적물로만 남아 있을 필요는 없고 오히려 공격적으로 나아가 자신이 좋은 대로 처녀성을 잃을 수는 없는가 하고 반문한다.

여성을 공격하고 희생시키는 남성적 폭력을 전쟁에 은유하여 말하고 있는 헬레나와 페롤리즈의 대화에는 생태여성주의적 주장이 암시되어 있다. 페롤리즈는 여자들의 처녀성이 깨져야 더 많은 처녀가 생겨남으로 처녀성을 지키려는 것은 자연의 정책을 위반하는 것이라고 교묘하게 남성 폭력을 합리화한다. 이것은 어쩌면 문명 발전이라는 미명하에 자연을 파괴해 온 남성지배 담론의 합리화와 일치하는 것이라고 할 수 있다. 헬레나는 남성에 의해 일방적으로 파괴당하는 여성의 수동성에 대한 저항적 인식을 가지고 처녀가 스스로도 유익하면서 남성의 파괴적 욕구를 달성할 수 있는 정책은 없을까 하고 되묻는 것이다. 가부장주의 사회에서 언제나 남성은 주체요, 여성은 객체로 고정되어왔으며 문화는 주체고 자연은 객체라는 인식이 유지되어왔지만 헬레나는 이러한 관습적 체계를 전복하는 인식을 보여준다. 자기 자신에게도 유익하면서 남성의 처녀 파괴욕구를 해소시킬 정책을 추구하는 헬레나의 이상은 조화와 화해를 통한 유토피아적 가능성을 추구하는 생태 여성주의적 이상이다.

또한 단 하나의 남성주체의 관점에서 세계를 건설해오고 해석해 왔음을 비판하고 하나가 다른 하나에 복종함 없이 남녀 간의 가능한 관계의 새 모델을 정하는 방법을 모색하는 생태 여성주의 철학에서처럼 헬레나는 상생의 새로운 길을 제시하는 현대적 주체 사상을 나타낸다.

버트람은 헬레나와 결혼은 했으나 잠자리는 안했으며 그 '안했다'를 영속하기로 맹세했다고 말하지만 헬레나는 그녀가 페롤리즈에게 말한 것처럼 버트람에게 수동적으로 당한 것이 아니라 자기 좋은 대로 능동적으로 버트람의 침실에 들어가게 되고 그의 아이를 갖게 된다. 셰익스피어의 비극에서는 여성들이 어머니로서의 역할에 실패함으로써 남성을 비극에 빠뜨릴 뿐 아니라 자신들도 비극적 결말에 이르게 되는 경우가 종종 있다.

비극들은 모성을 억압하는 난폭하고 엄격한 남성주의 이데올로기를 그리고 있으며 로만스나 희극에서는 이것을 전복하는 주제를 보여주고 있음을 알 수 있다. 이는 앞서도 언급했듯이 남성 인물들이 자신보다 더 강력하고 큰 힘에 함몰될 것을 두려워한 것으로 여성의 성욕성을 어머니의 힘, 나아가서 자연의 생명력으로 무의식적으로 인식하고 있기 때문인 것으로 풀이된다. 이는 버트람이 플로렌스에서 다이아나를 유혹할 때 그녀가 저항하자 "어머니처럼 되란 말이요. 사랑스런 그댈 임신하게 되었을 때의 어머니처럼!"이라고 종용하는 데서도 그 근거를 찾을 수 있다. "여성을 모성적 여성으로 취급함은 그녀를 여성 주체로는 부정하는 것"이라는 주체성 이론에서처럼 버트람은 여성 주체성을 부정하는 대표적 세력임을 다시 한 번 드러내주는 것이다.

가부장적 힘의 지배적 억압의 과정을 막는 여인으로서의 헬레나의 역할은 인간 사회의 관습을 거스르는 강력한 의지에서 출발한다. 그녀는 버트람이 감히 손 뻗쳐 잡을 수 없는 먼 하늘의 별인 것을 인식하면서도 "신분의 차이가 제 아무리 있다 할지라도 자연의 친화력은 유는 유를 불러 결합시키고 마치 천성으로 동류인 양 입 맞추게 하지 않는가"라고 말할 만큼 자연세계의 친화력을 들어 인간사회의 차별의 관습에 저항한다.

헬레나의 사랑을 알게 된 백작부인 역시 조금도 주저함이 없이 그녀가 며느리가 될 수 있다며 "다른 나무에서 꺾어온 접목이 본시 나무처럼 자라는 것을 보지 않았니?"라고 말하는데 신분의 차별을 뛰어넘는 이러한 인식들을 자연 현상에 비유하고 있는데 주목할 필요가 있다. 백작부인은 또한 헬레나를 칭찬하면서 "자연이 그 조화를 자랑할 만큼 덕성스러운 애"라고 하는바 헬레나는 자연의 조화 자체임을 암시한다.

라퓨 역시 헬레나를 가리켜 "수많은 풀들을 꺾어도 저런 귀한 약초를 구할 수나 있을지 모른다"라고 그녀를 귀한 식물인 자연에 비유하고 있다. 그 밖에도 라퓨가 헬레나를 칭찬하는 말 속에서 우리는 헬레나의 완벽성을 드러내는 것을 볼 수 있다. 자연의 조화와 친화력, 생명력 등의 총체적 덕성을 구현한 완전성으로서의 헬레나는 모든 것을 품고 있는 지구 어머니를 암시하고 있다고 볼 수 있다.

헬레나는 왕의 병을 고칠 수 있는 의술이 아버지에게서 전해져 온 처방이라고는 하나 왕이 처음에 치료받기를 거절하자 "하나님은 인간처럼 외모만 보고 판단하지 않으며 하늘의 도움을 인간 행위인 양 생각하는 것이 가장 오만한 것이다"라고 하는데 여기에서 우리는 의술이 하늘이 준 것이며 곧 자연의 치유력이라는 암시가 있음을 엿볼 수 있다. 라퓨 역시 헬레나의 치유를 "지상의 행위자에 대한 천상의 효험 보이기"라고 정의함으로써 헬레나의 능력은 인간의 것이 아닌 자연의 것이요, 천상의 것임을 인정한다. 나라의 모든 의사들도 무력화 시켜버린 그 불건강함을 헬레나만이 치유할 수 있었던 것도 헬레나가 갖고 있는 힘의 정체성이 무엇인지 짐작하게 한다.

셰익스피어 극의 모든 남성 주인공들 중에 가장 비열하고 야비한 인물로 평가되는 버트람이기에 그런 상대만 아니라면 헬레나는 셰익스피어의 극 중 가장 인기 있는 여주인공이 될 것이라는 평가를 받지만 헬레나의 역할은 남성의 연약함을 전제로 했을 때 더욱 의미를 지니는 역할이라고 할 수 있다. 공허한 중심을 채우고 불건강함을 건강으로 회복시키는 존재가 신분이 낮은 여성이라는 것은 억압당하고 착취당한 그 자연이 오히려 자연을 회복시키고 치유하는 힘이 될 수 있음을 예시하는 것이다.

헬레나는 왕의 병을 회복시키고 난 대가로 남편을 선택할 권리를 요구한다. 여성은 현명한 선택을 할 능력이 없는 것으로 간주되어서 자신의 욕망에 따른 남편 선택권을 주장하는 것은 있을 수 없는 시대에 이것은 너무나 혁명적인 요구였다. 헬레나의 요구를 들어주도록 왕이 명령했으나 버트람은 그녀의 남편 되기를 거부한다. 이것이 여성 욕망 주체의 한계였다. 자신은 전쟁터로 갈테니 집으로 돌아가서 어머니나 잘 봉양하라는 버트람에게 순종하는 체 했으나 자신이 결코 빼지 않을 자신의 반지를 갖을 것과 자신이 아버지인 아이를 낳아야 된다는, 버트람의 불가능할듯한 조건을 이루기 위해 헬레나는 고향으로 가는 대신 순례를 가장하여 플로렌스로 간다. 버트람을 전쟁터에 가게 한 것은 자기 탓이라며 헬레나는 자기가 순례의 길을 떠나겠다고 하고 버트람을 고향으로 돌아오도록 편지를 남긴 채 집을 떠나는 것이다. 그리고는 순례길에서 슬픔으로 죽었다고 소문을 낸다.

셰익스피어 극이 육체적으로나 정신적으로 남성으로부터의 독립을 허락하지 않는 사회에서 여성들이 겪는 소외에 대한 반응을 끊임없이 더듬어가고 있음을 나타내준다고 하는 관점에서 보면 헬레나는 그 외로운 과정을 수동적으로가 아니라 능동적이며 창의적으로 극복해 감을 보여준다고 하겠다.

다이아나를 가장하여 버트람과 동침을 하고 아이를 잉태하는 헬레나의 도정은 다시 말해서 죽음의 과정을 거쳐 생명을 탄생시키는 순례의 과정이라고 할 수 있다.

결혼하자마자 남편으로부터 거부당한 헬레나는 끝까지 힘없고 열등한 여성적인 태도를 가장했으나 극 후반부에서 상황을 주체적으로 통어하는 실제적 능력을 보인다. 또한 헬레나가 버트람을 뒤쫓아가는 것을 도운 것도 백작 부인인 여성이었지만 보다 능동적으로 헬레나의 계획을 도운 힘 역시 플로렌스에 사는 여인들이었다. 헬레나는 다이아나의 잠자리를 금으로 사고 버트람은 로실론의 부권을 상징하는 반지를 주고 다이아나의 처녀성이라고 착각한 헬레나의 성을 사게 된다. 마침내 가부장적 권위는 여성의 성욕성에 굴복되는 것이다. 이 때 버트람은 수동적 빼앗김의 상태, 즉 여성화되는 것으로 자리바꿈하게 된다. 극의 마지막 반은 버트람의 욕망과 두려움을 변화시키고 그의 약함과 무지를 공공연히 드러내는 복잡한 헬레나의 계획이 이루어지는 과정이다. 이 계획은 모두 여성들의 힘의 결집으로 성공적으로 이루어진다. 헬레나는 성공하고 버트람은 패배한 것 같지만 결국 헬레나가 갖고 있는 반지나 아이는 동시에 버트람의 것이기도 하다. 이로써 패배자 없이 상생의 화합이 이루어지는 것이다.

이 작품은 상상할 수 있는 가장 코믹한 타이틀이면서 그 해피 엔딩이 너무나 불안하다고 하는 비평가들이 많다. 또 이 극을 문제극이라고 할 수 밖에 없는 요소 중의 하나는 인물들이 상호 반대되는 본질로 분열된다는 것이다. 헬레나의 경우 한 인물이 아니라 두 인물로 보이는데 하나는 왕을 치료하는 기적의 여주인공이면서 영악한 매춘부로서의 위상으로 대조된다는 것이다. 분명히 그렇지 않을텐데도 바보나 악한처럼 보여지는 면이 있다는 것이다.

버트람이 이태리 전투에 나가기까지 전반부에 그녀는 다소 수동적으로, 고통 받는 존재로 나오는 것이 사실이다. 그러나 그 후, 침실 계략을 세우고 실천하는 그녀는 능동적인 신념에 찬 전략가로 나온다. 어떤 헬레나를 신뢰할 수 있는 헬레나로 선택하느냐에 따라서 결말은 더 문제가 될 수도, 덜 문제가 될 수 있다고도 보는 견해가 있다. 그러나 위와 같이 헬레나의 대조되는 모습은 그녀의 성격의 상반성이라기 보다는 그 시대 관습의 틀 안에서 지혜롭게 행동하며 객체에서 주체로 이동하는 의지에 찬 과정이라고 볼 때 그녀의 행동이 합당하다고 이해 될 수 있으며 상생을 위한 자연의 힘의 대리인임을 인정할 수 있게 된다. 그래서 헬레나야 말로 다른 작품의 어떤 인물들보다도 엘리자베스 시대의 경건한 이상에 가까운 인물이라는 평가를 낳기도 하는 것이다.

헬레나는『겨울 이야기』의 허마이어니나 퍼디타 만큼 희생의 제물로서의 이미지는 약하지만 그녀가 집을 떠나 죽었다는 소문을 낸 후 순례의 길을 거쳐 전쟁터로 나간 남편을 만나기까지의 과정은 상징적으로 헬레나가 죽음의 희생을 치른 과정이라고 할 수도 있다. 옥수수의 기원에 관한 뉴잉글랜드의 인디안 설화에서처럼 여성은 처음에 수동적으로 희생되고 마는 것 같지만 남성에게 농사짓는 법을 가르치는 재생의 주체가 되듯이 헬레나는 처음에 버트람의 명령에 순종하여 집으로 쫓겨가는 과정을 밟지만 결국 화해와 재생의 주체가 되어 버트람 앞에 서게 되는 것이다.

극의 초반부에서 헬레나가 아버지의 죽음을 슬퍼하는 듯이 보여 공작부인이 위로할 때에 그녀는 죽은 아버지를 애도하는 것이 아니었고 떠나는 버트람 때문에 슬퍼하는 것이었다. 헬레나는 처음부터 수동적

피지배 구조에서 벗어나려는 주체적 움직임을 보인 것이라고 할 수 있다. 헬레나는 내면적으로는 주체적인 위치로 탈바꿈하면서도 외형상 버트람에 순종하며 그를 어머니가 있는 고향으로 되돌리기 위해서 자기가 죽었다고 소문을 내게 되는 것이다.

이 극의 마지막 장면은 헬레나가 죽은 것으로 생각하여 그녀의 죽음을 애석해 하는 것으로 시작된다. 왕은 헬레나의 죽음의 원인에 대한 혐의를 버트람에게 두고 있지만 그를 용서하기로 하고 그를 죄 없는 다른 새로운 사람으로 받아들이고자 한다.

헬레나를 죽게 한 버트람의 죄가 묻혀지고 그가 용서되어 새로운 사람으로 왕 앞에 나선다는 가정은 다시 말하면 헬레나의 희생으로 버트람이 새롭게 태어난다는 것을 의미한다. 결국 헬레나는 버트람을 구원할 뿐 아니라 버트람의 아이까지 임신함으로써 생명을 이어가는 주체가 되는 것이다.

『끝이 좋으면 다 좋다』라는 제목 속에 함유되어 있는 '과정의 좋지 않음'은 여기에서 여인의 고통이요, 희생이라고 할 수 있다. 그럴만한 가치도 없는 남성을 남편으로 맞기 위해 온갖 노력을 다하여 결국 방탕한 남편의 아기를 갖음으로써 원하던 바를 성취하는 헬레나와 원하지 않던 결혼에 결국 굴복하고 말아야 하는 버트람 때문에 희극으로서의 이 극의 결말은 특히 많은 비평가들을 당혹케 하는 것이었고 씁쓸한 희극이라 불리울 수밖에 없기도 하다.

그러나 훌륭한 남편을 얻기 위해 고군분투하여 욕망을 달성하는 것이라면 헬레나라는 여인의 덕성이 강조될 필요도 없는 것이고 그녀의 희생도 단지 욕망 달성을 위한 수단으로 전락할 것이다. 헬레나를 부권사회의 압력을 가하는 사회적 위협으로 간주하는 생각에서 보아서도 헬레나는 자신이 중심에 서고 주변적인 것을 억압하는 가부장 사회의 생태에 저항하면서 도덕적으로 병든 자식도 포용하는 어머니의 사랑을 나타내는 것으로 보인다. 무가치한 것조차 포용하고 작은 생명이라도 존재의 의미를 부여하는 생태 여성주의적 관점으로 보면 헬레나의 행동의 동기도 이해될 수 있으며 결말도 화해와 상생의 주제를 가진 것으로 이해될 수 있을 것이다.

『끝이 좋으면 다 좋다』는 셰익스피어의 작품 중 가장 인기 없고 성공적이지 못한 극 중 하나로 평가되어온 것이 사실이다. 특히 헬레나에 대한 평가는 우호적이지 못한 것이 대부분인 바 그녀는 자신의 성욕성에 의해 가치도 없는 남자를 집요하게 추구하여 강압적으로 손에 넣는 색욕적인 여성으로 평가되기도 한다.

자신을 위장하여 침실에 들어가 남성을 정복한다는 극단적 침대 책략까지 써가며 남성을 굴복시키고야 마는 그 심리적 동기가 객관적 설득력을 지니지 못하기에 인물에 대한 평가도 엇갈리고 극 자체도 좋은 평가를 받지 못하는 것이다. 헬레나가 그렇게 그의 아내가 되기를 소원하는 상대가 경박하고 비열한 인격의 소유자인 까닭에 그녀의 노력과 소망 달성의 가치도 폄하되는 것이다. 그러나 헬레나가 아주 상식적인 여성으로서 자신보다 신분이 높고 훌륭한 남편을 택하기 위해 노력하여 결국 꿈을 달성하는 것이 결말이라면 이는 하나의 단순한 신데렐라 이야기에 불과할 것이다.

서구 문명사회의 관념 체계 내에서 남성은 주체, 여성은 객체로 인식되어왔으나 이 작품의 여주인공은 신분의 차이로 인해 억압되고 차별되어온 수동적 상황을 스스로의 의지로 전환하여 주체로서 탈바꿈하는 과정을 보여주고 있다. 모든 의사들도 치유할 수 없었던 나라의 왕을 불치병으로부터 구원하고 부도덕함에 빠진 남편을 구출하고 생명을 잉태함으로써 한 가정을 회복시키는 주체자로서의 역할을 통해 헬레나는 여성들이 건강한 사회를 건설하는데 더 큰 힘을 발휘할 수 있음을 보여준다. 버트람의 자기중심적인 성격 때문에 그런 남성을 소원하는 헬레나의 동기가 석연치 않아 문제극의 빌미를 제공하고 있으나 오히려 생태 여성주의적 입장에서 보면 타자와 자연을 억압하던 남성의 속성을 버트람으로 은유하여 자기중심적 억압 체계를 전복할 때 비로소 생명이 이어져 가는 조화로운 세계가 지속될 수 있다는 주제를 이 작품이 구현하고 있음을 알 수 있다.

『자에는 자로』: 타자 속의 거울

셰익스피어 작품에 반복되는 주제 중의 하나가 자신이 공격하고 심판하는 대상은 사실은 자신의 모습의 투사라는 것이다.

소위 문제극이라고 불리우는 『자에는 자로』는 혼란스러울만치 극단적이고 다양한 비평사를 갖고 있다. 셰익스피어의 극들 중 『햄릿』을 제외하고 이 극의 해석이 가장 다양할 것이라는 견해까지 있다. 희극에서는 인간의 어리석음에 대한 인식의 즐거운 웃음을 웃을 수 있는 반면, 결말은 희극적이지만 비극적 소재에다 주인공의 내키지 않아 하는 결혼에 씁쓸한 웃음을 지을 수밖에 없는 것이 이 문제극의 결말이다. 그래서 해피엔딩으로 보면 희극이지만 이 극처럼 독자나 관중에게 지속적인 긴장과 괴로움을 주는 극도 없다는 평을 듣는다. 그런 이유로 이 극은 17세기 초에서 20세기 초까지는 인기가 없어 별로 공연되지도 못했던 것이 사실이다. 그러나 1990년대 이후 런던에서만도 여러 번 공연될 정도로 그 반응에 변화를 보이고 있다.

이 작품은 셰익스피어의 극 중 유일하게 그 제목을 성경에서 따온 작품인데 많은 비평가들은 이 극의 기독교적 측면을 과히 진지하게 수용하지는 않는 것 같다. 인간의 어두운 면에 깊은 통찰과 영감을 가졌던 셰익스피어가 실제적이지 못한 소재를 가지고도 인간 본질의 실제적 밑바닥을 드러내 줄 때 자칫 우리는 등장인물들의 이중성과 불확실성 때문에 진지한 작품성을 의심하게 된다. 그러나 셰익스피어는 우리 자신에게도 잘 인식되고 있지 못하는 무의식 속의 존재를 이끌어 내줌으로써 인간에 대한 이해를 넓혀주는 것은 사실이다. 이 극 역시 삶과 죽음에 관한 심오한 사상 표출이 풍부하면서도 혹평을 받은 것은 작품 안에서 인물들이 자신들을 제대로 설명해주지 못하는 것이 가장 큰 이유일 것이다.

마리아나의 고통에 동정이 안 느껴지고 클로디오에게 역시 동정심이 안가며 안젤로도 동정 받기엔 너무 비열한 인간으로 나오며 이사벨라는 너무 엄격하고 공작은 인물들 중 가장 불만족스러울 정도로 일관성 없고 불확실한 인물로 그려져 있다. 그러나 이극을 다소 우화적인 측면이 있는 이야기로 읽을 때 이 극은 주제를 효과적으로 드러낸 아름다운 작품으로 읽을 수 있다. 즉 이사벨라는 신성한 순결을 대표하고 안젤로는 바리새인적 위선을, 공작은 도덕, 윤리를 대표하는 인물로, 즉 각 인물들이 인간의 어떤 속성을 대표하는 것으로 보면 극은 더욱 재미있다.

이 극의 첫 장에서 공작은 안젤로에게 한시적으로 권력을 이양하면서 “우리가 횃불을 사용하듯이 하늘은 우리를 사용한다. 횃불은 자신을 위해서가 아니고 미덕은 자연을 위해서만 있는 것이 아니다”라는 말을 한다. “우리가 횃불을 사용하듯 하늘은 우리를 사용한다”라는 의미는 그 심판하는 권세를 지닌 ‘우리’는 ‘하늘’을 거울처럼 반영하는 존재라는 것으로 볼 수 있다. 횃불로 어둠을 밝히고 감추인 것을 드러내듯이 '법' 또는 '법의 실행자'로서 횃불의 역할을 담당한 자들을 통해 감추인 것을 드러내고 어둠을 밝힌다는 의미이다.

인간세상의 통치자인 공작에게는 하늘의 심판권세가 그의 거울이고 대행 통치자인 안젤로에게는 비엔나의 진짜 통치자인 공작이 거울이다. 그런데 인간은 자기를 바라볼 수 있는 거울을 앞에 놓고도 자기의 모습을 제대로 못 보며 자신의 이기주의적 자아상을 붙들고만 있음을 작가는 보여주고 있다.

공작은 안젤로에게 권력을 이양하면서 "전적으로 공작인 나처럼 되어라"라고 하는데 이는 법을 엄격히 지키고 집행한다는 의미에서 심판관으로서의 역할을 위임한 것으로 볼 수 있다. 결과적으로 안젤로는 자신도 심판 받아야 될 위치의 사람일 뿐, 심판관으로서 타인의 죄를 정죄할 자격이 없음이 드러남으로써 법은 우리를 비추는 거울이며 회개로 이끌기 위한 안내자임을 알려줄 뿐이다. 공작이나 안젤로는 하늘의 심판권을 반영하는 존재인 것처럼 제시되면서 동시에 그들이 하늘을 반영할 수 있는 존재들로서는 왜곡된 모습임을 드러내준다.

우선 심판관이라는 존재는 죄인의 존재를 전제하는 것이고 죄인은 법과 법의 위반을 전제하는 것이다. 비엔나는 욕심, 방종, 자유로 인한 무질서한 상황으로 제시되어 있고 공작은 사문화된 법의 효력을 발생시키도록 법 집행을 안젤로에게 위임하는 것이다. 그런데 법 집행을 위임받아 심판관 역할을 담당해야 할 안젤로가 금욕주의자인 고지식한 인간으로 등장하는 데에 어떤 의미가 있음을 간과해서는 안 될 것이다. 아무리 철저한 금욕주의자 또는 율법을 정확히 지키려는 자들조차도 그 안에 억압된 욕망이 있으며 상황이 되면 그 억압된 욕망은 죄로서 분출될 수 있는 것이 인간임을 드러내려는 설정이 아닐 수 없다.

안젤로가 법의 집행자인 심판관 역할을 맡아 처음 다루게 되는 사건은 지참금의 증식을 위해 결혼을 미루다 줄리엣에게 임신을 하게 한 클로디오를 사형에 처하는 것이다. 안젤로 자신도 마리아나의 지참금이 없어지게 되자 결혼 약속을 파기해버린 과거가 있지만 법은 개인의 심적 상태, 즉 욕망과 죄성을 심판하는 것이 아니라 겉으로 드러난 행동만을 심판할 수 있을 뿐이므로 안젤로는 처음부터 자신의 내면에 도사리고 있는 죄성을 돌아볼 줄 모르고 다른 사람의 죄에 대해서만 무자비한 심판을 강행하려 한 것이다.

그러나 우리는 안젤로가 이사벨라의 청원을 듣기 위해 그녀를 만나면서 욕망이 결국은 법을 무너뜨리는 죄의 씨앗임을 잘 관찰할 수 있게 된다. 타부가 동경을 더 강화시키는, 안젤로의 욕망의 증대 과정을 보면서 제한선을 두고 무엇을 금기시하는 법은 그 기능이 인간 내면 속의 욕망의 행동화를 제재시키는 것이기도 하지만 금지의 법 때문에 오히려 욕망을 부추기는 것이기도 함을 알 수 있다. 즉 이런 경우 법은 인간의 욕망을 비추어 주는 거울 역할을 하는 것이다.

이사벨라는 안젤로에게 동생의 사면을 청원하는 과정에서 자연의 섭리 등 여러 가지 비유를 들어 간절하게 호소를 한다. 이러한 비유를 통해서도 눈에 보이는 만물의 움직임이 인간의 영혼과 내면세계를 비추는 거울과 같은 역할을 하고 있음을 나타내준다. 이러한 예들은 보이는 것을 통해서 보이지 않는 것을 드러내주려는 셰익스피어의 세계관을 짐작케 해준다. 예컨대 통치자의 권력을 죠브 신의 벼락이라고 한다든지 신의 심판을 천둥 벼락으로, 권위를 옷으로, 권위를 부리는 인간을 성난 원숭이로, 안젤로의 마음을 닫힌 집으로, 불쌍한 죄인을 연약한 제비로, 잘못된 권력을 가짜 약으로 비유하는 것 등이다.

하늘의 심판권을 반영하는 공작이, 율법적으로 의롭다고 스스로 자부심을 갖고 있는 안젤로에게 법을 어긴 자들을 심판하는 심판권을 이양할 때에는 남을 심판하는 과정에서 스스로의 모습을 거울에 비추듯 바라보게 하고 회개를 촉구하려는 목적을 갖고 있었음을 유추할 수 있다. 이는 성경의 요한복음 8장에서 간음하다 잡힌 여자를 심판하려던 바리새인들의 이야기에 비유할 수 있다. 바리새인들은 여자가 간음하다 현장에서 잡혔으니 모세의 율법에 돌로 치라 하였는데 어떻게 생각하느냐고 예수에게 묻는다. 예수는 "너희 중에 죄 없는 자가 먼저 돌로 치라"하시고 그들의 반응을 기다렸다. 바리새인들은 이에 양심의 가책을 받아 모두 가버린다. 타자를 정죄하려할 때 그 타자라는 거울을 통해 자신을 돌아보면 자신의 속에도 죄가 있음을 보게 되며 그로 인해 회개가 이루어지고 용서가 나올 수 있게 된다는 것이다.

또 한편 감옥의 전옥이 클로디오가 "단지 꿈속에서 죄를 지은 것이지 그가 지은 죄는 누구나 다 짓는 것인데 그 혼자만 벌을 받는 것이다"며 클로디오를 동정하는 말에는 죄의 일반성이 드러나고 있다. 성에 대한 규제법이 있었음에도 십사년 간이나 법대로 시행하지 않고 죄인들을 내버려 두었다가 비엔나가 유곽처럼 온통 타락한 도시가 되어버린 상태에서 공작이 법 집행을 안젤로에게 위임하는 설정 자체가 처벌법이 없다면 인간은 누구나 죄인이면서도 죄인으로 정죄 받지 않지만 법의 시행으로 죄가 드러날 수밖에 없음을 나타내고 있다. 이런 면에서 이 극은 로마서 3장 20절 "율법의 행위로 그의 앞에 의롭다 하심을 얻을 육체가 없나니 율법으로는 죄를 깨달음이라"는 성경을 극화하고 있다고도 할 수 있다.

사문화되었던 법을 다시 일깨워 비엔나를 정화하려는 과정은 무디어져 있던 사람들의 양심을 일깨워서 그 거울에 자신들의 내면을 비춰보게 하는 과정으로 볼 수 있다. 안젤로는 의식적인 위선자라기보다는 양심이 일깨워지지 않아 자기 자신을 잘 모르는 상태로 출발했을 뿐이다. 공작의 엄중한 법 집행의 명을 따라 클로디오를 처벌하려했던 것이지 클로디오의 죄가 자신의 죄를 비추는 거울 같은 것임을 자각하지 못하고 유혹에 빠져드는 것 뿐이다.

이사벨라 역시 안젤로처럼 자신을 제대로 보지 못하는 자기중심적 독선에 사로잡혀 있는 인물이다. 안젤로가 법을 위한 법을 고수하려던 것처럼 이사벨라 역시 순결을 위한 순결만을 고수하고 있는 율법주의자다. 인간미를 결여하고 있는 이사벨라의 자기중심적 경건은 신약에서 예수로부터 비난받는 바리새인들의 모습에 견줄 수 있다. 이는 루시오가 비록 혐오스럽고 약한 면은 있으나 친구를 생각하는 따뜻함을 갖고 있는 것과 대조된다.

이사벨라는 완벽성을 나타내는 존재라기보다는 외적으로는 완전함을 추구하나 생명에의 진정한 사랑이나 존중이 없는 바리새인을 거울처럼 비추고 있는 존재라고 볼 수 있다. 안젤로가 정치적 위선자라면 이사벨라는 종교적 위선의 모습을 나타내는 인물로 보여진다. 순결과 도덕성을 대변하는 인물인 것처럼 보이지만 하나님의 사람으로서의 진정한 덕목인 생명존중의 사랑은 결핍되어 있다. 그녀는 오빠의 삶의 연장보다는 자신의 명예가 더 영구한 가치를 갖는다고 한다. 작가는 이사벨라를 통해서 청교도적 엄격성의 폐단과 허상을 드러낸 것이라고 할 수 있다. 이런 측면에서 볼 때 법적인 정의를 강조하는 안젤로나 순결을 강조하는 이사벨라는 둘 다 서로에게 거울이 되고 있음을 알 수 있다. 문제는 이들이 상대방이 자신의 거울임을 인식하지 못하고 그 거울을 통해서 자신들의 모습을 보지 못한다는 데에 있다.

클로디오는 기존의 법을 어긴 것으로 사형선고를 받고 있는 저주받은 상태에 처해있고 이사벨라는 역시 수도원의 지엄한 법이라고 할 수 있는 순결법에 걸려서 억압된 상태에 있고 안젤로 역시 욕망의 금지법에 걸려 괴로워하는 상태에 처하게 되어 주요 인물들이 모두 넓은 의미에서 법망에 걸려 괴로워하는 것이 극의 대단원의 해결이 오기 전까지 전개되는 과정이다. 죄를 모르고는 죄의 용서를 받을 수 없으므로 극의 과정은 자연히 죄의 용서를 받기 전에 모두 죄에 직면하도록 인도되어지는 것이다. 거울을 보지 않으면 자신의 어디가 더러운지 보지 못하고, 볼 수 없으면 깨끗이 닦을 수 없는데 일단 자신들의 진정한 모습을 보지 못하여 미명에 갇힌 상태라고 할 수 있다.

권력 있는 사람이나 높은 지위에 있는 사람이나를 막론하고 인간 내면의 욕망이 같을진대 죄성은 보편적이며 인간은 그 죄성이 드러날 수밖에 없는 상황에 직면하여 금지의 법칙과 욕망과의 씨름을 통해 승리하든지 패하든지 그 과정에서 자기 자신을 발견하고 성숙해가야

한다는 것이 극의 요지인지 모른다.

이사벨라를 만난 후 비로소 자신의 내면의 욕망을 인식하는 안젤로는 자기를 덮고 있던 지위와 위엄이 한갓 시시한 깃털 장식에 불과했으며 그 안에는 악마의 피가 흐르고 있음을 발견한다. 물론 안젤로가 자신의 실상을 대면하여 더러운 자기 자신의 리얼리티를 발견했다고 해서 그가 곧바로 회개하여 선인으로 변화하는 것은 아니다. 이로 인해서 번민이 생기고 괴로움의 과정이 이어지는 것이 인생의 리얼리티임을 작품은 고스란히 보여주고 있다. 인간의 불가피한 욕망과, 죄성, 그로 인한 시련 등의 인식이야 말로 희망적 길로 갈 수 있는 필연적 과정임을 작품의 결말은 제시해주고 있다.

"자에는 자로"라는 어귀는 "비판을 받지 아니하려거든 비판하지 말라 / 너희의 비판하는 그 비판으로 너희가 비판을 받을 것이요, 너희의 헤아리는 그 헤아림으로 너희가 헤아림을 받을 것이니라" 하는 성경의 마태복음 7장 1-2절에서 따온 것으로 남의 죄를 비판하는 척도로 자신이 비판을 받게 되어 있는 인간의 실상을 알도록 경계시키는 교훈인 것이다. 그래서 결국은 인간을 심판할 수 있는 사람은 아무도 없음을 일깨우려는 것이라고 할 수 있다.

법을 집행하고 백성을 다스리는 통치자는 마음의 죄성을 다루기보다는 드러난 행위의 결과를 다루기 때문에 자칫 자신의 죄를 간과하기 쉽고 겉으로 드러난 타인의 죄에만 엄격한 기준을 적용할 가능성이 많기에 엄정한 법 적용을 강조하는 통치자 스스로가 자신의 모습을 제대로 보기를 촉구하고 있는 것이다. 이는 다시 말하면 율법에 얽매이는 바리새인들이 사랑이나 용서와 같은 기독교 정의의 본질을 외면하고 외식적인 것에만 집착하는 것을 빗대어 보인 것일 수도 있다. 이의 대표적인 경우가 종교적 규칙이나 순결에만 집착하는 이사벨라의 경우인 것이다.

안젤로는 클로디오를 정죄하고 이사벨라는 안젤로를, 루시오는 공작을, 오버던은 루시오를 비난하고 있는 극 중 상황을 살펴보면 우리 모두가 자신을 보지 않고 타인만을 볼 때는 비난받을 죄인이, 자신이 아니고 타인 뿐이며 정죄받을 사람도 타인 뿐인 것처럼 생각하여 자신에게 눈멀게 된다는 것을 가르친다.

이 극은 마태복음 18장 22~35절에 나오는 이야기, 즉 주인으로부터 빚 탕감을 받고도 밑에 사람의 빚을 용서해주지 않은 부당한 하인의 우화와 같은 구도를 갖고 있다고도 볼 수 있다. 자신의 죄를 다 용서받고도 타인의 죄를 용서하지 않으면 결국 벌을 받게 되리라는 메시지를 전달하고 있는 것이다. 그래서 이 극은 나(I)는 타자(other)라는 전제에 그 주제의 기초를 두고 있다고 볼 수 있는 것이다.

여기서 주요 인물들은 각자가 상대방에게서 객관적 자아의 편린들을 볼 수 있어야 함을 플롯은 유도하고 있다. 안젤로는 엄격하고 도덕적인 체 하나 클로디오와 같은 욕망을 갖고 있는 존재요, 이사벨라는 순결하고 덕망있는 자아상을 소유하고 있으나 냉철하고 비인간적인 안젤로와 같은 측면을 갖고 있는 자요, 공작은 신성하고 자비로운 척하나 젊고 순결한 여인을 취하고 싶어하는 클로디오나 안젤로와 다름없는 남성적 욕망을 지닌 자로 보여짐으로써 타자의 거울들은 회전하며 등장인물 각자의 모습을 비추어준다.

안젤로는 의식적인 위선자가 아니라 주요 잘못이라면 자신을 모르는 것이라고 지적받지만 안젤로 뿐 아니라 신처럼 등장하는 공작이나 이사벨라 그 누구라도 자신을 신성시하는 것은 자기 망상에 불과하다는 것이 이 작품의 중심 주제라고 할 수 있다. 안젤로는 거짓말을 일삼는 자기 기만적 사기꾼이고 공작은 겉치레 체면만 내세우는 위선자며 성스러운 체하는 이사벨라는 차가운 율법주의자에 불과한 것이다.

안젤로와 마리아나, 루시오와 창부, 공작과 이사벨라 등 세 쌍의 결혼으로 극의 결말이 이루어지면서도 마지막의 여운이 유쾌하지 못한 것은 타자 속의 자아발견이 질서를 이루는 것이지만 그것이 우리의 욕망과는 일치하지 않음으로써 언제나 유쾌하지 만은 못한 것임을 나타내주는 것일지도 모른다.

『오셀로』 : 유약한 아들

자신의 두려움으로 밖을 봄으로써 밖의 상황을 만들어가지만 두려움 때문에 만들어지는 현실은 실제가 아니라 환상인데 그 환상에 속을 때 비극이 초래된다는 것이 또한 셰익스피어의 많은 작품들에 내포되어 있는 주체 중의 하나다.

셰익스피어의 4대 비극 중 하나인 『오셀로』는 질투심 때문에 남편이 아내를 목졸라 살해하는 비극이다. 그래서 이 작품은 부권 사회에서의 여성의 희생을 다룬 대표적 작품으로 꼽히기도 한다. 이야고라는 부하의 거짓말을 진실로 받아들이고 아내인 데스데모나의 순결을 의심하여 그녀를 목졸라 죽게 하는 오셀로의 비극은 외면상 부권 사회의 횡포를 그린 것 같지만 내면적으로는 역시 남성들의 두려움을 극화한 것으로 볼 수 있다.

데스데모나는 부권 사회에서 자기 주장을 굽히고 수동적으로 행동하는 여인상과는 거리가 멀다. 신랑 고르기에 있어 선택의 주체로서 목소리를 높인 여인, 사랑에 관한한 자기 주장이 뚜렷한 여인이다. 아버지 브라반쇼를 어이없게 만든 것은 혼전에 가출하여 남자를 만난 것 뿐만이 아니다. 대상인 그 남자가 종족이 다른 흑인 무어인이었던 것이다. 계급과 종족을 뛰어넘는 대담한 선택이었다. 데스데모나는 가부장 사회가 금지한 것들을 과감히 파괴하고 선택의 주체자로서의 삶을 원했던 것이다, 그러나 데스데모나가 오셀로를 선택하게 된 동기를 들여다 보면 그녀가 그저 억눌렸던 여성의 자리를 박차고 남성적 삶을 살기 위해 나선 여인은 아니었음을 알게 된다. 딸을 꼬여낸 것에 분개하여 길길이 뛰는 장인 브라반쇼와 공작 앞에서 오셀로는 데스데모나를 얻게된 경위를 설명한다. 자신이 겪었던 무참했던 모험담과 무서운 사건들, 위기에서 구사일생으로 살아난 이야기, 젊었을 때 고생하던 비참한 이야기를 해주었더니 눈물을 줄줄 흘리며 가슴 아파했다는 것이다. 그녀의 그런 반응에 용기를 얻어 사랑을 고백하고 그녀의 사랑을 얻어냈다는 것이다.

데스데모나가 흑인 무어인에게 끌렸던 이유는 다른 것이 아니었다. 죽을 고비를 여러 번 넘기며 비참한 젊은 시절을 보냈다는 그에 대한 동정심이었다. 이야고는 오셀로와 데스데모나의 사랑을 욕정으로 보고 그들이 사랑하고 있다는 것을 그 아버지에게 고할 때 검은 숫양과 흰 암양의 교미에 빗대어 말한다. 이야고의 마음 속에서 꾸미어지는 남녀 간의 관계는 욕정에 매여 있는 관계일 뿐이다.

그러나 남편만 싸움터에 나가 고생하는 것을 안타깝게 여겨 싸이프러스 전쟁터로 떠나는 오셀로를 따라나서겠다고 하는 데스데모나는 뒷전에 남아 안일한 생활을 누리는데 대한 미안함을 크게 강조할 뿐 욕정의 실마리도 내비치지 않는다. 오셀로 역시 아내를 싸이프러스로 함께 데려가게 해달라고 공작에게 요청하는 말에서 “젊음의 혈기가 품는 욕정 따윈 없습니다… 같이 있다 해서 막중한 국사를 소홀히 하는 일은 결코 없을 것입니다" 하는데 이 둘의 관계가 애초부터 욕정을 채우는 관계라기 보다는 모자간의 순수한 사랑 같은 분위기를 갖고 있음을 나타내준다.

싸이프러스에서 간악한 이야고의 술책에 넘어가 오셀로의 부관 카시오는 파직을 당하는데 데스데모나는 남편에게 카시오의 복직을 위해 애쓰다가 카시오와 불륜의 관계를 맺고 있다는 누명을 쓰게 된다.

그 역시 이야고의 음모지만 그것도 모르는 데스데모나는 어머니의 마음 같은 간절함을 가지고 카시오의 잘못은 자기도 모르게 잘못을 저지른 것이지 어떤 고의성도 없으며 카시오가 오셀로를 얼마나 지극히 위하는지 모른다고 그의 복직을 애걸하듯이 부탁한다.

가슴 아파하며 카시오의 복직을 애걸하는 데스데모나에게는 분명 어머니의 사랑 같은 동정이 흐르지만 이미 이야고의 이간질에 말려든 오셀로는 아내가 카시오의 복직을 애걸할수록 의심의 불길을 활활 태우고 만다. 이야고는 오셀로에게 그의 아내의 불륜을 확신시키기 위해 그녀의 손수건을 훔쳐다 증거품으로 제시한다. 그 손수건을 잃어버렸다는 아내의 말에 오셀로는 "어머니는 돌아가실 때 그걸 내게 주시고 내가 결혼할 때엔 아내에게 주라고 말씀하셨소. 그래서 당신에게 준거요. 그것은 당신의 눈처럼 소중히 해야 하는 것이었소"라고 말한다. 즉 화근이 된 손수건은 오셀로가 어머니에게서 물려받아 아내에게 준 것이었다. 그렇다면 이 손수건이 지니는 의미는 무엇인가? 어머니의 사랑이 아내의 사랑으로 옮겨지는 의미를 갖고 있는 것이 아닌가. 어머니의 손수건을 아내에게 주면서 오셀로는 아내에게서 어머니의 사랑,

즉 변함없고 한결같은 사랑을 소망하며 기대해온 것이 아니겠는가.

결혼하여 이미 남의 아내가 되어 있는 데스데모나에 대한 주변인들의 묘사에서 그녀는 성을 아는 여인네가 아니라 지고지순한 청순미의 소유자로 그려지고 있다. 싸이프러스에 도착한 데스데모나에 대한 소식을 들은 카시오는 그녀가 모진 바람도 잔잔케 할 수 있는 여인임을 말하는데 암초와 같은 바다의 모든 장애물들도 그녀의 천사같은 마음씨를 보고 그녀를 무사히 통과시켜 준 것이라고 그녀를 찬양한다.

인생의 소요도 고통도 잠재워주고 다독거려줄 수 있는 아름다운 존재로 데스데모나는 부각되어 있는 것이다. 혹자는 이 장면을 예수가 폭풍우 이는 갈릴리 바다를 잠재웠던 상황에 비유한다. 이러한 신적인 힘을 발휘할 수 있는 위대한 힘, 그것을 데스데모나가 가졌다면 오셀로가 이를 죽이게 된다는 의미는 스스로 인생의 생명력을 빼앗아 던져 버렸다는 의미이기도 하다.

폭풍 속을 뚫고 온 데스데모나와 상봉하면서 오셀로는 기쁨 속에서 사람들에게 전쟁이 끝났음을 선언한다. "기쁜 소식입니다. 여러분, 우리의 전쟁은 끝났습니다. 터키군은 모두 전멸했습니다." 폭풍우를 잠재우는 존재의 입성과 더불어 전쟁은 끝난다. 싸움은 평정되고 상처는 치유되며 분리는 합일로 회복된다. 그것이 어머니의 힘이요, 신성의 힘이다. 적어도 오셀로의 마음 속에서 불신과 두려움의 소용돌이가 일어나기 전까지는 오셀로는 그 힘에 연결되어 있었다.

이야고와 성적 농담을 주고 받는 장면에서조차 데스데모나는 순진무구함을 보인다. 이야고의 부인 에밀리야의 통속적 성격과 대조되어 데스데모나는 더욱 성스럽고 완전한 여인으로 부각된다. 극 후반부에 그녀가 순종적인 여인상으로 변화되어 묘사되어 있는 것은 전반부의 적극적이고 강한 인상과 대조되어 작가가 성격 묘사의 일관성을 잃은 것처럼 비판받기도 하지만 데스데모나를 어머니 상으로 본다면 강하면서도 순종적이고 강한 듯 하면서도 약한 모습이 오히려 일관성 있는 어머니의 모습일 것이다.

사악한 이야고가 거짓말로 오셀로의 마음 속에 일으킨 태풍 속에서 데스데모나는 더 이상 현실 속의 정숙한 어머니 같은 아내가 아니다. 거짓 환상 속에서 키워지는 데스데모나는 음녀요, 창녀와 같은 여인으로 변모되어 오셀로의 이성을 마비시키고 분노의 폭풍우를 일으키는 존재가 되고 만다.

잃어버린 손수건을 내놓으라고 다그치는 남편의 말에 당황해하는 데스데모나에게 하녀이자 이야고의 아내인 에밀리아는 "남자는 꼭 위장이나 다름없고 우리 여자는 음식이구요. 남자들이란 허기가 지면 걸신 들린 것처럼 여자들을 먹어치우고 배가 부르면 뱉어버린다"고 항변하듯 말한다.

위장을 채워주는 음식처럼 형체조차 없어지면서 한 생명을 살리는 것으로 만족해야 하는 존재가 여성이며 어머니같은 아내라는 말일 것이다. 아들을 사랑하는 어머니의 사랑처럼 변함없을 것으로 굳게 믿었던 아내에 대한 의심이 걷잡을 수 없게 되면서 오셀로는 이제 군인으로서 그를 굳건하게 지탱해주던 힘조차 상실하고 만다. 그는 군인으로서의 삶에도 끝이 왔음을 선포하는데 "이제 다 마지막이구나, 내 평온했던 마음, 만족했던 마음, 야망을 덕으로 드높이는 휘황한 군대, 대결전, 요란한 나팔소리도, 전쟁의 모든 장엄한 것들도 모두 다 작별이다"라는 그의 탄식은 그에게 있어 데스데모나의 존재가 어떤 의미였는지를 알게 해준다.

아내에게 버림받았다고 생각한 순간 가정에서의 위치 뿐 아니라 공적인 정체성 마저도 무너지고 마는 것이다. 데스데모나의 사랑이 근원에서 그를 붙들고 있었던 힘이었음을 나타내는 것이 아닐 수 없다. 오셀로를 고통의 폭풍우에 휘말리게 한 이야고를 우리 속에서 자아와의 싸움을 하게 하는 불가피한 유혹의 힘이라고 해보자. 그 보이지 않는 내면의 싸움 속에서도 끝까지 우리를 지키게 해주는 것은 무엇이란 말인가. 그것은 지상에서의 어머니의 사랑으로 비유될 수 있는 신의 사랑, 그 사랑에의 신뢰일 수 있으리라. 그것을 잃어버렸다고 믿었을 때 생명력은 뿌리째 뽑히어버리지 않겠는가. 데스데모나의 사랑이 그에게 있어 삶을 지탱하게 해준 근원적 힘이었음은 "내 심장이 고이 담아 둔 곳, 내가 살고 못 살고가 달려 있는 그 샘, 그곳으로부터 나의 생명수가 흐르거나 혹은 말라버리는 곳"이라는 그의 말을 통해서도 알 수 있다.

심장을 담아둔 곳은 생명이 숨쉬는 곳이고 생명의 근원이다. 그저 평범한 아내를 노래하는 대목에 그치는 것이 아니잖는가. 생명수 샘, 그것은 신의 영역이다. 오셀로는 내면의 유혹의 힘에 패배하여 그 신성한 힘의 근원에서 뽑히워지는 나무가 된다. 오셀로는 데스데모나를 죽이기 직전에 "불빛을 끄고 그리고 빛을 꺼야지"라고 한 후에 그녀를 목 졸라 죽인다. 그럼으로써 데스데모나라는 생명의 빛은 사라지지만 동시에 오셀로가 그로 인해 살 수 있었던 희망의 빛도 함께 사라져 버리는 것이다. 그리곤 오셀로의 얼굴빛 같은 검은 어둠만이 남는다.

남편들은 아내에게서 영원한 어머니상을 찾지만 불가피하게도 또한 떠나는 어머니에 대한 불안을 함께 안고 사는 것이 아닌가 싶다.

어머니에의 사랑을 가로채는 아버지에 대한 이디푸스 콤플렉스를 키워온 가슴 속에 여전히 빼앗길 어머니에 대한 공포가 자리하고 있다는 말인가.

삶의 과정에서 본질적인 것은 내부로부터 형태를 창조하는 힘이다. 오셀로는 이야고라는 악당 때문에 음모의 덫에 걸려 무고한 아내를 죽이고 자신도 죽게 되지만 엄밀히 이야기하면 비극의 원인은 오셀로 안에 내재해 있던 불신과 두려움 때문이라고 할 수 있다. 생명의 근원으로 상징되는 데스데모나를 굳게 믿었다면 생명이 뽑히지 않았을 것을, 오셀로는 적군을 섬멸하는 용감함을 지닌 장군이었지만 내부에 도사린 두려움이라는 적군에 맞설 강함이 부족했던 것이다. 여자의 성욕을 두려워하는 모든 남자들처럼 오셀로는 악한 자라기 보다 데스데모나의 유약한 아들이었던 셈이다.

데스데모나가 죽은 다음에 모든 것이 이야고의 음모였음이 밝혀지지만 왜, 무슨 이유로 이야고가 이 끔찍한 결과를 초래한 음모를 꾸몄는지 이유는 분명히 밝혀지지 않는다. 다만 모든 것이 꾸며낸 이야기였으며 실체는 없었는데 실체로 드러나는 것은 벌어진 비극적 주검일 뿐이다. 이는 기실 두려워하는 것의 실체는 없으며 두려워하는 것은 다만 환상이며 관점일 뿐임을 교훈하는 것이 아니겠는가. 실체는 어머니의 사랑 또는 신의 사랑 같은 본질적인 사랑 뿐이며 그것을 의심하고 두려워하는 것은 사실과 무관한 환상만을 창조할 뿐임을 다시 한번 깨우쳐 주는 것이 『오셀로』이다.

리어왕 : 영원한 모성애의 추구

어머니가 없는 세상이란 무엇에 비유할 수 있을까? 햇빛이 없는 세상? 생명이 없는 삶? 물이 없는 바다? 존재의 근원이 없는 존재?… 세상에서 그리고 가정에서 어머니의 존재를 배제한다는 것은 말 자체가 성립이 안 되는 이야기겠다. 그렇다. 세상과 가정의 이상은 어머니라는 단어가 품고 있는 모든 것을 안고 있어야 하는 것임일 터이다.

셰익스피어의 극에서나 다른 어떤 작품에서나 가정이나 가족은 사랑과 안정의 상징으로 전제된다고 할 수 있다. 많은 극들에서 셰익스피어는 부모 중 한 쪽이 없는 가정의 불안정성에서부터 출발하고 있다. 특히 셰익스피어의 비극들에서는 자애롭고 따뜻한 어머니가 등장하지 않는다. 그래서 비극이다. 결혼이 아버지의 주관 아래 이루어지거나 아버지에 의해서 자식이 버림받을 때 그 곁에 그것을 제어해주는 어머니가 없다.

여성이 열등하게 취급되었던 것은 물론 엘리자베스 시대의 남성중심 가부장제 하에서의 뿌리 깊은 관습이었지만 셰익스피어의 비극들에서는 여성들이 열등하거나 악하게 취급되고 모성이 부정되고 있는 경우가 많다. 이로써 보면 셰익스피어는 여성혐오증이 있었던 것이 아닌가 오해하게도 된다. 햄릿의 어머니 비하나 맥베드 부인의 여성성 거부, 오셀로의 여성 억압 등을 설펴보더라도 셰익스피어의 여성에 대한 태도가 비관적인 것처럼 생각할 수 밖에 없다. 그러나 여성성이 부정되는 곳에 비극이 있다는 것을 셰익스피어는 역설적으로 제시하고 있음을 간과할 수 없다. 그래서 『겨울 이야기』, 『끝이 좋으면 다 좋다』, 『베니스의 상인』등 행복한 결말의 희극들에서는 마지막에 여성 구원자들이 등장하게 된다.

셰익스피어 작품 속의 폭군 같은 아버지들 가운데 리어왕은 그 대표적인 경우다. 어머니나 아내 대신 딸들에게서 어머니의 사랑을 요구하던 리어왕은 아이러니컬하게도 자기가 버린 딸에게서 그런 사랑을 찾게 된다.

반면에 리어왕은 이런 가부장적 힘의 남용으로 여성에 의해 비운을 맞는 대표적 인물이라고 할 수 있다. 『리어왕』에는 애초 자식을 품어 안는 사랑의 부모가 등장하지 않는다. 다만 사랑의 말로 자신을 감싸주지 않는 자식을 버림으로써 겪는 처절한 상실감이 그 어느 극에서보다 분명하게 그려지고 있다. 즉 자신을 버려 자식을 사랑하는 모성과 자신만을 사랑해달라고 자식에게 요구하는 부성의 차이점이 처음부터 극명하게 드러나며 자기중심적 사랑이 결코 행복을 불러오지 못함을 극화하고 있는 것이다.

리어왕은 늙어서 국왕이라는 막강한 권력과 영토를 세 딸에게 내주면서 그 조건으로 자신을 얼마나 사랑하는가 하는, 사랑의 정도를 말로 표현할 것을 요구한다. 사랑을 받고만 싶어 한 리어왕은 딸들이 자기를 얼마나 사랑하는가를 그들의 말로써 확인하고 싶어 한 것이다. 첫째 딸과 둘째 딸은 그러한 아버지의 요구에 자신들의 감정을 속이거나 과장하는 말로 리어왕의 어리석은 요구에 부응하는 것처럼 보인다. 큰 딸은 숨이 차도록 아버지를 향한 자신의 사랑을 "저는 말로는 그 모든 것을 표현할 수 없을 만큼 아버님을 사랑합니다. … 값지고 희귀해서 사람들이 소중히 여기는 그 무엇보다도 사랑하옵고. … 자식된 이가 여태껏 드린 최고의 사랑,또 아버지된 이가 여태껏 받은 최대의 사랑… 모든 말을 무력하게 하는 그러한 사랑으로 사랑"한다고 화려한 수사력을 동원하여 말한다.

둘째딸은 언니의 사랑 이상으로 아버지를 사랑하노라고 하면서 "언니가 말하는 것은 제 마음 속에 있는 아버지에 대한 저의 사랑입니다. 그러나 언니의 사랑은 제 사랑에 비해 너무나 부족합니다. 저는 지극히 고상하고 완전한 감정이 가질 수 있는 모든 기쁨을 제 원수로 생각하고 오직 아버지에 대한 사랑 속에서만 참으로 행복을 느낀다고" 지극한 용비어천가를 부른다.

이보다 더 지극하게 사랑의 마음을 표현할 수 있을까? 이 말들의 화려한 성찬이 가짜일거라는 의심은 조금도 품지 않고 리어왕은 행복한 마음으로 두 딸들에게 영토의 삼분지 이를 떼어주며 이어 가장 사랑하던 막내딸의 사랑의 말을 기다린다. 그러나 막내딸 코딜리아는 언니들처럼 진심이 아닌 것을 표현하지 못하는 솔직함과 고집스러움으로 그만 아버지를 단단히 실망하게 만들고 만다. 가장 기대했던 막내딸의 사랑이 그저 "자식으로서 어버이를 사랑할 수 있는 그만큼 뿐"이라는 대답에 리어는 섭섭해서 다시 한 번 잘 표현해보라고 안타깝게 종용한다. 하지만 끝내 진심을 과장하지 못하는 코딜리아의 담담한 반응에 리어의 분노는 폭발한다. 그리고 그는 성급하게도 당장에 그토록 사랑하던 막내딸에게 유산증여는커녕 나라에서 당장 떠나버리라는 추방 명령을 내리고 만다. 딸을 추방하면서 그는 "나는 그 애를 제일 사랑하였기 때문에 그 애의 친절한 보호를 받으면서 여생의 전부를 그 애에게 의탁하려고 생각했었다. 저리로 가서 내 눈에 보이지도 말라. 저 애한테서 아버지로서의 애정을 끊어버리느니만치 이제는 무덤만이 나의 안식처가 되리라"고 쓰라리게 자신의 운명을 예견하는 말을 한다.

'그 애의 친절한 보호를 받으면서 여생의 전부를 그 애에게 의탁하려 했었다'는 리어왕의 노후 계획 속에 있는 코딜리아의 정체성은 리어의 딸이 아닌, 어머니로서 그려져 있다. 기대가 컸던 만큼 실망이 컸기도 했겠지만 리어는 막내딸을 당장 추방해버림으로써 스스로의 안정과 행복을 추방해버린다. 여생의 전부를 의탁하려던 양육의 보금자리를 단번에 내침으로써 리어왕에게는 끊임없는 환란이 이어지게 된다.

코딜리아를 내쫓고 왕권과 재산을 큰딸과 둘째딸에게 이양한 리어왕은 큰딸 집에 머물게 되나 곧 그 딸의 냉대를 받게 되는데 여기서부터 그는 그렇게 그를 사랑한다던 말이 외면을 치장하는 장식에 불과했음을 알아가기 시작한다. 큰 딸에게서 냉대를 받고 둘째 딸은 친절하고 편안할 것을 기대하며 그 집에 찾아가지만 여기서도 사랑한다던 말은 재산을 얻기 위한 거짓이었음을 확인하게 된다.

말이란 얼마나 마음을 마음대로 포장할 수 있는 수단인가, 옷만이 우리의 벌거벗은 모습을 가릴 수 있는 것은 아니다. 말은 얼마나 우리의 벗은 몸의 흉함을 가려주고 아름답게도 꾸며줄 가증할 장식품이런가. 달콤한 말로 아버지의 권력과 재산을 가로채고는 무자비하게 아버지를 내쫓는 두 딸의 욕망은 부패와 악의 중심으로 드러난다.

두 딸들에 의해 상처받고 비참해진 리어는 황야로 쫓겨나는데 양육과 보호의 덕망을 배제한 곳에는 더 이상 따뜻한 가족이나 가정의 존재가 자리 잡지 못함을 나타낸다. 작가는 이러한 가정의 해체 현상을 무자비한 자연 현상에 병행하여 표현하고 있다. 리어가 버림받고 쫓겨난 벌판엔 폭풍우가 사납게 불어친다. 천둥이 사납게 으르렁거리고 번갯불이 번쩍이며 비바람이 몰아치는 황야엔 자연의 온유함이나 대지의 푸근함 같은 것은 찾아볼 수 없다. 그러나 리어는 황야의 폭풍우 앞에서 "비바람이여,나는 너희를 불친절하다고 비난하지 않으련다. 나는 너희들에게 영토도 주지 않았고 너희들을 자식이라고 부르지도 않았으니 너희는 나에게 복종할 의무가 없는 것이다. 그러니 네 마음껏 무서운 것을 내려 보내라"라고 울부짖으며 자연의 무정함도 나무랄 수 없다고 말한다.

자식에게 영토를 주었기 때문에 그들이 자기에게 끝까지 복종할 의무가 있다고 하는 리어의 마음 속에 있는 그 생각의 뿌리는 무엇인가. 철저한 기브 앤드 테이크의 정신인가, 그것이 서글픈 생각의 뿌리가 아니었을까? 물질 즉 외면적 힘을 진짜 힘의 뿌리로 생각하며 살아온 가치관 그것은 참으로 모래 벌에 내린 뿌리처럼 힘없이 뽑히고 마는 그런 힘에 불과함을 가르쳐주는 것이 아닐 수 없다. 막내딸의 진심을 알지 못하고 성급하게 그녀를 국외로 추방해 버렸던 리어에게 있어서 성난 폭풍우는 자연의 한 부분인 여성의 착취로 인한 대 자연의 분노로 볼 수 있기도 하다.

극은 계속해서 세 딸들의 어머니에 대한 언급이 없이 진행되지만 그러면서도 그 여생을 여성들에게 의존해야 하는 리어의 상황은 생명력이 있는 자연을 파괴하면서도 계속 자연에 의존하고 살아가야 하는 인간의 상황과도 같다. 바보 광대는 리어에게 "당신은 딸들을 어머니로 만들었어요… 당신은 딸들에게 회초리를 주고 매 맞으려고 바지를 벗어버린 것이예요" 라며 리어왕을 놀린다. 바보 광대는 그저 리어왕의 처지를 비웃으며 조롱하고 있는 것 같지만 뼈가 있는 말이다.

리어왕은 왕으로서 전권을 휘두르면서 자기중심적인 욕망에만 머무르고 있었지만 비참한 지경에 빠지면서 비로소 가난하고 권력 없는 자들의 처지를 이해하고 동정하는 정신적 성숙을 보여준다. 이는 자식을 제대로 훈육하는 어머니의 회초리를 통해 아이가 성숙하는 것처럼 리어도 매를 맞고야 성숙을 이루어감을 이야기해주는 것이다. 광대는 뼈아픈 소리를 한 것이다.

이 극의 말미를 장식하는 유명한 말은 "성숙만이 중요한 것이다"라는 말이다. 자식의 성장을 위한 양육의 주체자인 어머니가 없는 극에서 이것은 참 아이러니컬한 말이 아닐 수 없다. 어머니의 실체는 없지만 사실 리어의 어머니 역할을 하는 이들은 그의 세 딸들임을 알 수 있다. 두 딸은 그들의 악을 통해서 리어를 성숙에 이르게 하고 있고 추방당한 코딜리아는 약속했던 아버지의 처사와는 무관하게 버림받은 아버지를 구하는 과정에서 지극한 어머니의 역할을 담당한다.

가부장의 권위도 힘도 모두 잃어버린 리어는 너무도 억울하고 분한 나머지 광증을 보인다. 머리에는 잡풀로 된 화관을 쓰고 실성해서 황야를 헤매는 모습이 막내딸에게 보고된다. 리어는 더 이상 한 나라의 최고 권력자의 모습도, 자식을 셋이나 둔 아버지의 모습도 아닌 광기로 초라해진 거지꼴의 노인으로 나타난다.

코딜리아에게 보고된 리어왕의 모습은 밭이랑 사이에 나는 잡초와 풀꽃으로 화관을 만들어 쓴 초라한 광인이다. 힘없는 자들을 억압하고 권위로 모든 것을 제압하던 권력의 왕관은 이제 풀꽃과 곡식 사이에서 자라는 잡초들로 대치되어 있다. 한 때 천하를 호령하던 왕관은 이제 하루아침에 시들어버릴 풀꽃으로 대치되어 있는 것이다. 권력의 덧없음을 말해주는 것이리라. 그러나 이런 상태에서 리어는 비로소 생명을 양육하는 휴식을 취하게 된다.

코딜리아는 지쳐 잠들어 있는 리어왕을 회복시키기 위해 "모든 축복의 비방이여, 아직도 나타나지 않은 채 땅 속에 숨어 있는 특효 있는 약초여, 내 눈물에 젖어 자라나오너라"라고 눈물의 호소를 한다. 생명을 구하기 위해 대지의 모성성을 불러일으키는 것을 통해 코딜리아 자신의 모성성을 드러내준다. 대지 속에 숨어 있는 특효 있는 약초는 생명을 새롭게 할 수 있는 자연의 재생력이며 그것만이 구원의 힘이 된다는 것을 코딜리아를 통해 말함으로써 작가는 삶의 힘이 여성의 모성성에 연유함을 깨우쳐준다.

코딜리아는 남편인 프랑스왕을 독려하여 아버지를 구하기 위한 전쟁을 일으켰다며 그것은 공명심에서가 아니고 오직 아버지를 생각하는 뼈아픈 사랑만이 그 동기라고 말한다. 자식의 아버지에 대한 사랑이 아이러니컬하게도 어머니의 자식에 대한 애정보다 진하게 나타난다. 이는 부권 사회의 폭력적 권위의 전복을 보여주는 것이 아닐 수 없다. 그 폭력적 권위가 갈등과 부조화와 죽음을 불러올 뿐이었음을 고발하는 것으로 볼 수 있다. 코딜리아가 마지막까지 보여주는 사랑은 자기중심적 사랑으로 자식들에게 권력을 이양한 리어의 사랑과는 대조적으로, 이기적 자아가 배제된 희생적 모성을 특징으로 한다. 우리를 살리는 힘은 사랑이며 자기중심적 사랑이 아니라 영원히 자기를 희생하여 우리의 생명을 살리는 어머니의 사랑임을 일깨우는 것이 『리어왕』의 마지막 장면이다.

『멕베드』: 에고의 본성

『멕베드』는 셰익스피어의 그 어느 극보다 '두려움'으로 가득찬 극이다. 이례적으로 천둥과 번개가 치는 음산한 분위기 속에서 마녀들이 모이는 장면으로부터 극은 시작된다. 첫 장면의 분위기가 극의 전개 내용을 예시하는 서론 역할을 하는 것이라면 첫 장면이 암시하는 주제는 분명 인간 삶을 위협하는 불안과 두려움이라고 할 수 있다.

이어지는 두 번째 장면에서는 피 흘리는 군인이 등장해서 전쟁터의 격전 소식을 전한다. 던컨왕을 배신한 반역자인 코더의 영주를 처단한 맥베드의 무공을 보고하는 장면은 살벌한 전쟁터의 공포스러운 분위기를 그대로 전해준다. 이렇게 초반부터 두려움에 사로잡히게 하는 음울한 극은 결국 살인자 주인공이 복수를 당하는 처참한 장면으로 끝난다.

마녀들이 연출하는 음산한 분위기는 두려움이 잠재한 인간의 내면을 표출하는 것처럼 보인다. 군신간의 믿음, 부부간의 애정, 친구간의 우정에서 재빨리 반역, 배신, 죽음, 파괴, 혼란 등 분리의 현상으로 이어지는 극의 구조는 비극의 원인이 인간들 사이에 소외와 분리를 가져오는 욕망에서 연유하는 것임을 짐작케 한다. 역으로 보면 자아중심의 욕망이 인간 세상의 분리와 파괴를 가져온다는 비극의 일반적 현상을 단순하게 이야기하는 것처럼 보인다.

극은 왕을 배신한 반역의 소재가 중심을 이루고 있다. 반역자를 처단한 맥베드는 곧 자신이 반역자가 되고 극의 말미에서 반역자 맥베드를 처단한 맥더프는 다시 말콤을 반역할 수 있는 가능성을 배태하고 있다. 왕을 배신한다는 소재는 왕이라는 역할로 상징된 대자아와 분리된 소자아, 또는 에고의 두려움을 주제화하기에 적합하다.

인간은 '궁극적 전체', 또는 우주와의 합일을 향해 가려는 직관적 요구가 있지만 동시에 인간을 구성하고 있는 소자아, 에고는 이것을 자아존재감의 상실로 인식하여 현재의 분리의식을 유지하려는 것이 전략이라도 한다. 그러면서 에고는 필연적으로 두려움을 느끼고 그 두려움을 상쇄하기 위한 대체물을 추구하는데 지상에서의 물리적 대체물로서의 최선은 왕이라는 최고 권력이라고 할 수 있다. 왕의 권력을 소유함으로써 분리된 자아로서의 두려움에서 벗어나려고 하지만 그 대체물은 통합된 의식을 통한 평화를 주기보다는 더 큰 두려움을 야기시킬 뿐이다. 이 극은 분리된 자아인 에고의 극단적 욕망과 두려움이 인생을 파멸시키고 만다는 것을 맥베드라는 에고의 상징적 인물을 통해 보여주고 있다.

극의 첫 장면에서 마녀들은 "전쟁이 이기고 졌을 때" 맥베드를 만날 것을 약속한다. 이원적 세계의 어느 한쪽 편이 아닌, 통합적 관점에서의 시간을 내포하고 있다. 또 그들은 "선한 것이 악한 것이고 악한 것이 선한 것"이라는 의미심장한 말을 던지면서 사라진다. 이 또한 선한 것과 악한 것, 아름다운 것과 추한 것을 대립시키는 이분법적 논리를 추월하는 통합적 의식의 선언이다. 그러나 맥베드 드라마의 출발은 이원적 관점의 극단적인 측면을 노출하면서 시작된다. 왕에게 충실하던 선한 코더의 영주는 악한 반역자로 정죄되고 그 반역자를 처단한 멕베드는 영웅적 선인으로 부각되면서 무대에 등장한다. 이렇게 극은 이원법적 세계의 모순과 역설을 드러내며 아군과 적군을 가르는 것이 관점의 문제며 선과 악의 판단은 절대적 진리가 아닌 주체의 분리의식에서 비롯됨을 암시하며 시작된다. 따라서 왕을 위한 충성은 왕의 입장에서는 선이지만 그 충성된 행위는 살인을 저지르는 악한 행위며 그 동기 역시 절대적 시각에서 볼 때의 정의가 아니라 행위자의 에고의 욕망임을 암시한다.

프로이드는 "에고는 이드의 의도를 수행해야 하며 이드의 의도가 가장 잘 성취될 수 있는 환경을 찾아내는 임무를 갖고 있다"라고 욕망과 에고와의 관계를 정의한 바 있는데 에고란 욕망을 이루려는 힘이며 "에고는 이원주의와 함께 태어난 분리된 자아감의 결실"이라는데 자아는 타자와의 관계에서 언제나 자기의 유익만을 추구하고 타자를 배제하려는 욕구를 갖고 있다.

"자신의 유익을 위해서라면 어떤 희생이라도 하겠다"라고 하는 맥베드의 절규는 극단적 에고의 특징을 나타낸 것이라고 할 수 있다. 에고의 욕망은 자신의 유익을 위한 무분별한 욕망의 힘으로 표현되지만 근원적으로는 무제한의 자기 확대 요구라고 할 수 있으며, 전체성, 또는 우주와의 합일 요구에 대한 대체물을 찾으려는 본능적 힘이라고 할 수 있다. 그래서 반역자를 처단하고 온 충성된 신하가 다시 반역을 꾀해 왕을 시해한다는 소재는 정의가 처음부터 위장된 에고의 욕망임을 알려주는 것이다.

에고의 정체를 드러내는 데 있어서 '왕의 살해'는 아주 적합한 소재가 아닐 수 없다. 인간은 전체성으로의 합일을 원하면서 동시에 분리된 자아감각의 죽음을 인정하려 하지 않기 때문에 실제로는 그것을 방해하며 상징적인 대체물을 찾는 방식으로 개별적 존재의식을 초월하고자 한다. 이런 대체물은 성, 음식, 돈, 명성, 지식, 권력 등의 여러 가지 형태를 갖는다. 그런데 이런 대체물들은 대리만족을 줄 뿐이므로 욕망은 만족되지 않는다. 그러나 개별적 존재가 원하는 것이 무한하고 전체적인 신, 또는 아트만이기 때문에 그 대체물의 최고 상징은 왕으로서 적합하다.

초기 도시 국가 시대에서부터 사람들은 현실적으로 접촉할 수 있는 신을 원했던 바, 족장 또는 왕이 그런 신의 대체물이 되었던 것이다. 자신들의 삶을 현실적으로 보호하고 부양하는 신적 존재로서의 왕이 필요했던 것이다. 그러나 그런 신에의 복종 의지는 진실한 통합을 대체하는 것일 뿐이다. 에고는 더 큰 힘에 대한 복종에 머무르지 않고 다시 스스로 신이 되고자 하는 욕망으로 권력에의 의지를 키운다.

신하가 왕을 배신하고 왕권을 쟁취하고자 반역을 꾀하는 것이 스스로 불멸의 위치를 소유하고자 하는 욕망임을 암시하는 측면에서 왕들에게 신성성이 부여되어 있음을 극 중에서도 보여주고 있는데 맥베드는 던컨왕을 죽이려 할 때 그 왕이 감히 함부로 죽일 수 없는 신성한 왕임을 환기한다. 말콤 왕자가 맥더프에게 설명해주는 영국 왕의 모습은 신으로부터 받은 능력으로 백성들의 병을 고쳐주는 신성한 왕으로 드러난다. 또한 말콤 왕자가 왕의 자질로서 거론하는 속성들인, "정의, 진실, 절제, 안정, 관대, 백절불굴, 자비, 겸손, 헌신, 인내, 용기, 굳건함"등의 미덕들은 총체적으로는 신과 같은 존재나 갖출 수 있을 듯한 속성들이다. 이 작품의 주 소재인 왕에 대한 반역은 곧 이러한 신성성에 대한 반역이라고 할 수 있다. 인간은 한편으로는 신성성과의 합일을 추구하면서도 신성과 분리되어 있다는 데 대한 두려움을 갖고 있다. 이것은 신에의 복종에 실패한 인간의 원초적 두려움으로 에덴 동산의 신화에까지 거슬러 올라가 살펴볼 수 있는 공통적 정서라고 할 수 있다.

처음부터 끝까지 두려움에 떠는 맥베드에 비해서 맥베드 부인은 두려움이 없는 악의 힘으로 가득찬 인물로 평가되지만 그녀가 살인을 계획하며 인간을 돕는 악령들을 부르는 것은 혼자서 목적 달성을 하기에 용기가 부족하다는 것을 드러내는 것이며 더 큰 힘을 구하는 것이기에 "두려움이 없는 것이 아니고 더 큰 두려움이 있는 것"이라고 해야 옳을 것이다. 끝까지 극을 지배하고 있는 중심 분위기는 두려움이다. 이 비실제적 악에 대한 두려움이라는 것이 분리된 존재감을 유지하고자 전체와의 통합을 방해하는 에고의 속성이 필연적으로 안고 있는 두려움이라고 할 수 있을 것이다.

에고는 근본적으로 합일의 욕구, 또는 완전함에의 욕구를 못 깨닫게 하는 것이 전략이라서 언제나 분리된 자아감을 유지하려고 한다는데 맥베드가 에고의 전략에 휘말려 범죄를 저지르고 난 후 극 중에 나타나는 개체간의 분리는 더욱 뚜렷해진다. 부인을 사랑하여 좋은 소식을 한시 바삐 알리고자 했던 맥베드는 살인 이후 부인과 자기의 계획을 전혀 상의하지 않는 등 부부 사이에는 뚜렷한 분리의 간격이 생긴다. 친구와의 사이가 원수가 되고 신하들과 군주간의 분리가 빠르게 진행되고 곳곳에서 분리의 현상이 심화된다.

에고는 자신의 우월감을 통해 존재의식을 높이기 위해 부단히 노력할 뿐이다. 그 일환으로 에고는 자신과 동일시할 대상을 끊임없이 추구하는데 견고하고 특별하고 영원한 것과의 동일시를 통해 안심 내지는 안정감을 확보하고자 하는 것이 그 목적이라고 할 수 있다. 마녀 헤카티는 "안심이 인간의 최대의 적이다"라고 한다.

자신과 동일시할 수 있는 물질계의 욕망 대상을 통해 안심을 얻으려고 하고 그 안심을 바탕으로 필멸의 존재임을 잊으려는 것이 에고의 전략이고 이 에고의 전략은 전체와의 합일을 방해하기 때문에 '안심'이 인간 최대의 적이라고 할 수 있을 것이다. 그런데 그것이 물질이든 권력이든 에고가 욕망하는 것은 결코 온전히 소유될 수 없다는 데에 문제가 있다. 욕망된 객체의 상실 가능성은 이미 그 속에 미리 들어가 있음으로 해서 모든 소유는 불안의 근원이 된다. 그래서 맥베드는 그토록 욕망하던 왕관을 얻고도 "모든 것을 다 바쳤는데 아무 것도 얻은 것이 없다"고 한탄한다.

던컨왕을 죽이고 왕궁과 왕권을 얻었지만 '안심'은 더욱 멀어지고 두려움은 배가 될 뿐이다. 이 두려움을 떨쳐버리고 안심을 확보하기 위해서 뱅코를 살해하고 맥더프의 가족들을 살해하고 끝없는 죄의 사슬을 이어가지만 두려움의 공포는 커져만 간다. 맥베드는 "여자가 낳은 자는 맥베드를 해지치 못하리라"라는 말과 "버남 숲이 높은 던시네인 언덕까지 공격해오지 않는 한 맥베드는 정복되지 않는다"는 마녀들의 말에 의지하여 안심을 확보하고자 한다. 그러나 결국 버남숲이 움직여 맥베드의 환상을 깨는 장면에서 작가가 암시한 듯 보이는 것은 결코 이세상의 물리적 대상은 그 어떤 것도 인간에게 확고한 안전을 보장해 줄 수 있는 것은 없다는 것이다.

'여자가 낳은 자는 맥베드를 해칠 수 없다.'라든가 '버남숲이 움직이기까지는 맥베드는 정복되지 않는다.'라는 말에 의해 안심을 얻으려는 욕망의 저변에는 결국 죽음에의 두려움이 있다. 에고의 궁극적 저변 정서는 죽음에의 두려움이며 에고의 모든 전략은 이 두려움을 없애기 위함이라는 것이다. 에고에는 언제나 이 불안감이 자리잡고 있기 때문에 용감한 것처럼 보일 때도 그것은 두려움의 억압임을 알 수 있다.

그런데 분리된 자아인 에고로서는 죽음과 죽음의 공포를 억압해야만 하고 죽음의 공포를 없앨 방법이 없으므로 죽음을 부인할 수밖에 없다는 것이다. 맥베드는 죽음을 부정하고 죽음을 피하고자 안간힘을 쓰지만 결국 실패하고 마는 인간의 보편적 모습을 보여줄 뿐이다.

죽음에의 두려움을 잊으려는 에고의 노력은 끝없는 시간요구로 이어진다. 내일을 연장시킴으로 끝없이 죽음을 유예하고 싶어 한다. 에고는 끊임없이 과거와 미래에 마음을 빼앗긴다. 마녀들이 전장에서 돌아오는 맥베드를 만났을 때 그들은 맥베드를 과거, 현재, 미래의 칭호로 부르는데 맥베드는 그것을 듣는 순간 승리의 기쁨을 잊어버린다. 현재의 승리의 기쁨에 머무르지 못하고 앞으로 갖게 될 권력의 칭호에 마음을 빼앗기고 만다. 맥베드의 마음이 현재의 시간을 뛰어넘어 미래에 가 있는 것과 마찬가지로 맥베드가 왕이 된다는 소식을 들은 맥베드 부인은 맥베드를 맞이하면서 "당신의 편지는 아무 것도 모르는 현재를 뛰어넘게 하여 지금 저는 이 순간에 미래를 느낀다오"라고 말한다. 그러나 아이러니컬하게도 그녀는 던컨왕이 그들의 성을 방문했을 때 "태양은 결코 그 내일을 보지 못할 것이요"라고 말한다. 에고는 언제나 현재를 떠나 시간을 유예시키려는 전략을 갖고 있지만 기다리는 내일이 되어도 희망했던 그 내일을 즐기지 못하고 또 마음을 미래로 떠나보내기 때문에 태양은 결코 그 내일을 보지 못하는 것이다.

에고는 현재에 만족하지 못하는 속성 때문에 현재 순간이 아닌 것만을 원한다고 한다. 결핍감이 만족될 때까지 무언가 채울 것을 찾아다니기 때문에 현재에 머무르지 못하는 것이다. 맥베드는 부인이 죽었다는 소식을 듣고 "내일, 내일, 또 내일은 하루 하루 기록된 최후의 순간까지 작은 걸음으로 기어들어 오고 우리의 어제라는 날들은 모두 어리석은 자들이 티끌로 돌아가는 죽음의 길을 비추어준다. 꺼져라 덧없는 촛불이여!"라고 서글픈 독백을 하며 내일만을 바라보고 현재를 거부해 온 날들의 어리석음을 돌아본다.

분리된 자아로 살아온 세월에는 오늘이라는 날이 없고 내일, 내일 하며 현재를 유예시킨 기억만이 있을 뿐이다. 어제라는 과거와 내일이라는 미래는 없는 것인데 어제가 비추어주는 길에서 내일만 바라보며 산다는 것은 오늘이라는 삶을 실종시킨 채 산다는 것과 다름없다.

어리석은 자들은 오늘을 살지 못하고 티끌로 돌아가고 마는 덧없는 존재며 잠깐 빛을 비추다가 꺼져버리는 단명한 촛불 같은 존재라는 것이다. 어제에 매여 있거나 내일만을 기다림으로써 현재의 실제 삶을 놓치며 사는 인생은 걸어 다니는 그림자에 불과한 인생임을 맥베드는 비로소 자각하고 있다.

불교에서나 힌두교에서 말하는 것 역시 인간의 근본적 정체성은 불멸의 통합적 자아인데, 부분적이며 분리된 자아인 에고는 새로운 자아에 눈뜨지 못한 상태로 걸어 다니는 그림자처럼 인생을 산다는 것이 맥베드가 자각한 인생이다. 철학자 키엘케고올도 인간 조건에 대한 이러한 깨달음이 자신을 초월할 수 있는 길이며 궁극적 힘과의 관계, 즉 초월의식을 이룰 수 있는 문이라고 한 바 있다. 맥베드는 내일, 내일 하며 산 인생이 걸어 다니는 그림자의 삶에 불과했으며 참 자아로서 살지 못하고 무대 위의 배우와 같이 역할놀이만 하다가 잊혀지고 마는 아무 의미 없는 인생임을 깨닫는다. 그는 에고의 덫에 갇혀있던 수동적 존재에서 비로소 덧없는 인생을 바라보는 목격자가 되는 것이다.

자신이 분리되어 있는 존재가 아니며 자신이 전체라는 의식으로 깨어나는 것이 초월의식이라면 초월의식으로의 첫 단계가 이 에고를 자각하는 것이다. 소유나 권력을 통해서 회피하려던 근본적 두려움에 직면하여 두려움의 정체를 파악하는 것이 합일의식으로 통하는 첫 관문인 것이라면 맥베드는 죽음 직전에야 그 관문을 바라보게 되는 것이다.

권력이나 역할과 자신을 동일시한다는 것은 배우로서 잠시 무대 위에서 우쭐대다 잊혀지는 존재일 뿐이라는 것이다. 잠시 걸쳤다가 벗어버리는 옷과 같은 명예나 권력을 자신과 동일시하려는 경향이 에고의 전략 중 하나라서 극은 처음부터 왕이라는 지위를 옷의 이미지로 비유하고 있다. 던컨왕의 신하 로스가 맥베드를 코더의 영주로 지칭하자 맥베드는 "왜 내게 빌려온 옷을 입히느냐?"고 반문한다. 자기가 추구하고 욕망하는 권력이 영원한 안심을 줄 수 있는 것이 아니라 일시적으로 입었다가 벗는 옷과 같은 것임을 스스로 인정하는 아이러니컬한 의식이 아닐 수 없다. 이렇게 인간은 그것이 영원한 것이 아님을 알면서도 소유와 권력과 명예를 추구하는 욕망의 노예로 사는 것이 전형적임을 맥베드는 역설과 아이러니 속에서 보여주고 있다.

『맥베드』 : 환상적 자아

셰익스피어의 비극『맥베드』는 그의 다른 어떤 극보다도 빛과 어둠, 환상과 실제, 선과 악, 자연스러움과 부자연스러움, 여성과 남성, 충성과 반역 등 끊임없는 대조와 이원적 대립구조로 짜여져 있다. 그래서 우리는『맥베드』를 읽으면서 셰익스피어는 인간사회가 과연 대립 구조의 사회이며 그 중에 우리가 무엇을 선택해야 하는가에 대한 지침을 주고 있는가 질문하게 된다. 이러한 대조와 대립 구조를 통해서 작가가 드러내고자 한 삶의 진실은 무엇일까? 셰익스피어는 분리된 듯 이보이는 이원적인 것들이 사실 분리된 것이 아니고 서로를 포함하는 것이며 두 개의 다른 영역이 아니라 서로 다른 두 관점에서 본, 같은 것들임을 말하고자 한 것이라고 생각된다. 즉 셰익스피어는 눈으로 보이는 세계는 이원적 대립구조로 되어 있지만 그것은 실재가 아니며 환상이라는 것을 그의 전 작품을 통해 드러내고 있다.

맥베드의 비극의 최대 오류는 왕이 되는 것이 던컨왕을 살해한 결과로 얻어지는 것이며 그것이 현재보다 나은 행운이라고 착각한데 있다고 할 수 있다. 맥베드의 에고는 자기의 행복을 위해서 자신이 무엇인가 결과의 원인이 될 수 있는 행위를 해야지만 행복이라는 결과를 얻을 수 있다는 생각에 빠진 것이다. 그 생각을 움직이게 한 힘이 곧 마녀들의 힘이다. 마녀는 그래서 에덴동산에서의 뱀처럼 우리 인간의 에고를 강화하는 힘으로서의 상징성을 갖는다고 하겠다. 또한 맥베드 부인은 살인을 앞두고 "유한한 인간의 생각을 부추키는 정령들이여 오라!"라고 어둠의 영들을 부르는데 이 인간의 생각이라는 것이 육체적 에고인 환상적 자아이며 마녀와 동일시될 수 있는 힘이라고 할 수 있다.

맥베드는 용감한 맥베드이자 비할 바 없이 귀중한 신하에서 악한이며 도살자로 전락하고 마는데 같은 인간이 완전히 다른 극한 대립의 명칭으로 변화한다. 던컨왕은 반역자로부터 나라의 위기를 구하고 자신을 위해 용감히 싸워준 맥베드에게 합당한 보답을 다 하지 못해 안타까워 할 정도로 그의 가치를 높이 평가하였지만 그는 맥베드 장군의 자기에 대한 충성된 행위를 평가한 것이라고 할 수 있다.

적과 싸울 때의 맥베드의 잔인함은 던컨왕의 편에서는 용감함으로 평가되지만 그가 던컨왕으로부터 등을 돌렸을 때 그 용감함은 도살자의 잔인함과 다를 바 없어진다. 맥베드 자신이 "인생은 무대 위의 배우"라고 한 바와 같이 맥베드의 충성됨은 연극 무대에서 연기했던 한 장군의 충성된 역할일 뿐이었다고 할 수 있다. 그것이 맥베드의 참 자아가 아닌, 그가 맡은 역할이었으며 역할은 환상적 자아의 한 형태이지 결코 그 자신의 본체가 아니기에 바뀌어가는 자아는 얼마든지 상황에 따라 다른 역할로 나타날 수 있다는 것이 이 극이 시사하는 바일 것이다.

역할로서의 자아의 문제를 이 극에서는 의복 이미지로 효과적으로 나타내고 있다. 왕위를 옷에 비유하여 말함으로써 역할이나 지위, 명성 등은 실제 자아가 아니라 입었다 벗을 수 있는 옷과 같은 일시적이라는 것임을 의복의 이미지로 암시하고 있다. 옷을 그 사람의 정체성으로 잘 못 동일시할 수 있음을 시사하는 것이다.

맥베드가 그의 독백에서 "인생은 걸어 다니는 그림자에 불과한 것"이라고 하듯이 인간의 외면적 정체성은 그림자에 불과한 것이고 이 세상에서의 역할이나 타이틀로 지칭되는 정체성은 그림자 같은 환상적 자아에 불과한 것임을 나타내는 것이다. 맥베드는 용감한 맥베드에서 나약하고 겁 많은 허약한 존재로 변화한다. 그의 자아는 자만심과 두려움에 의해 지탱되며 용감함은 거침없는 살인 행위 속에서만 위력을 발휘한다. 지속성과 생존을 확보하려는 자아는 죄에 죄를 더하는 폭력으로 외면화되고 있다. 선한 속성이던 것은 이렇게 악역에 기여하는 속성이 된다. 소자아의 가장 큰 두려움은 결코 죽을 수 없는 참자아를 자각하지 못하는데서 오는 두려움으로서 죽음을 피하고자 하는 집착이 강하게 나타난다. 맥베드는 마녀들로부터 그가 죽음으로부터 안전하다는 예언을 듣고 자신의 생존 욕구에 대한 안전보장을 받은듯 일시적이나마 두려움에서 벗어나 안심하게 된다. 그러나 그는 아내의 죽음 소식을 듣고 또한 자신의 죽음도 임박했음을 깨달으면서 죽음에의 안심이 환상에 불과했음을 자각하는 독백을 하게 된다.

자아가 완강하고 집요한 두려움을 보이는 이유는 자기 행위의 심판에 대한 두려움 때문이고 심판은 곧 죽음을 의미한다. 맥베드는 살인죄를 저지른 후 자신이 거짓 자아에 속고 참자아를 잃어버렸다는 인식을 하게 되는데 그것은 "뱅코우의 자식들을 위해서 나의 영원한 영혼을 악마에게 팔았다는 탄식에서 그의 참자아에 대한 인식의 편린을 볼 수 있게 된다. '영원한 보석'이라고 지칭된 영혼이야말로 죽음을 두려워하지 않아도 되는 영원한 생명이라는 의미를 갖고 있는 것이기 때문이다. 여기에서 언급된 '영원한 보석'이라는 것이야말로 그의 본체로서 에고의 힘의 확대를 위해 왕위를 찬탈하고 그 죄의 댓가인 죽음을 두려워하며 환상적 약속인 마녀들의 예언에 의지하며 고통을 이어가는 맥베드의 환상적 자아에 대비되는 참자아라고 이야기 할 수 있을 것이다.

노르웨이 왕을 도와 나라를 전복하려 했던 코더의 영주 자리를 맥베드에게 내주면서 던컨왕은 코더의 영주가 잃은 것을 맥베드가 얻었다고 말하는데 나중에 코더의 영주의 죽음을 전하는 말콤왕자의 보고에 의하면 지위를 잃은 코더의 영주는 그 사건을 통해 참된 자신을 되찾은 것처럼 묘사된다. 가장 귀한 목숨을 초개처럼 의연히 버렸다는 것은 생전의 무대에서 받은 역할인 코더의 영주의 반역 역할을 마치고 지위에 불과했던 환상적 자아를 벗어버렸다는 것을 의미한다. 참자아에의 눈뜸은 환상적 자아를 벗어버렸을 때 가능한 일이라는 것을 유추할 수 있다.

『맥베드』라는 작품은 '낮의 선한 것'과 '밤의 검은 대리자들'과의 견고한 대비를 보여주는 것처럼 보인다. 그러나 더 깊은 수준에서 이러한 대립적 요소들은 절대적 미덕과 악덕을 각기 구현하고 있다고 보는 견해가 이 작품을 읽는 일반적인 견해일지도 모른다. 그러나 진실과 거짓, 충성과 반역, 용감함과 비겁함, 여성성과 남성성, 천국과 지옥, 자연스러움과 부자연스러움 등 이원적으로 대립되는 요소들을 가지고 셰익스피어는 그것이 환상적 자아의 시각에서 비롯되는 것임을 암시하고 있다.

극의 첫 장면에서 "태양이 떠오르는 동쪽에서 배를 태질하는 사나운 비바람과 무서운 천둥이 치듯이, 행운이 솟구치는듯한 샘에서 액운이 솟아올랐습니다"라고 맥베드의 전투장면을 알리는 병사의 이야기에서 우리가 이원적으로 보는 물리적 현상의 근원은 결국 같다는 것을 밝히고 있다.

코더의 영주의 배신과 최후 소식을 듣고 던컨왕은 "사람의 얼굴로 봐서 그 마음 속을 알 길이 없다"라고 탄식하며 곧 바로 등장하는 맥베드를 "오, 훌륭한 사촌" 하면서 맞이한다. 던컨왕의 시각을 통해서 보여지는 '불충함'과 '훌륭함'의 대상들은 그 형용받는 대상들의 본질과 상관없는 주관적 판단에 의한 환상일 뿐임을 알 수있다. 주관적 판단이 이원성을 만들고 대립 구조를 만들며 환상적 현실을 창조하는 것이다.

던컨왕이 맥베드의 성을 방문했을 때 뱅코의 말에 의하면 그곳의 자연은 여전히 아름답고 시절을 좇아 자연스럽게 향기로운 기운이 감돌고 있으나 맥베드의 성은 이미 살의의 어두운 기운으로 가득 차 있는 상황이다. 즉 물리적인 현상은 중립일텐데 승리의 기쁨과 신하에의 사랑으로 가득찬 던컨왕의 시각으로는 맥베드의 성의 풍경이 아름다운 형상으로 비치고, 살의의 계획을 세우고 있는 맥베드 부부에게는 갈가마귀가 죽음을 알리는 어두운 성으로 변한 것이다. 객관적인 물질계는 인간의 주관적이고 감각적인 체험을 통해서 존재한다는 것인데 아름다운 풍경도 음울한 환경도 주관성이 빚어내는 이원 대립적 구도요, 환상이라는 또 하나의 예가 될 수 있을 것이다.

아내의 죽음 소식 앞에서 읊조리는 맥베드의 독백 속에는 지나간 인생 내내 영혼의 양육보다는 흙으로 돌아가고 마는 육체의 길에 매달려 소모적인 인생만을 살아왔음에 대한 한탄이 절절하다. "꺼져라, 덧없는 촛불이여!"라는 절규는 말할 것도 없이 흔적 없이 허무하게 태워버린 덧없는 환상적 삶을 이야기해준다. "인생이란 걸어가는 그림자에 지나지 않는다"는 환상적 자아의 삶은 실체의 삶이 아님을 자각시켜주는 말이고 "잠시동안 무대 위에서 우쭐대지만 얼마 안가서 잊혀지는 가련한 배우"에서는 실제 자아를 잊고 역할로서만 사는 환상적 자아는 가련한 배우에 불과하다는 것이다.

내적 진실과 외적 경험이 다를 수 밖에 없는 가련한 배우같은 삶은 환상적 자아가 주체가 되는 사람의 불가피한 인생일 수 밖에 없다. 또 인생이 무대 위의 배우와 같다는 말 속에서는 극은 언제나 현재의 극이며 무시간적 순간의 일들을 나타내는 것이라면 언제나 인생은 무대 위에 있는 현재의 그 순간일 뿐인데 우리는 내일, 내일하며 인생을 살고 어제라는 시간이 비추어 주는 죽음의 길만을 바라보며 걸어가는 어리석은 존재라는 의미로 읽을 수 있다.

"소음과 분노로 가득찬, 아무 의미 없는, 바보들이 들려주는 이야기"라는 것은 부와 명성과 명예만을 쫓는 인생은 소란하게 떠드는 바보들의 이야기처럼 아무 의미도 없이 흙으로 돌아가고 마는 인생임을 말해주고 있다. 반역자로 처형 당하면서 죽을 때는 훌륭한 최후의 모습을 보였다는 코더의 영주처럼 맥베드는 죄의 고통을 겪으면서 허상의 꿈을 쫓는 환상적 자아의 삶이 어떠하다는 깨달음을 우리에게 전해준다.

결말에서 말콤은 맥베드를 단지 "죽은 도살자"라고 판단하지만 그가 용감하게 죽음에 맞서는 훌륭한 태도에 독자들은 안도를 느끼며 그렇게도 훌륭한 가능성이 있는 인간이 타락한 것에 동정하게 된다고 하는데 맥베드가 죽음에 용감하게 맞설 수 있게 되었음도 그의 삶에의 깨달음 때문이 아니었을까 생각된다. 그래서 작가는 악한이 그 악행으로 인하여 철저히 벌을 받고 죽는 것에 초점을 맞춘 것이 아니라 욕망으로 인해 죄를 짓지만 고뇌와 고행의 과정을 통해 자아와 인생에 대한 깨달음을 얻고 성숙하는데 초점을 맞춘 것이라고 볼 수 있다. 선행을 장려하고 악행을 경계시키는 권선징악적 주제에 머물지 않아서 악인에 대한 작가의 편파적인 시각이 더 두드러지게 드러나지 않기에 셰익스피어의 비극은 악인에게도 동정의 마음을 품을 여지를 주는 것이다.

맥베드는 왕이 되어 진정한 자아를 잃어버리고 비극적 결말을 맞이하지만 죽기 직전의 인생에 대한 독백에서 보면 환상적 자아인 에고의 욕망에 이끌리어 사는 인생은 바보들의 행진이며 가련한 배우의 인생일 뿐이라는 것을 깨달았음을 보여준다. 설사 맥베드가 참자아의 깨달음에 이른 것이 아니라 할지라도 적어도 관중으로서 맥베드의 욕망과 죄와 고통의 과정을 보면서 그러한 삶은 그의 독백이 의미하는 바와 같은 인생일 뿐이라는 깨달음을 얻을 수 있다는 것이다.

맥더프와 말콤은 왕이었던 맥베드를 처단했다는 의미에서는 반역자로서 왕권을 찾은 셈이다. 이러한 결론은 무너지기 쉬운 왕권의 속성을 나타내는 표시일 수 있다고 말하지만 마지막에 “동포들을 불러들이고 잔혹한 무리들을 색출해내는 일”을 하겠다는 말콤의 말에서 작가가 암시하는 것은 여전히 아군과 적군을 가리는 이원대립적 소자아의 삶은 계속될 것이며 그런 한 결말은 언제까지나 반역의 역사가 되풀이 될 것이라는 암시로 읽혀질 수 있다.

『맥베드』 : 욕망의 해체

『맥베드』는 욕망의 대상을 얻고 나면 우리의 행복은 더 이상 그 대상에서 오지 않는다는 것을 말해준다.

우리는 날마다 우주에서 들려오는 수많은 메시지들을 들으며 산다고 할 수 있다. 그것들이 내게 들려온다는 것은 그 소리들 속에 내가 주목해야 할 메시지가 있다는 것일 수 있다. 그것들은 대부분 나의 내면의 추구에 대한 응답이든지 내면의 욕망에 대한 반응일 수 있다. 맥베드는 마녀들의 말에 홀리지만 그 마녀는 우리 내면의 욕망일 수 있고 맥베드의 실수는 욕망의 소리에 잘 못 반응한 것일 수 있다.

스코틀랜드의 장군이었던 맥베드는 적군을 무찌르고 돌아오는 길에 마녀들을 만난다. 마녀들은 맥베드 장군에게 장차 왕이 되실 분이라는 예언을 한다. 왕이 되리라는 마녀들의 예언을 듣는 순간부터 맥베드의 마음 속에서는 승전의 기쁨도 사라지고 왕이 되고픈 욕망의 불꽃만이 이글거리고 타오른다.

멀쩡하던 마음 속에 죄를 심은 존재가 마녀라는 것에 주목할 필요가 있다. 마녀는 과연 실재하는 존재인가? 엘리자베스 시대의 사람들에게 믿어지던 마녀의 존재와 21세기 과학시대에 갖게 되는 생각과의 차이를 논할 필요는 없다. 마녀는 욕망의 불을 당긴 존재로서의 의미만으로 생각해도 족하다. 마녀는 분명히 시대를 떠나서 인간 안에 존재하는 실체다.

마녀들이 길을 막아섰을 때 맥베드와 동행하던 친구 뱅코우 장군은 이렇게 말한다. "땅위에 사는 것들 같지는 않은데 그래도 땅 위에 있구나. 너희들은 살아있는 것들이냐?" 뱅코우의 이 질문은 일생 우리 스스로에게 물어야 할 질문인 듯하다.

뱅코우의 물음에는 아무 답이 없이 맥베드의 가슴에 불같은 꿈을 심어주고 마녀들이 사라지자 뱅코우는 다시 외친다. "물에 거품이 있듯이 땅에도 거품이 있는 모양이다. 우리가 이야기를 나누던 마녀들이 사실로 있었을까? 아니면 우리가 혹시 이성을 마비시키는 광란초를 먹은 것이 아닐까?" 그렇게 있는 듯 없는 듯 바람처럼 나타나서 왕이 되리라는 욕망의 씨앗만을 뿌려놓고 사라져간 마녀들은 그 바람의 씨앗이 살인이라는 현실로 드러나고 다시 죄책감이라는 무서운 독초를 가슴에 자라게 한 장본인들이다. 왕위는 기대했던 행복을 실제로 가져다주지 못한, 화관만도 못한 힘없는 쇳조각에 불과했다.

"원하는 것을 얻었지만 만족은 없구나. 왕을 없애고도 참된 기쁨을 얻을 수 없으니 차라리 없어지는 몸이 되는 것이 더 안전할 것이다"라는 회한 속에 욕망의 허구가 드러난다. 욕망과 죄책감의 감옥에서 해방되길 꿈꾸던 이들은 "공포 속에서 음식을 먹으며 밤마다 사람을 괴롭히는 그 무서운 악몽 때문에 고통을 받으면서 자고 싶지는 않소. 마음의 고문을 받으면서 미칠 듯이 불안하게 사는 것 보다는 우리의 평안을 얻기 위해서 평안의 세계로 보내버린 그 사람과 같이 죽어 버리는 편이 나을 것이요" 라며 죽음을 간절히 동경하게 된다. 인생의 끊임없는 열병을 다 치른 후에 편안한 잠을 자고 있는 던컨왕을 부러워하며 지옥같은 이승의 감옥에서 해방되고 싶어하는 것이다.

이 얼마나 아이러니한 일인가. 평안을 얻기 위해 평안을 죽여 버렸다니 …… 더 잘 살기 위해 욕망의 손을 뻗쳤는데 그 결과로 간절히 죽음을 원하게 되었다니 이보다 더 큰 아이러니가 있을까?

맥베드의 넋두리 속엔 사유해야 할 것들이 많다. 그는 죽음을 갈망하며 삶의 의미를 해체하고 있다. 삶은 끊임없는 열병이라는 것이다. 마녀들이 지핀 불꽃은 신열을 올려 앓게 만든 병균이었다. 바람 같은 마녀들의 말이 가슴에 뿌린 씨앗은 원하던 것의 형체를 가져다주었지만 그 속에 바이러스를 실은 환상이었다.

형체도 일정치 않고 생명도 없는 바람 같은 마녀들, 그들은 걸어 다니는 그림자들을 지휘한다. 씨앗을 뿌리지만 수확할 것은 여전히 생명도 행복도 없는 허탈한 광풍일 밖에 없게 한다. 마녀는 우리 밖에 존재하는, 우리가 우리의 불행의 원인으로 원망할 수 있는 제 삼의 존재일까? 자신의 삶에서 일어나는 모든 것과 관련하여 그 문제에서의 원인은 자신 뿐이라는데 우리의 운명을 송두리 째 바꾸어 놓는 그 바람의 힘, 그것은 과연 운명인가? 자신인가? 작품 맥베드는 그것을 묻게 한다.

승전을 축하하기 위해 던컨왕이 맥베드의 성을 방문할 때 맥베드 부부는 이미 던컨왕을 살해할 계획을 세우고 왕을 맞이한다. 이미 살육이 예고된 지옥과 같은 맥베드의 성문을 지키던 술취한 문지기는 문을 두드리는 소리에 지옥을 찾아오는 사람들을 맞아들이듯이 말한다. 문지기의 지옥의 형상 묘사는 인간이 조금 더 가지려는 욕망 때문에 스스로 지옥을 만들고 있음을 잘 가르쳐 주고 있다.

문지기는 지옥에 오는 세 종류의 인물들을 거론하는데 첫째는 풍년이 들 것 같은 기대를 하다가 목을 매고 죽은 농부요, 둘째는 두 가지 서약을 하는 거짓말쟁이요, 셋째는 불란서식 바지에서 옷감을 속이는 영국 재단사라는 것이다. 영원한 불길이 타는 지옥에 들어갈 자들이 엄청난 죄를 지은 흉악범들이 아니라 자기가 가진 것에서 조금 더 가지려는 욕망을 가진 자들이라는 것은 인간이 어떻게 자기가 가진 것에서 조금을 더 늘이려는 욕망 때문에 스스로 지옥을 만들어 그것에 빠지는지를 잘 보여주는 것이라고 할 수 있다.

맥베드는 백성들로부터 존경받던 영주로서 사이 좋은 부인과 왕의 총애를 받으며 축복된 삶을 살 수도 있었는데 마녀들의 말에 유혹이 되어 한발짝 더 나아간 욕망 때문에 당장 누릴 수 있었던 축복을 모두 빼앗겨버린다. 경애하던 던컨왕을 죽이고 마녀들의 예언처럼 스코틀랜드의 왕위에 오른 뒤 그렇게 갈망했던 왕위는 그에게나 부인에게나 향유의 기쁨을 주지 못하고 다만 살인의 죄책감과 후회만을 가져다준다.

맥베드는 살인 직후에 이렇게 절규한다. "내가 저지른 일을 생각하기 보다는 나 자신을 잊어버리는 것이 낫겠다"라며 연이어 "이 순간부터는 이 세상의 의미 있는 일이라고는 하나도 없으리. 모든 것이 부질없게 되었다. 명예와 미덕도 다 없어졌고 인생의 술은 다 말라버리고 술 창고에 자랑할 것이라곤 남아있는 술찌끼뿐이다"라고 통탄을 쏟아놓는다. 그리고는 살인의 피를 묻힌 손은 대양의 바닷물로도 씻을 수 없으리라고 절규한다. 그는 자기의 가슴에 새겨진 죄책감을 결코 어떤 물리적인 것으로도 씻어낼 수 없음을 안다.

욕망은 그에게 세상의 모든 것을 다 갖게 해 줄 것처럼 유인했지만 그에게서 가장 소중한 평안과 평안을 상징하는 잠을 빼앗아갔다. 잠 못드는 고통 속에서 그는 부인을 향해 "맥베드는 잠을 죽였소. 그 죄 없는 잠을…근심에 엉킨 실타래를 풀어서 곱게 천을 짜주는 잠, 그날 그날의 노고를 씻어주고 마음의 상처를 달래주는 약, 대자연이 베풀어주는 가장 풍요한 잔칫상이며 인생의 향연에 제일가는 자양분이 되는 잠을 죽였단 말이요"라며 울부짖는다.

맥베드는 고단한 하루의 끝에 무심히 맞이하던 휴식의 세계가 그리도 소중한 것이던 줄을 처음으로 통렬히 느끼며 단 한순간도 평안할 수 없는 불안의 괴로움에 뒤흔들리고 만다. 하루의 노고를 씻어주고 근심의 실타래를 풀어주며 심령이 강건하도록 잔칫상을 베풀어주는 잠을 자지 못한다는 것은 이미 그가 지옥에 들어서 있음을 말해주는 것이 아닐 수 없다. 던컨왕을 죽였다는 것을 '잠을 죽였다'라고 빗대어 표현한 것은 욕망으로 스스로의 평안을 죽여 자기 발로 지옥에 들어섰음을 의미하는 것이기도 하다.

물 한 그릇이면 손에 묻은 피도, 가슴의 죄책감도 다 씻어버릴 수 있으리라 호쾌히 장담하던 맥베드 부인도 치유할 길 없는 몽유병에 시달리다 결국 자결하기에 이른다.

끝없는 욕망의 불길을 태우며 맥베드를 당차게 통제하던 여장부 같던 맥베드 부인은 가엾은 몽유병자가 되어 죄책감에 시달리다 자결하고 마는 것이다. 반역자를 섬멸하던 용감한 애국자 맥베드 장군은 어디로 가고 종잇장 같은 왕관을 쓴 채 그림자처럼 서서 무력하게 부인의 죽음 소식을 접하는 맥베드는 덧없는 촛불의 꺼져가는 심지처럼 초라히 인생의 허망함을 되뇐다.

맥베드의 힘없는 독백처럼 삶의 과정이 그림자로 걸어온 길이었다면 실체는 어디에 있단 말인가? 걸어 다니는 그림자의 마음 속에 커다란 동굴처럼 뚫려있던 욕망의 그릇엔 밑바닥이 없다는 이야기를 셰익스피어는 맥베드를 통하여 전하고 있다. 왕관이란 인간이 인생에서 욕망할 수 있는 최고봉을 가리키는 것일 게다. 왕이 총애하는 최고의 위치에서도 더 이상의 것을 향해 손 뻗치게 되는 그 집요한 욕심의 정체를 맥베드는 보여주고 있다.

그림자에 불과한 육신의 마음 속의 욕망은 아직 이루지 못한 꿈들을 실체의 소유로 만들고 싶어 하지만 그리고 때로 그것들은 실체의 소유가 되어 우리 손아귀에 들어오지만 정작 실체가 되어야 할 행복은 또 한걸음 멀어지고 그 때문에 영혼의 평안은 자리를 잡지 못한다.

이 세상에서 추구할 수 있는 최고의 힘을 상징하는 것이 왕관일진대 그 왕관조차 진정한 힘이 되지 못함을 맥베드는 교훈하고 있다. 영혼의 힘을 잃은 그는 오히려 생애 최고의 무력감 속에 빠져 헤매게 되는 것이다. 결국 자신의 욕망에 속고 마는 것이 인생임을 맥베드는 보여준 셈이다. 바람은 마녀처럼 우리를 속이는 실체 없는 것임을 알려주는 것이다. 죽음 앞에서 맥베드는 삶을 해체하며 삶의 욕망을 해체하여 우리 앞에 보여준다. 무엇을 얻고 무엇을 잃는 것이 삶인지, 정말 잃지 말아야 할 것은 무엇이어야 하는지 가르쳐준다.

스스로 충성을 바치던 왕을 죽여 어둠의 세계로 보내고 맥베드는 차례로 그가 가졌던 소중한 것들을 잃기 시작했다. 부인과의 사랑을 잃어버리고 친구와의 우정을 잃어버리고 부하들의 신뢰를 잃어버리고 가정을 잃어버리고 조국도 잃어버리고 그리고 마침내 그의 목숨까지도 잃어버린다. 그가 얻은 왕관과 그가 잃은 것들을 양쪽 저울에 올려보라. 우리가 얻으려고 하는 것 때문에 무엇을 잃을 것인지 무엇을 잃고 있는 것인지 매순간 따져볼 일이다. 더 행복해지기 위해서 더 이상 필요한 것은 없었는데 마치 없는 그것 때문에 불행한 양 착각하고, 지금 있는 것 마저 잃게 되는 우를 범하지는 않는지 생각해봐야 한다. 더 가지는 것이 더 인생을 행복하게 해줄 것 같아 손을 벌리다가 손에 쥔 것마저 다 놓쳐 버리는 인생의 아이러니를 가슴깊이 느끼게 해주는 것이 셰익스피어의 비극들이다.

『리어왕』 : 생태 여성 주의

셰익스피어의 비극에서 가부장적 남성들이 여성을 억압함으로써 비롯되는 부정적 결과들은 인간이 자연을 억압하고 남용함으로써 초래하는 부정적 결과들과 병행한다. 즉 삶 속의 생명력을 소진시키는 것으로 스스로의 파멸 뿐 아니라 인간 세상의 조화를 파괴하게 되는 것이다. 『리어왕』에서는 독점력 강한 아버지의 권력에 의해 버림받는 딸을 그림으로써 가부장제의 폭력성을 드러낸다.

리어왕은 국왕이라는 막강한 권력의 자리를 세 딸에게 내주면서 그 조건으로 자신을 얼마나 사랑하는가 하는, 사랑의 정도를 말로 표현할 것을 요구한다. 정치적 권력을 내주면서 그것으로 딸들의 감정의 지배권을 사려는 시도를 보이는 것이다. 이 극에서 막내딸 코딜리아는 자신을 위장하거나 속이지 않은 진실의 댓가로 함부로 다루어지며 학대 받고 쫓겨나기까지 한다. 리어의 비극은 변함없는 여성성, 또는 코딜리아가 대표하고 있는 모성성을 무시하고 학대함으로써 비롯되는 것임을 알 수 있다.

셰익스피어의 주요 비극들은 여성적이라고 할 수 있는 너그럽고 동정적인 감정들을 억압하려는 난폭하고 엄격한 남성주의 이데올로기를 그리고 있다고 평가받는다. 그러나 양육과 보호의 덕망을 배제한 곳에는 더 이상 건강한 가족이나 국가가 존립할 수 없음을 드러냄으로서 오히려 작가는 난폭한 남성주의 이데올로기를 비판하고 있다고 보아야 옳을지 모른다. 리어의 난폭함과 어리석음으로 인해 가족의 해체와 가정의 파괴가 일어나며 국가엔 무질서만 팽배해진다. 두 딸에게 버림받고 리어가 쫓겨난 벌판엔 폭풍우가 사납게 불어친다. 천둥이 사납게 으르렁거리고 번갯불이 번쩍이며 비바람이 몰아치는 황야엔 자연의 온유함이나 대지의 푸근함 같은 것은 찾아볼 수가 없다.

양육과 보호의 상징이던 켄트와 코딜리아도 추방하고 모성이 배제된 악한 두 딸들에게 마저 쫓겨난 리어의 상황은 자비함이 거세된 무정한 폭풍우와 가혹한 황야로 비유되어 나타난다. 두 딸의 온정의 상실, 또 모성적인 코딜리아를 상실한 것 등으로 이어지는 여성성의 상실은 더 이상 생명을 보호하지도, 키우지도 못하는, 황량한 황야로 상징되고 있다. 황야의 폭풍우는 대체로 리어의 분노에 찬 마음을 나타내는 것으로 본다. 또 성난 폭풍우는 자연의 한 부분인 여성의 착취로 인한 대자연의 분노로 볼 수 있기도 하다.

인간이 자연을 남용하고 학대함으로써 자신을 양육하는 대지의 생명력을 잃게 하고 결국 자신들도 피폐해져 갈 수 밖에 없듯이 생명을 주는 여성을 학대하거나 또 여성 자신이 양육하는 어머니로서의 온정과 자비를 잃을 때 인간 사회는 피폐해져 갈 수 밖에 없다는 것을 이 극은 말하고 있다.

이 극에는 폭력적 권위에 불복종함으로써 당하는 불행이 코딜리아

외에도 다른 몇 사람을 통해 그려지고 있는데 첫째는 켄트라는 충신의 경우다. 그는 비록 남성이지만 여러 측면에서 리어를 보호하고 감싸며 그를 위해 신분을 감추고 끝까지 희생하는 어머니 같은 존재다. 코딜리아를 추방하려는 왕에게 목숨을 걸고 진언을 하는 켄트의 모습을 보면 진정 자식의 눈을 뜨게 해주려는 어머니의 간곡한 충정을 보는 듯하다. 진언을 했다는 이유로 부당하게 추방을 당한 몸임에도 불구하고 리어의 운명이 바뀌어서 불우하게 된 그 시초부터 자신의 신분을 숨긴 채 왕의 슬픈 발자취를 따라다니며 목숨을 다 해 왕을 봉양하는 켄트의 희생정신이야말로 어머니의 그것과 같은 것이다. 그런 희생정신으로도 왕을 끝내 살리지는 못했지만 그의 조건 없는 사랑은 왕의 마지막 가는 길을 따뜻하고 풍요롭게 해준 힘이었다고 할 수 있다.

에드가 역시 신분을 숨긴 채 자신을 버린 아버지를 끝까지 보호하고 양육하는 어머니 같은 존재로 부각된다. 자신을 오해하고 억울하게 사형 선고를 내린 아버지를 원망하는 대신 끝까지 보호하고 안내하며 목숨을 구해주는 에드가는 켄트처럼 자기를 버리는 희생정신이 자식을 양육하는 어머니의 수준에 이른다. 그래서 간접적이지만 글로스터의 목숨을 구해주는 힘, 즉 생명을 낳는 어머니의 힘을 대변해준다 하겠다. 그는 마지막에 글로스터에게 인생으로 태어난 만큼 떠날 준비도 해야 한다며 "성숙이 중요하다"고 말하는데 에드가가 글로스터의 성숙에 이르는 과정의 안내자가 되어왔음을 인정한다면 에드가의 역할은 자식의 성장을 위한 양육의 주체자인 어머니의 역할이라고 할 수 있다. 가부장의 권위도 힘도 모두 잃어버린 리어에 대한 코딜리아의 마지막 묘사에서는 리어가 이제 온전히 자연에 둘러싸여 있는 모습으로 나타난다.

코딜리아는 지쳐 잠들어 있는 리어왕을 회복시키기 위해 "모든 축복된 비방이여, 아직도 나타나지 않은 채 땅 속에 숨어 있는 특효 있는 약초여, 내 눈물에 젖어 자라나오너라"라고 눈물의 호소를 하는데 이렇게 생명을 구하기 위해 대지의 모성성을 불러일으키는 것을 통해 코딜리아 자신의 모성성을 나타내준다. 대지 속에 숨어있는 특효 있는 약초는 생명을 새롭게 할 수 있는 자연의 힘이며 그것만이 구원의 힘이 된다는 것을 코딜리아를 통해 말함으로써 작가의 생태여성주의적 우주관을 엿보게 해주는 것이다.

코딜리아는 남편인 프랑스 왕을 독려하여 아버지를 구하기 위한 전쟁을 일으켰다며 그것은 공명심에서가 아니고 오로지 아버지를 생각하는 절실한 사랑만이 그 동기라고 말한다. 에드가의 글로스터에 대한 애정처럼 자식의 아버지에 대한 애정이 아이러니컬하게도 어머니의 자식에 대한 애정과 같이 나타난다. 코딜리아와 켄트, 그리고 에드가 등이 보여주는 애정은 자기 중심적 사랑으로 자식들에게 권력을 이양한 리어의 사랑과는 대조적으로, 이기적 자아가 배제된 희생적 모성을 특징으로 한다.

대자연의 모성성은 불모의 땅을 회복시켜서 새롭게 생명을 재생시키는 힘을 갖지만 이 극에서 코딜리아는 모성적 사랑에도 불구하고 결국 리어왕을 회복시키지 못한 채 같이 죽음을 맞는다. 이러한 결말로 인해 이 극은 의미가 없다고 비판받기도 한다. 자기 밖에 모르며 모든 것을 자기를 중심으로 굴복시키려는 힘을 상징하는 리어왕은 그동안 억눌렸던 여성 욕망, 즉 고너릴과 리건에 의해 자신을 바라보게 되며 끝없는 생명의 원천인 자연, 어머니의 사랑을 대변하는 코딜리아를 통해 용서와 화합을 배우게 된다. 육신은 비록 죽지만 자기를 발견하고 타인을 용납할 줄 아는 영혼의 성숙이라는 생의 목표를 달성하게 되는 것이다. 리어는 고통을 통해 인내를 이루고 보상은 받지 못했지만 고통을 통해 얻은 겸손과 인내로 인해 천국에 가게 합당하게 되었다고 보기도 한다.

『안토니와 클레오파트라』: 영적 싸움

셰익스피어는 그의 많은 극작품에서 정체성 문제를 다루고 있다. 그 정체성의 주제에서 공통적으로 포착되는 것은 우리의 정체성이 진정한 '존재'에 근거하지 않고 마음의 활동으로부터 유래한다는 것이다. 그래서 정체성은 고정되지 않고 마음의 활동에 따라 변화한다는 것이다. 작가는 끊임없이 보이지 않고 파괴되지 않는 실재로서의 존재성에 대한 암시를 주고 있지만 그것을 찾지 못하는 한 인생은 비극임을 주지시키려 한다.

『안토니와 클레오파트라』는 로마의 장군 안토니와 이집트의 여왕 클레오파트라 간의 사랑을 주제로 하지만 여기에도 그 중심에는 정체성의 문제가 다루어지고 있다. 외면적인 플롯 중 하나는『플루타크 영웅전』을 원전으로 한 로마의 삼두정치의 통치자들 간의 싸움이지만 인간 내면의 정체성 확립을 위한 갈등으로 해석할 수 있다.

안토니는 시저와 레피더스와 더불어 로마의 삼두정치의 한 기둥이었지만 이집트의 여왕인 클레오파트라의 미색에 빠져 "로마가 타이버 강물에 빠져도 좋다. 인생의 존귀함은 이렇게 하는데 있다"면서 클레오파트라를 포옹하며 통치자로서의 의무와 책임을 방기한다. 로마의 정치상황을 알리는 시저의 전령들을 무시하고 “오늘 밤에는 무슨 놀이를 하며 즐길까?” 하는 의식에 빠져 있는 안토니는 에고의 욕망에 사로잡혀 있는 전형적인 모습을 보인다. 그가 탐닉하는 감각적인 즐거움과 성욕은 그의 고결한 성품과 용맹함과는 별개로 그를 억압하는 본능적인 것이 아닐 수 없다.

로마에서 아내가 죽었다는 소식을 듣고 이집트를 떠날 결심을 하면서 안토니는 “이집트의 이 억센 족쇄를 부숴버리지 않는 한 사랑에 넋을 잃어 내 일신을 망치고 말 것 같다”고 이성을 회복하는 듯한 말을 한다. 클레오파트라에게 빠져 정사를 소홀히 하는 것이 안토니만 가지고 있는 방탕성이 아님을 레피더스를 통해 암시하는데 시저가 안토니의 방탕함을 비난하자 레피더스는 “그 분의 과오라 해도 이는 밤하늘의 별들처럼 어두운 가운데서 뚜렷이 비치거든요. 배워서 얻은 것이 아니라 선천적인 것이어서 스스로도 어찌할 도리가 없는거요”라고 말하는 것이다. 즉 안토니가 이집트의 여왕에게 사로잡혀 있는 상황은 우리 모든 인간의 내부에 감각적인 즐거움과 아름다움에 현혹되는 에고의 속성이 있음을 나타내주는 것일 수 있다.

성서의 출애굽기에서 이스라엘 민족이 이집트에서 종노릇하다가 홍해를 건너 광야로 출애굽하는 것을 죄에서 해방되는 알레고리로 해석하는 것과 같이 이집트의 유혹에 매여있는 안토니의 상황은 죽음으로 해방되기 까지는 죄성에 매여 있는 인간 내부의 상황을 암시한다. 이 극에서 병치되어 있는 로마와 이집트는 인간 심성의 내부지도를 가리키는 것일 수 있다. 로마는 끊임없는 갈등을 통한 이성의 자기

쇄신의 장이라면 클레오파트라가 "나일강의 뱀"으로 또아리를 틀고 있는 이집트는 인간을 본능적 욕망에 잡아두려는 리비도의 세계일지도 모른다.

안토니의 충복이었던 이노바버스는 안토니의 자아를 합리화시키고 부추겨주는 역할을 한다. 그는 클레오파트라나 안토니의 욕정이 더러운 것이 아님을 설득하려는 안토니 내부의 목소리를 대변해준다. 그래서 그는 "여왕전하의 정열은 조금도 티가 없는 순수한 사랑 그 자체입니다"라고 간언하는가 하면 아내의 죽음 소식을 접한 안토니에게는 "신들이 한 남자에게서 아내를 빼앗아간다는 것은 이 지상에서 재봉사 역을 시키려는 겁니다. 헌 옷이 헤져버리면 새 옷감이 얼마든지 있다고 위로해주십니다" 하고 안토니 안의 이기적 본능을 부추겨주는 것이다. 또한 이노바버스는 클레오파트라에 대해서 "그녀는 항상 새로운 변화를 보이며, 다른 여자들은 남자에게 만족을 주고 나면 염증을 받게 마련인데 여왕은 가장 포식했을 때 더더욱 욕구를 느끼게 한다"고 말함으로써 클레오파트라라는 여인을 남자라면 누구나 추구하지 않을 수 없는 욕망의 대상으로 부상시킨다.

클레오파트라는 자신을 마치 연극 무대에 선 배우처럼 간주하는데 이 역시 클레오파트라가 안토니의 욕망을 이끌어내어 사로잡히게 하는 역할을 담당했을 뿐이지 누구에게나 유혹에 넘어갈 내면의 씨앗들이 있음을 암시한다. 그러나 안토니는 아내의 죽음 소식으로 로마의 정치 상황을 상기하고 자기의 본연의 임무로 돌아가기 위해 이집트를 서둘러 떠난다.

로마에는 "분별에 반역하는 자가 소년들을 꾸짖듯 우리가 호되게 꾸짖어 주어야 합니다"라고 말하는 시저가 있다. 즉 시저는 욕망에 이끌려 허우적이는 분별력 없는 자아를 꾸짖는 초자아적 존재의 역할을 담당하고 있다고 할 수 있겠다. 그러나 로마를 향해 떠난 안토니에게 클레오파트라는 연달아 사자를 보내고 매일 편지를 보낸다. "매일매일 그 분에게 편지를 보낼테다. 이집트 백성을 모두 동원해서라도..."라고 하는 클레오파트라의 집념은 리비도를 충족시키도록 자아를 압박하고 추격하는 본능의 힘이 얼마나 집요한 것인가를 일깨우게 한다.

악티움 해전에 클레오파트라가 안토니와 함께 출전한다고 했을 때 이노바버스는 "전하께서 함께 출전하시면 안토니 장군께서는 반드시 곤욕을 치르게 됩니다. 싸움터에서 절대 필요한 그 분의 마음과 머리와 시간을 빼앗기게 되니 말입니다"라고 하면서 말린다. 이노바버스의 염려대로 안토니는 악티움 해전에서 클레오파트라의 뒤를 쫓아가느라 패전 장군의 수치를 당한다. 캐니디어스가 "장군님의 모든 작전은 자기 마음대로 못하고 여자한테 지휘 당하고 있는 형편이야"라고 하듯이 상식적으로 이해할 수 없을 정도로 안토니는 클레오파트라의 힘에 이끌려 돌이킬 수 없는 수치를 당하게 되는 것이다. 또 다른 신하 하나도 "계집이 뱃머리를 바람 부는 쪽으로 돌리자마자 그 계집에게 혼을 뺏긴 안토니는 돛을 펄럭거리면서 암컷을 향한 수오리처럼 치열한 전투를 팽개치고 여왕을 뒤따라 달아났다구. 이런 수치스런 전쟁은 내 일평생을 두고 본 일이 없소. 전투의 경험과 남자의 기개와 명예를 그렇게 더럽히다니!" 하면서 분개한다. 인간이 자기와의 싸움에서 이기적 본능적 욕망에 사로잡히면 자기도 모르게 욕망의 노예로 이끌려가서 수치를 당하게 됨을 일깨우는 소리일 수 있다.

안토니에 비해 시저는 초자아적 절제심을 대표하는 모습을 일관되게 보인다. 싸움을 앞두고 술판을 벌이는 자리를 박차고 시저는 "우린 물러갑시다. 중대한 임무를 띈 우리가 이렇게 술에 취하게 되면 체통이 서지 않아요" 하면서 절제하는 모습을 보인다. 반면에 악티움 해전에서 비겁하게 뱃머리를 돌리면서 안토니가 뒤따라올 줄은 몰랐다고 하는 클레오파트라에게 "내 마음이 당신 배의 키에 꽁꽁 묶여 있었소. 그래서 끌려간 것을 잘 알고 있었을 것이요. 내 영혼은 완전히 당신의 종이 되어 당신이 눈짓만 해도 신의 명령이라도 물리치고 당신에게로 달려간다는 걸 당신은 잘 알았을 거요"라고 하는 안토니의 말을 살펴보면 안토니에게는 욕망을 절제하는 장치가 완전히 풀려져 있음을 알 수 있다. 그래서 자기의 말대로 "완전히 욕망의 종"이 되어 돌이킬 수 없는 수치스러운 행위를 하는 것이다. 이노바버스는 "천하를 가를 사생결단을 낼 싸움에서 끓는 욕정 때문에 지휘관의 책무를 헌신짝처럼 포기하다니 말이 됩니까?"라고 비판한다.

안토니의 클레오파트라에 대한 사랑을 가리켜 죽음을 뛰어넘는 숭고한 사랑인 것처럼 보는 시각도 많지만 이 극에서의 모든 싸움을 자아 안에서 벌어지는 싸움에 대한 알레고리로 본다면 안토니의 사랑은 숭고한 사랑이라기보다 이성을 마비시키는 에고의 정욕일 가능성이 더 많다.

에고의 정욕에는 일시적인 만족을 주는 측면이 있지만 그것은 일시적인 집착일 뿐이어서 상대방이 자신을 위해 존재하지 않을지 모른다는 의혹에 사로잡히기 쉽고 그 생각만으로도 소유욕으로 인한 분노와 질투가 솟아난다. 그래서 사랑은 한 순간에 잔인한 공격성을 띄게 된다.

클레오파트라가 시저로부터 온 사자에게 경의를 표하기 위해 손에 키스하는 장면을 보고 안토니는 불같이 화를 내며 단박에 "이 매춘부야!"라고 소리치면서 "내가 부덕 있는 아내를 로마의 독수공방에다 자식도 낳지 못하게 내버려둔 것이 시정배들에게 아양을 떨고 알랑거리는 계집에게 속아 넘어가기 위해서인가?"라고 억지를 부린다. 어리둥절해하는 클레오파트라에게 "당신은 죽은 시저의 접시 위에 먹다 남은 차디찬 찌꺼기!"라고 공격적 언사를 되풀이하여 쏟아낸다. 그래서 "그 더러운 이집트 년이 날 배반했어. 내 마음은 너에 대한 증오뿐이다. 난 배신을 당했다. 그 여자의 가슴은 나의 면류관이요 나의 목적이었거늘… 이 마녀야 어서 꺼져!"라는 극단적인 감정을 토로하게 되는 것이다. 소유욕과 집착에 불과했던 위장된 사랑은 질투의 불꽃에 싸여 정반대의 공격성으로 변해버리는 것이다.

악티움 해전에서 비겁한 퇴각을 했던 안토니는 다시 한 번 시저와 싸우겠다고 결심하고 나서지만 점술가의 말대로 시저와의 싸움에서 이기는 것 같다가 패배하고 만다. 극의 초반부에서 점술가는 운명을 묻는 안토니에게 "시저와는 어떤 승부를 해도 장군께서는 반드시 패하고 맙니다. 타고난 운세 때문에 그 분은 아무리 불리한 싸움에서도 승리합니다. 그분이 옆에서 빛나면 장군님의 빛은 엷어집니다"라고 치명적인 예언을 한 바 있다. 욕망을 현실화시키려고 하는 에고의 속성은 초자아의 통제에 패배할 수밖에 없음을 암시하는 것으로 해석될 수 있을 것이다.

마지막 싸움에서 시저는 "안토니를 배반하고 온 자들을 선두에 세우도록 명하라. 그렇게 하면 안토니는 자기가 자기 자신에게 격분의 칼을 대는 셈이 될 것이다"라고 하는데 이 또한 의미심장한 말이 아닐 수 없다. 즉 초자아를 상징하는 시저의 승리는 자아의 욕망을 배반한 힘에 의해서 거두어질 수 있음을 의미하는 것일 수 있다는 것이다.

이 작품에서 벌어지는 싸움들을 정체성을 위한 내면의 싸움으로 본다면 안토니와 클레오파트라의 죽음은 단순한 사랑의 비극적 이야기로만이 아니라 자아정체성의 허구를 일깨우는 철학적 메시지로 읽을 수 있다. 즉 두려움, 욕구, 결핍의 상태에서 벗어나기 위해 추구하고 탐닉하게 되는 이성에의 집착은 변하기 쉬운 거짓 자아인 에고의 집착일 뿐 지속적이고 변함없는 만족을 주거나 결핍을 채워주지 못한다는 것이다.

그래서 패전 후 클레오파트라를 미워하며 혼란에 빠진 안토니는 그의 신하중 하나인 이로스에게 "어느 때는 구름이 용처럼 보일 때가 있다. 또 같은 덩어리가 곰이나 사자로 보이기도 하지. . . 그런 것이 지상을 함께 너울거리며 사람의 눈을 속인단 말야. 그런 것들은 모두 저녁 노을이 만들어내는 광경이야... 이로스, 지금 네 장군의 모양이 바로 그러하다"라고 말한다. 에고의 정체성은 마음이 만들어내는 거짓 환상일 뿐임을 일깨우는 말이다.

마음의 욕망에 따라 이리저리 변하는 에고의 정체성은 그야말로 순간적으로 변하는 구름과 같이 덧없는 것임을 일깨운다. 이로스에게 자기를 죽여줄 것을 부탁하여 안토니는 "자, 나를 찔러다오, 상처를 입지 않고서는 난 구제될 수 없는 몸이다"라고 하고 "날 찌르는 것이 아니라 시저를 때려 부수는 것이다"라는 의미심장한 말을 하는데 이 역시 모든 싸움은 자아와의 싸움이었음을 알려주는 말이다. 그러나 자아의 정복은 자기 자신만이 할 수 있는 것임을 클레오파트라의 입을 통해 알려준다. 클레오파트라는 죽어가는 안토니를 안으며 "안토니 이외에 안토니를 정복할 사람은 아무도 없어요"라고 말하는 것이다. 클레오파트라 역시 독사에 물려 자결하려는 시점에서 "아, 당신의 삶의 보금자리인 내 품안에서 운명하세요. 당신이 안계시면 돼지우리와 다를 바 없는 이 허접한 세상에서 나 혼자 살란 말예요?" 하면서 이제 전쟁의 꽃다발은 시들어버렸다고 말한다. 즉 인생에서 욕망은 삶의 보금자리라고 할 수 있는 생명력의 근원이고 그 욕망을 현실로 구현하려는 자아의 힘 없이는, 그리고 그 자아의 통제력이 상실될 때는 세상은 또한 허접한 곳이 될 수밖에 없을 것이다.

시저는 안토니의 주검 앞에서 "당신이야말로 나의 형제였고 좋은 경쟁자요, 동료요, 전우요, 동지요. 나의 한쪽 팔, 내 마음에 불을 질러주던 그대의 심장이었소. 그러나 우리들 운명의 별은 조화가 안 되니 서로 양립할 수 없었고 결국 이런 비운을 맞게 되었구료"라고 한다. 자아는 영원히 초자아와 양립할 수 없는 존재며 거짓자아는 본체의 자아와 한 몸 안에서 존재하는 형제와 동지 같지만 둘이 함께 승리자로 존재할 수 없는 운명이라는 것이다.

"안토니의 죽음은 한 개인의 운명에 그치는 것이 아니다. 그의 이름에는 세계의 절반이 걸려있다"는 말과 "이 세상의 어떤 무덤도 이렇게 고명한 한 쌍을 품고 있지는 않을 것이다"라는 시저의 마지막 말은 이 둘의 죽음이 모든 인간의 내면의 싸움의 숭고한 결과이어야 함을 가리키는 것이 아닐 수 없다. 진정한 삶의 승리는 환상적 에고의 욕망을 무덤에 묻어야 얻어질 수 있는 것임을 이 극은 로마의 한 장군의 실패한 사랑을 통해 알려주고 있다.

『코리올레이너스』: 정치적 수완

코리올레이너스로 이름이 바뀌어진 마르시우스는 인간에 내재된 욕심꾸러기 싸움꾼인 에고를 상징하는 인물인지 모른다. 에고는 끊임없이 정체성 확보를 위해 투쟁하고 경쟁하는 것을 속성으로 하고 있는 우리 안의 문제아라고 볼 수 있다. 에고의 통치가 끝나는 곳에 진정한 평안이 깃들 수 있는 것이라면 죽을 때에서야 비로소 그 목표에 이를 수 있는 것인지도 모른다. 그래서 마르시우스는 전장에서 생애의 대부분을 보낸 것으로 나온다.

『코리올레이너스』는 로마의 정치 상황을 배경으로 하는 비극이다. 셰익스피어의 작품 중 가장 정치적인 색채가 농후한 극으로 꼽을 수 있기도 하다. 이 극의 시공간적 배경은 기원전 5세기의 로마이지만 셰익스피어가 당대 영국의 정치 상황을 극화한 것이라는 시각도 있다. 이 극의 공연 역사를 보면 각 시대마다 각 나라마다 비슷한 상황을 은유적으로 각색하여 정치적으로 이용하기도 했음을 알 수 있다. 다른 어떤 비극의 인물들보다도 단순하고 평면적인 성격의 인물로 그려진 이 극의 인물들을 통해서 작가는 특정 시대의 정치적 상황에 등장하는 인물들이기보다는 어느 시대에나, 어느 정치적 상황에서나 보편적으로 발견할 수 있는 전형적 인물들을 그렸다고 할 수 있다. 그래서 어떠한 인간의 속성이 정치적 갈등을 유발시키는지를 일깨우며 다시 한 번 작가는『코리올레이너스』를 통해서 인간의 적나라한 모습 과 삶의 현상을 통찰하게 해준다.

어린 시절부터 전 생애의 대부분을 전장에서 지내왔던 마르시우스라는 주인공은 민중들을 쓰레기 취급하고 경멸하지만 조국을 위해서라는 명분을 내세우고 볼사이족의 침략전에 나아가 대승을 거두고 돌아온다. 목숨을 걸고 전장에 나간 그를 호민관들은 적대시한다. 자기들이 호민관으로 선출되었을 때 그가 보인 경멸감을 마음에 두고 "그자가 노린 것은 명성을 얻자는 것이지"라면서 이번 전쟁에서 차라리 없어져주었으면 좋겠다고 할 정도로 이미 그와 갈등관계에 있음을 내 보인다.

마르시우스는 볼사이족의 맹장과 맞서 이기고 코리올라이 성을 함락시킨 공을 기념하여 코리올레이너스라는 호칭을 받고 승전고를 울리며 귀국한다. 그러나 그는 무공을 칭찬하는 소리에도 귀 기울이지 않고 전리품도 단호히 거절할만큼 어떤 승리의 댓가에도 무관심하다. 그러나 승전하여 금의환향하는 마르시우스를 이미 그와 갈등관계에 있던 호민관들은 반겨할 수가 없는 심정이 되어 그의 오만함을 질타한다. 오만한 코리올레이너스를 변호하는 메네니우스는 코리올레이너스의 오만함을 비난하는 호민관들에게 "오, 당신들이 자기 자신에게 눈길을 돌려 자신의 내면을 한번만이라도 들여다 볼 수 있다면 좋으련만!" 하면서 자신들의 결점을 보지 못하고 남의 오만함을 지적하는 호민관들을 비난한다.

승전의 공적으로 인해 집정관 후보로 지목된 코리올레이너스는 시민들의 동의를 얻어야 되는 의례적인 과정에서 몹시 곤혹스러워 한다. 원로원에서 자신의 공적에 대한 칭찬을 듣는 것도 못견뎌하고 민중의 호감을 사려고 아부하는 것도 못견뎌하는 그의 외곬수 성격으로 인해 몇몇 귀족들은 그를 훌륭한 인물로 평가하지만 호민관들이나 시민들은 그의 교만한 태도에 불쾌감을 느낀다.

집정관에 대한 투표권을 가지고 있는 시민들에게 전장에서 입은 상처를 보여주고 무공을 자랑하여 민중의 찬성을 얻어내야 되는 과정을 혐오하면서도, 코리올레이너스는 귀족들의 권면에 할 수 없이 간신히 몇몇의 호의를 얻어내는데 성공한다. 그러나 그와 갈등관계에 있던 호민관들은 시민들에게 "당장 가서 동지들에게 말해요, 그들이 선출한 집정관은 그들의 자유를 박탈하고 개들을 짖으라고 기르면서도 함부로 짖는다고 그때마다 몽둥이 찜질을 하는 것과 마찬가지니 이제 민중을 꼼짝 못하게 한다"고 하면서 추천을 철회할 것을 선동한다. 그러면서 호민관들은 시민들이 그자를 추천한 것은 자기들의 명령 때문이었다고 하라는 것이다. 호민관들이 그자를 선출해야 한다고 밀어부쳐서 하고 싶지 않은 추천을 했노라고 하라는 것이다. 즉 자기들의 인심은 잃지 않고 시민들과 코리올레이너스 사이를 이간질 하는 술수를 부리는 것이다.

호민관들의 전략대로 시민들에 의한 추천이 철회되자 코리올레이너스는 "나는 외적도 무서워하지 않고 조국을 위해 피를 흘린 사람이요. 난장박살이 나더라도 저 문둥이들에게 욕을 퍼붓겠다. 저들의 고

약한 병이 옮겨질까 꺼림칙하지만 위협을 무릅쓰고라도 어차피 그들을 퇴치할 방법을 찾아야할 것이다"라고 선언한다. 이에 호민관은 "당신은 민중처럼 약점을 지닌 사람이 아니라는 듯 마치 천벌을 내리는 신과도 같군요"라고 이의를 제기한다. 코리올레이너스가 민중을 무시하고 욕하는 이유는 그들이 국가존망의 위기가 목전에 다가와서 출전의 명령을 받고서도 꼼짝 않고 성문을 나가려 하지 않는 비겁한 자들이라는 이유 때문이다.

여기서 보이는 코리올레이너스의 허점은 그가 비록 조국을 사랑하여 목숨을 아끼지 않고 전쟁에 임했다고 하나 민중을 존중하지 않는다는 것이다. 민중을 멸시하고 혐오하는 것을 보면 그가 목숨을 바쳐 사랑하는 조국의 실체란 무엇인가 하는 질문을 던지게 된다. 조국이란 대다수 민중들이 그 실체일텐데 그는 민중을 멸시하고 짐승이나 질병으로 치부하면서 자기는 오로지 조국을 위했다는 명분을 내세우는 것이다. 그에게 일신상의 유익을 탐하지 않는 강직한 미덕이 있다고 할지라도 명예만을 목표로 하는 그의 편파적 가치관은 전장에 나설 용기를 내지 못하면서 전리품에 눈독을 들이는 민중과 어떤 면에서는 같은 것임을 생각하지 않을 수 없다.

자기의 오만함을 지적하는 호민관들을 가리켜 "저런 자들을 의지하니까 고관들에게 반항하는 거지. 저자들은 자격이 있어서가 아니라 폭동을 진압하기 위해 어쩔 수 없이 뽑아놓은 자들이다. 그러니 상태가 수습되면 저자들의 권력은 박탈되어야 마땅하다"고 공격적 발언을 함으로써 그는 호민관들의 분노를 사게 된다. 그리하여 결국 그들의 명에 의해 체포되고 추방령을 받게 된다.

코리올레이너스를 아들처럼 생각하는 원로원의 귀족 메네니우스는 스스로의 입을 제어하지 못해 낭패를 당한 그를 가리켜 "속세에 살기에는 성품이 너무 고결한 분이요. 그는 바다의 신, 넵튠이 그의 삼지창을 준다 해도 결코 아부하지 않을 것이요. 진심을 그대로 입 밖에 내뱉는 사람이요. 그에겐 가슴 속에 담고 있는 무엇이나 혓바닥으로 내뱉고 마는 성질이 있소 "라고 그의 직설적인 태도를 안타까워한다. 그는 메네니우스 외에도 귀족들의 긍정적인 평가를 받지만 타협하지 못하는 성격으로 비운에 빠진다. 시민들에게 와 호민관들에게 사과를 하고 상태를 수습하게 하려는 코리올레이너스의 어머니 볼럼니아는 아들을 설득하기 위해 다음과 같이 호소한다.

> "네가 이런 말을 해도 조금도 불명예가 될 까닭도 없다. 적의 도시를 감언으로 함락시키는 것과 조금도 다름이 없기 때문이다. 그렇지 않은 경우 목숨을 걸고 싸워 많은 피를 흘려야 될 것이니 말이다. 나라면 자신이나 동지들이 모두 파멸의 위기에 처해 있을때 그것이 불명예스러운 것이 아니라면 마음에 없는 말이라도 사양치 않고 말하겠다."

어머니의 간곡한 호소와 귀족들의 권유에 못 이겨 코리올레이너스는 "여러분은 나에게 도무지 천연스럽게 해낼 수 없는 역할을 맡겨 주었습니다"라고 하고 어머니 볼럼니아는 "네가 전에는 해본 일이 없었던 이 역할을 훌륭히 치러다오"라고 부탁해 쐐기를 박는다. 이러한 상황과 대사를 통하여 작가가 우리에게 환기시키는 것은 사회적 자아로서 세상을 살아가기 위해서는 누구나 자기의 본성 대로가 아닌 어떤 역할로서의 연출이 필요한 것이라는 사실이다. 그것을 다시 뒤집어 말하면 이 세상은 누구에게나 연출을 통한 역할을 하도록 되어 있는 것이며 정치적 상황일 때 더욱 그것이 필요함을 알려주는 것이다. 그것이 진실한 것인지 옳은 것인지는 차치하고라도 말이다.

어머니의 호소에 의해서 부드러운 마음으로 해보겠다고 시민들 앞에 나섰지만 결국 코리올레이너스는 어머니와의 약속을 지키지 못하고 분노를 폭발시키고 만다. 이는 "일단 부아를 돋아주면 자제할 줄을 모른단 말야 그렇게 되면 그는 자기 심중을 다 털어놓고 이야기하게 되니 그런 계기를 잘 타서 그자의 목을 부러뜨려 놓는거다"라고 계략을 짠 호민관들 때문이다. 그에게 반역자라고 부름으로써 그의 자존심에 상처를 내고 민중들과 합세해 그를 돌이킬 수 없는 분노에 빠뜨려 시민들에게 "이 천한 똥개들아, 너희들에게서 사랑을 받을 바엔 공기까지 더럽히는 매장도 하지 않은 시체 냄새를 맡는 것이 낫다"고 독설하고 돌아서게 만든다.

추방령을 받은 코리올레이너스는 자신이 수많은 백성을 죽였던 적의 나라에 숨어들어가 적장으로 대적했던 오피디어스를 찾아서 그와 합세해 자기를 추방한 조국 로마를 공격할 것을 제안하게 된다. 자기를 추방한 조국 로마에 복수하기 위하여 볼사이족을 이끌고 오피디우스와 더불어 로마를 침공해온 코리올레이너스에게 며느리와 손주를 대동하고 그 앞에 무릎 꿇은 어머니 볼럼니아가 로마를 정복하는 대신 두 나라를 화해시키라고 간절하게 호소한다.

> 만일 네가 로마를 정복하게 된다면 그로 인해
> 얻는 소득은 두고두고 입에 떠올릴 저주다.

그리고 너의 전기에 이렇게 쓰일 것이다.
"이 사람은 원래 고결한 사람이었지만 그의 마지막 행위는
그의 명예를 더럽히고 말았다. 그는 조국을 멸망시킨 것이니
그의 오명은 세세 만대에 남는다"고.
자 말해봐라. 아들아, 너는 항상 명예를 존중하여왔다.
집념 깊게 앙심을 되씹고 있는 것이 고귀한 인물의
명예로운 일이라고 생각하느냐?

코리올레이너스가 가장 우선적인 가치로 두고 있는 명예에 호소한 어머니의 말에 아들은 즉시 전쟁을 중단하고 오피디우스에게 화평을 제의한다. 화평제의가 받아들여져 코리올레이너스는 오피디우스와 더불어 코리올라이성으로 돌아왔지만 로마를 함락시킨다는 소기의 목적을 달성 못하고 오히려 백성의 마음이 코리올레이너스에게 기우는 것을 본 오피디우스는 귀국 즉시 코리올레이너스를 처단해버린다. 이렇게 해서 코리올라이성을 함락시켜서 코리올레이너스라는 이름을 얻었던 전쟁의 영웅 마르시어스는 코리올라이성에 돌아와서 최후를 맞이하는 비운의 주인공이 된 것이다.

마르시어스의 비극은 대체로 정치적 수완이 부족한 그의 완고한 성격에서 비롯되었다고 보는 견해가 많다. 그런데 이 극은 셰익스피어가 그의 주요 비극들과 줄리어스 시저를 발표한 이후에 쓴 작품으로 알려지고 있음에도 불구하고 극 중 인물들은 이전 극의 인물들보다 평면적이고 내적 고뇌나 갈등이 드러나지 않아 주인공에 대해 공감이 가지 않는다는 것이 보편적인 견해이다. 그렇다면 비극의 주인공에게 이렇게 평면적이고 정형적인 성격을 부여한 작가의 의도를 탐색해 보

는 것이 작품 이해의 한 방법이 될 것이다.

이 극은 로마 시민들의 정치가들에 대한 불만으로부터 시작된다. 그들은 정치가들은 배를 두들기며 포식하는 반면에 자기들은 굶주리는 현실에 불평을 토로한다. 특별히 평민에게 잔인하게 구는 마르시어스부터 해치우자고 선동한다. 마르시어스는 조국을 위해 싸우자고 할 때는 비겁하게 움츠리면서 자기들 몫만 챙기려고 하는 민중들을 짐승 취급하며 대놓고 경멸한다. 민중들로부터 좋은 평가를 받고 있는 귀족 메네니우스는 민중들 앞에서 부드러운 태도를 취하는 척하나 내심으로는 마르시어스와 마찬가지로 그들을 경멸한다. 메네니우스는 민중들의 불평 앞에서 귀족이나 정치가들을 사람 몸의 위장에 비유하여 민중들의 귀족들에 대한 적의를 불식시켜보려 한다. 즉 귀족들은 사람의 몸 가운데 위장에 비유되어 먼저 음식을 받아 포식하는 것 같지만 신체 각 부위에 해당되는 민중들에게 영양을 고루 나누어주는 존재라고 아전인수 격의 교묘한 설득작전을 펴는 것이다.

메네니우스 역시 민중을 경멸하고 기득권을 유지하려는 자이지만 정치적 수완으로 양쪽에서의 좋은 평판을 유지하는 인물인 것이다. 아들을 군인으로 키워 조국을 위해 싸우게 한 것을 자랑스러워하는 볼럼니아 역시 아들을 통해 명예나 권력에의 대리만족을 하려는 이기성을 내보이는 여인이다. 그녀는 아들인 코리올레이너스의 명예를 위해서는 깃발을 내세우지만 결국은 자기의 명예를 위해서 아들에게 할 역할을 지워주는 강인하고 교활한 어머니가 아닐 수 없다. 조국을 위해 아들을 내세운다고 하면서 그녀 역시 민중들을 "누더기를 걸친 종놈들, 무식한 무지렁이, 도둑고양이 떼"라며 경멸하는 사람이다. 그녀의 눈에는 아들 외에는 정치가들 조차 염병에 걸릴 놈들이다. 그녀가 사랑한다는 조국의 실체는 안중에 없는 셈이다. 오직 명예를 가져다 줌으로써 그녀에게 대리만족을 누리게 하는 아들 뿐인 것이다.

극에 등장하는 호민관들은 말할 것도 없이 자신의 입지를 위해서 거짓으로 민중을 선동하고 다른 귀족들과 민중들 사이를 이간질하는 사악한 수완쟁이들이다. 등장인물들 하나하나의 태도와 행동의 동기들을 분석해보면 결국 누구나 대의 명분을 내세우지만 자기들 입장에서의 가치를 추구하기 위한 이기성에 매여 있음을 알 수 있다.

그러한 이기적 욕망에 덧붙여 상황에 따른 정치적 태도를 가미한 역할을 다 하지 못하여 코리올레이너스는 비참한 최후를 맞이하는 것인지 모른다. 셰익스피어는 외곬수의 인간 유형을 제시하고 그의 비극을 극화했지만 세상을 사는데에 정치적 수완이 필요함을 강조했다기 보다는 꼭 정치무대가 아니더라도 인간 삶의 세계가 그러함을 객관적으로 바라보도록 우리를 유도하는 것 같다는 생각이다.

『페리클리즈』 : 구원의 여정

인생의 매 순간을 잘 살펴보면 인생의 면면이 우리의 영혼이 경험하기를 찾고 있는 그 모습으로 디자인 되어 오고 있음을 알 수 있다. 겉 모습으로는 재난인 것처럼 보이는 현실도 영혼이 체험해야 할 목적이 있어서 현실로 닥쳐 오고 있음을 깨닫는다면 우리 인생의 매 순간은 훨씬 더 의미 있고 재미있어질 수 있을 것이라는 생각을 『페리클리즈』를 읽으면서 하게 된다.

『페리클리즈』를 필두로 하는 셰익스피어의 후기 낭만 희극들에는 공통점이 있다. 『심벨린』, 『겨울 이야기』, 『태풍』 등에서 보여지는 바와 같이 이 극들은 한결같이 재난의 비극으로 시작해서 상실과 슬픔이 회복되는 희극으로 막이 내린다는 것이다. 그 상실과 슬픔이 기쁨으로 회복되는 데에는 슬픔을 당한 주인공들의 선한 인내에 운명의 여신이 미소를 지어준다는 것도 공통점 중의 하나다.

여타의 낭만 희극들에서처럼 『페리클리즈』에서도 주인공은 뜻하지 않은 운명의 재난에 맞닥뜨려 죽음과도 같은 질곡의 여정을 거치고 드디어 기쁨으로 모든 상실을 회복하는 구원의 날을 맞이하게 된다. 타이어 왕국의 영주, 페리클리즈의 고난의 여정은 앤티오크의 왕 안티오커스의 아름다운 딸에게 구혼하러 가는 것으로 시작된다. 안티오커스 왕은 구혼자 페리클리즈에게 "영주 앞에 서 있는 것은 황금의 능금이 달린 아름다운 헤스페러스 정원이나 만지면 위험한 것이요.

죽음의 용신이 당신을 위협하고 있으니까. 천사와 같은 공주의 얼굴이 영주의 눈을 매료시키고 있으나 그녀의 무한한 영광을 차지하려면 그만한 덕이 있어야 하오"라고 무서운 경고를 한다. 궁정에는 구혼하러 왔다가 죽음의 그물에 걸려 시체가 된 남자들의 머리가 걸려 있어 왕이 낸 수수께끼를 풀지 못한다면 죽음을 받아들여야 함을 실증하고 있다. 그러나 왕이 낸 수수께끼 속에는 왕과 그 딸과의 근친상간의 죄가 얽혀있음을 발견한 페리클리즈는 구혼을 포기하고 돌아선다. 그러나 자기의 죄악이 발각된 것을 안 앤티오커스는 신하를 시켜 도주하는 그를 뒤 따라 죽일 것을 명한다. 왕이 그의 자식과 패륜의 정을 맺고 있는 죄악의 땅인 앤티오크를 벗어나 타이어로 돌아왔지만 페리클리즈는 알 수 없는 불안과 죽음의 공포로 전전긍긍하다가 충신 헬리케이너스의 충고를 받아들여 그에게 정사를 위임하고 자기 나라를 떠나 외유의 길에 나선다.

여기까지의 페리클리즈의 여정은 성서 속의 에덴동산에서의 아담의 여정에 비유할 수 있다. 극의 첫 장은 따먹으면 죽으리라는 선고에도 불구하고 눈에 보이는 과일의 탐스러움에 현혹되어 손을 내밀었다가 에덴에서 추방되어버린 인류의 조상에 대한 원형을 상기시키고 있다. 페리클리즈의 발걸음은 금지된 과일에의 유혹에 넘어가 죽음의 두려움을 안고 에덴에서 추방된 아담의 죄가 인류에게 면면히 이어져 이 세상의 삶의 여정을 알 수 없는 불안과 두려움으로 떠돌며 각종 운명의 재난에 휩쓸리는 인간 군상의 한 표본처럼 보여진다.

죽음의 공포를 피해 타이어를 떠난 페리클리즈는 클레온과 디오나이저가 통치하는 타서스 왕국에 발을 딛게 된다. 타서스는 한 때는 재물이 넘쳐나던 풍요의 도시였지만 여러 해 거듭되는 재앙으로 인해 백성들이 굶주린 나머지 자식들까지 잡아먹을 정도로 극한의 상황에 처해 있는 형편이었다. 타이어에 있을 때 이미 타서스의 비참한 상황을 알고 있었던 페리클리즈는 도피자로 타서스에 왔지만 굶주린 타서스 백성들을 살려줄 빵의 재료인 밀을 배에 싣고와 선물함으로써 타서스의 구원자 역할을 한다. 한 사람의 재난이 한 국가를 살리는 덕이 되기도 하는 이 구도를 통해 작가는 개인의 고난이 근시안적으로 보면 재앙인 것 같지만 또 한 편으로는 축복이 될 수도 있음을 가리키고 있고 또한 인간 세상의 모든 일과 모든 생명체가 보이지 않는 끈으로 연결되어 상생할 수 있다는 원리도 암시하고 있다. 페리클리즈는 안티오커스의 자객이 여전히 그의 목숨을 노린다는 전갈을 듣고 타서스에서도 오래 머물지 못하고 다시 항해 길에 오른다. 그러나 폭풍이 몰아치는 바다에서 다시 모든 것을 잃고 펜타폴리스 해안에 떠밀려 홀로 목숨만을 구하게 된다. 거기서 성난 파도에 빼앗겼던 갑옷을 다시 찾아 그것을 입고 펜타폴리스 왕궁에서 열린 창 시합에 나가 왕의 눈에 들게 되고 결국 그 나라의 공주 타이사를 아내로 맞이하게 된다. 잃어버린 줄 알았던 갑옷을 운명의 여신이 다시 찾아 입혀준 덕분에 페리클리즈에게는 다시 구원의 삶이 시작된 것이다. 리어왕의 영혼이 회복되면서 코딜리아의 품에서 새로운 옷을 받아 갈아입듯이 여기서도 페리클리즈는 다시 태어남의 상징인 갑옷을 통해 새로운 삶을 시작하게 되는 것이다. 바다는 성난 파도로 페리클리즈에게 재난을 안긴 것 같지만 잃었던 갑옷을 다시 그 파도의 힘으로 실려보냄으로써 그에게 결혼의 기쁨을 가져다 준 것이다.

때마침 안티오커스는 딸과의 불륜에 대한 죗값으로 딸과 더불어 죽었다는 소식이 전해져오고 본국으로부터의 강력한 귀국요청이 들어오자 페리클리즈는 임신 중이던 아내 타이사와 함께 서둘러 귀국길에 오른다. 그러나 운명은 또다시 그로 하여금 바다의 재앙을 맞게 한다. 자연의 자비를 간절히 빌어보았지만 성난 태풍 가운데 왕비 타이사는 딸 마리나를 낳고 죽게 된다. 배안에 시신이 있는 이상 태풍이 가라앉지 않으리라는 선원들의 주장에 타이사의 시신은 향료와 보석과 함께 관에 넣어져 바다에 수장된다. 그러나 수장된 관은 하룻밤을 표류하다 에베소에 떠밀려와 치유자 쎄리먼이 있는 곳에서 발견된다. 쎄리먼의 치유력으로 죽은 목숨으로 바다에 수장되어 파도에 실려온 타이사 왕비는 기적적으로 되살아난다. 그리고는 다시 살아난 것을 감사해 하며 다이아나 여신의 신전에서 봉사하는 임무를 맡게 된다. 죽음과 불행을 몰고 온 바다는 다시금 부활의 생명력으로 타이사에게 새로운 삶을 선사하는 것이다.

태풍 때문에 아내를 잃고 미처 귀국하기 전에 클레온과 디오나이저의 나라에 머물렀던 페리클리즈는 엄마 잃은 딸 마리나를 그들에게 양육해 달라고 맡기고는 귀국길에 오른다. 마리나를 친딸처럼 소중히 기르겠다는 약조를 했음에도 불구하고 친딸보다 모든 면에서 뛰어난 마리나에 대한 질투 때문에 디오나이저는 자객을 시켜 마리나를 죽이도록 한다. 그러나 마리나는 마침 그 곁을 지나던 해적들에게 구출되어 유곽으로 팔려가는 신세가 된다.

유곽에서 포주의 명령에 따라 몸을 팔아야 될 처지에 놓인 마리나는 그러나 남자 상대들에게 유린을 당하는 대신 그들을 설득하여 도덕적으로 바른 사람을 만드는 일을 하게 된다. 즉 "당신을 존경하는 사람들의 마음을 배신하지 마세요"라고 하며 돈을 주고 성을 사려던 사람들을 교화시켜 돌려보내는 것이다. 그리고는 포주의 하인의 마음까지 돌려 그의 도움으로 미틸리니라는 새로운 일터로 탈출하기에 이른다.

한편 클레온 부부에게 양육권을 주고 맡긴 딸을 만나러 온 페리클리즈는 청천벽력 같은 마리나의 죽음의 소식을 듣게 된다. 지금까지 겪었던 그 어떤 태풍에 의한 것보다도 더 치명적인 타격을 받고 그는 심한 좌절과 실망 속에 빠진다. 죽은 사람처럼 세수도 하지 않고 머리도 깎지 않은 채 마포옷을 걸치고 언어도 잊어버리고 바다 가운데를 표류하다가 그가 당도한 곳은 마리나가 새로이 옮겨간 미틸리니라는 곳이었다. 이곳에서 마리나가 유곽에서 설교하여 회심케 했던 라이시머커스의 도움으로 마리나와 페리클리즈가 재회하게 된다. 딸을 잃은 슬픔 때문에 누구하고도 말을 않고 상심에만 빠져 있던 페리클리즈는 마리나가 음악소리 같이 들려주는 자신의 지난 이야기로 마음을 열기 시작한다.

마리나가 들려주는 부모와 유모에 대한 상세한 이야기를 들은 페리클리즈는 기적처럼 살아있는 마리나를 확인하며 "오, 이리 오너라, 너는 너를 낳아준 아비를 다시 태어나게 하는구나, 바다에서 태어났다가 타서스에서 매장됐다가 다시 바다에서 살아난 것이다!"라고 외치며 새 옷을 가져오라고 신하에게 명한다. 앞서서 바다에서 건진 갑옷을 입고 아내 타이사를 얻어 새 삶을 시작했듯이 이번에는 생명과도 같은 딸을 다시 만나 새 옷으로 재생의 기쁨을 표현하는 것이다.

새 옷을 입고 잠든 페리클리즈의 꿈 속에서 다이아나 여신이 나타나 신전이 있는 에베소에 가서 제단에 제물을 바칠 것을 명한다. 페리클리즈는 꿈의 계시대로 에베소의 다이아나 신전에 와서 그 곳에서 봉사하던 타이사와 재회하게 된다. 타이사는 남편의 목소리와 얼굴을 알아보고 기절하는데 쎄리먼은 기절하여 쓰러진 여인이 '부활한 타이사'임을 알려주고 부부는 서로 그리던 남편이요 아내임을 확인하고 눈물의 재회를 하게 된다. 타이사를 만난 페리클리즈는 "지금의 이 은혜로도 지난 날의 불행은 한낱 물거품같이 여겨진다"고 고백한다. 종장에서 코러스는 "페리클리즈와 왕비, 공주에게는 한 때 가혹하고 격렬한 악운이 그들을 괴롭혔으나 미덕은 잔인한 파멸의 폭풍을 견뎌내고 신의 가호로 결국 기쁨의 영광을 누리게 되었습니다"라고 결론을 내리고 있다.

이로써 안티오커스의 딸에게 청혼하러 갔다가 시작된 페리클리즈의 긴 고난의 여정은 해피엔딩으로 끝을 맺게 된다. 페리클리즈의 인생길은 참으로 기구한 일들로 점철된 것 같지만 어쩌면 우리 모두의 인생길이 그러한 것인지도 모른다.

페리클리즈는 안티오커스의 위협으로 고국을 떠나는 불행이 시작되었지만 페리클리즈의 외유 항해로 인해 타서스의 백성들은 아사상태에서 구원되는 행운을 얻었다. 타서스까지 임박해온 죽음의 위협 때문에 또 다시 페리클리즈는 타서스를 떠나게 되고 다시 또 폭풍우의 재난을 맞이하지만 낯선 땅 펜타폴리스에 이르게 된 페리클리즈는 타이사라는 아름다운 공주를 아내로 맞는 행운을 얻게 된다. 임신한 아내와 금의환향하려는데 바다는 또 그에게 불행을 안긴다. 아내를 잃게 한 바다는 다시 그 회복의 생명력으로 잃어버린 딸 마리나와 재회하게 하고 죽어 수장한 아내마저 되살려 그의 품에 안겨준다. 무엇인가 자기가 꿈꾸어온 것을 손에 넣기 위해 애쓰다가 뜻하지 않은 재난을 만나지만 그 재난은 우연찮게 누군가를 유익하게 하는 수단이 되기도 하고 불행인 듯 싶은 일의 결말에는 또한 행복이 준비되어 있기도 한 것이 인생임을 알려주는 이야기다.

전통적으로 바다는 인생의 여로로 비유되어 왔다. 페리클리즈의 불행은 바다 가운데 폭풍 속에서 시작되지만 그가 행운이 잠재해 있는 해안에 당도하는 것은 자기의 소유를 다 잃고 자기의 의지마저 잃고 표류할 때임을 상기할 일이다. 바다는 태풍으로 생명을 삼키기도 하고 예측 못할 손실과 불행을 안겨주는 무섭고 잔인한 속성이 있지만 이 극에서처럼 바다의 너른 품에 인생을 맡겨 버릴 때 우주의 힘은 잔인해 보이는 손길 뒤에 언제나 예비되어 있는 자비로운 손길로 인생을 행복 가운데로 이끌 수 있다는 것을 이 극은 보여주고 있다.

『심벨린』 : 자연의 섭리

『심벨린』은 비희극적 요소를 갖춘 후기 로만스극에 속하는 작품이다. 이 극은 두 신사가 심벨린과 그 가족의 일을 이야기 하는 장면으로 시작된다. 많은 극에서 극의 첫 대사가 시사하는 바가 크듯이 이 극에서도 신사 중 하나가 이야기하는 첫 대사에 이 극의 주제 중의 하나가 암시되어 있음을 알 수 있다. 그는 "만나는 사람마다 낯을 찌푸리고 있는데 인간의 기질은 천체에 지배받게 마련이지만 신하들의 표정은 그것 이상으로 왕의 뜻에 좌우되고 있다"고 말한다. 즉 지배 권력에 세상이 좌지우지되고 있다는 것과 심벨린이라는 왕의 통치에 아랫사람들이 고통 받고 있는 상황임을 드러낸다.

신사는 곧이어 왕은 재혼한 왕비의 외아들과 전처 소생의 공주를 결혼 시키려는데 공주는 가난한 선비에게 마음을 허락해버렸기에 공주의 연인에게 추방령이 내려지고 공주는 옥에 갇혀버린 상황을 설명해준다. 공주의 연인인 포스튜머스는 궁에서 심벨린의 양아들로 길러졌지만 공주의 배필이 되기에는 신분이 미천한 자로 여겨져서 공주를 사랑한 죄로 추방된 것이다.

셰익스피어의 극에서 흔히 보여지는 여성상이지만 이모젠은 강력한 지배 권력과 가부장적 권위 하에서도 스스로 결혼대상을 결정하는 독립적인 여성이다. 이토록 주체성이 강하게 드러나는 극 초반부에서의 이모젠은 극이 진행될수록 남성 지배 권력에 의해 혼란을 겪는 수동적 상황으로 몰린다. 새 왕비의 소생인 클로튼의 강압적인 구애에 시달림 받고 야키모의 계략에 속아 부정한 여인 취급을 받고, 믿었던 연인 포스튜머스의 앙갚음의 대상이 된다. 하인인 피자니오의 설득에 의해 남장을 하고 궁을 떠나나 숲에서 길을 잃고 우여곡절 끝에 영국 왕의 공주인 이모젠은 로마 장군 류시어스의 시동에까지 이르게 된다.

왕족이 아니라서 공주와의 결혼을 허락받지 못하고 추방당한 포스튜머스는 "외모나 심덕이 그렇게 훌륭한 이는 본 일이 없다"고 사람들이 칭찬하는 인물로 묘사되고 있다. 대신 심벨린 왕 밑에서 왕자로서의 행세를 하는 새 왕비의 아들인 클로튼은 대신에게까지 얼치기 취급을 당하는 미숙하고 못난 인간으로 부각된다.

왕인 심벨린은 왕권을 제대로 행사하지도 못하고 왕비의 말에 좌지우지되는 인물이다. 새 왕비는 처음부터 왕과 공주를 독살하려는 음모로 책략을 꾸미는 간악한 인물로 등장한다. 즉 통치 권력에 속하는 인물들이 보여주는 모습들은 통치 권력의 권좌에 앉을만한 미덕이 갖추어져 있지 않은 자들의 모습이다. 반면에 그들이 거부하거나 제거하려는 존재들은 타인들로부터 존경받고 찬양받는 유덕한 사람들이다. 이러한 구도를 통해 작가가 제시하려는 주제는 사람들이 인격에 의해서가 아니라 계급과 신분에 의해서 사회에서 차별받는 세태에 대한 비판이 그 중의 하나일 것이다.

사악하고 어리석은 클로튼이 현재의 궁정에서 왕자로 군림해 있지만 심벨린의 적자였던 두 왕자들은 심벨린에 의해 억울하게 추방당한 신하 벨라리어스에게 어릴 적에 납치 되어 웨일즈라는 숲 속 동굴에서 벨라리어스를 아버지로 믿고 양육 받게 된다. 이 두 왕자들은 자신들이 왕족의 신분인 줄도 모르고 세상 교육을 받지도 못하고 야생에서 자랐지만 "타고난 천성의 불꽃을 감출 수 없이" 왕자다운 기품을 잃지 않은 모습으로 성장한다. 그리하여 나중에 로마와 영국과의 전투에 참여하여 심벨린 왕을 구출하고 친동생인 이모젠과 상봉하게 된다.

셰익스피어의 여타 희극에서처럼 이 극에서도 궁정과 전원은 대조적으로 각기 갈등과 사랑의 공간으로 나뉜다. 웨일즈라는 자연 공간에서 자란 두 왕자는 기품을 잃지 않는 훌륭한 기질과 용기를 가진 인물들로 왕족으로서의 신분을 증명하게 된다. 이모젠은 남장한 상태에서 웨일즈 숲 속을 방황하나 그 곳에서 친오빠들과 만나게 되고 신분은 밝혀지지 않으나 남매로서의 감출 길 없는 사랑을 받게 된다.

이 극에서 궁성은 이름도 붙여지지 않은 채 왕비라고만 지칭되는 여인이 권력에 대한 탐욕으로 군림하고 있는 곳이요. 충신이 추방 당하고 전쟁이 계획되는 곳, 즉 갈등의 중심지로서의 공간으로 제시되고 있다. 그러나 이모젠을 강제로라도 아내로 삼고 싶어 전전긍긍하던 클로튼도 죽고 왕비도 계획을 성사시키지 못하고 멸망하며 권력은 심벨린의 원래의 혈통을 이어받은 왕자들에게 이어진다. 이리하여 벨라리어스의 다음과 같은 말처럼 궁성에서의 오만은 정죄되고 하늘의 은총 속에서 살았던 이들의 축복이 이어지는 것이다.

> 왕궁의 문은 아주 높은 아치로 되어 있기 때문에
> 태양을 향해서는 아침인사도 하지 않고, 거드럭대며 드나들게 마련이지.
> …우린 비록 이렇게 동굴 속에 살지만 오만한 작자들이 하듯
> 하늘의 은총을 잊고 모독하지는 않습니다.

벨라리어스는 나라에 충성을 다하여 한 때는 심벨린 왕의 총애도 받았지만 악한 사람들의 음모로 추방당하게 되었다. 그는 억울한 마음에 두 왕자를 유모를 시켜 빼내어 산골의 동굴에서 기르면서 경쟁과 갈등이 난무하는 도시 생활의 폐해와 전원에서의 평화를 분별하며 왕자들을 훌륭히 키우게 된 것이다. 이 극에서 악한 자들의 음모로 인한 비극은 결말에 이르러 희극으로 변환되지만 음모로 인한 과정의 고통과 혼란은 극의 중심에서 주인공들을 방황하게 한다.

벨라리어스를 음모로 쫓겨나게 한 악한들 때문에 왕가의 비운과 혼란이 초래된 것과 병행하여 야키모는 교활한 계책으로 정숙한 이모젠을 부정한 여인으로 만들어 포스튜머스를 혼란에 빠뜨린다. 억울하게 이모젠을 슬픔과 혼돈으로 방황하게 한 야키모의 음모는 악한 것이지만 사실 또한 이러한 음모로 인해 헤어졌던 남매들이 상봉하게 되고 왕족의 가계가 회복된다. 이 혼돈의 과정에서 음모를 당한 자들은 신분을 감추고 곤고한 시간 속을 지나나 두 경우 똑같이 궁을 떠나 자연 속에서 음모의 족쇄에서 풀려나고 회복되어 궁으로 귀환한다.

자신의 꾀와 계략으로 승리를 도모하려는 자들은 패배하고 순수한 자연의 섭리는 악한 자들의 계략을 무너뜨리고 그 섭리의 힘은 결국

회복의 힘으로 작용함을 보여준다. 왕자들이 비록 거칠고 열악한 산골에서 자라났어도 왕족으로서의 천성을 잃지 않은 것으로 드러나는 것은 일견 작가가 타고 나는 신분에 대한 고정관념을 갖은 것처럼 보이게도 하지만 이 세상의 권력이든 개인의 성품이든 하늘의 섭리대로 주어지는 것임을 보여주는 예라 할 것이다. 그래서 벨라리어스는 두 왕자의 심성을 자연에 빗대어 다음과 같이 묘사한다.

> 두 왕자의 심성은 제비꽃 밑을 지나면서 그 연약한 머리조차도 흔들리게 하지 않는 봄날의 산들바람처럼 부드러우며 그러면서도 그들의 고상한 피가 한 번 화가 나면 산꼭대기에 우뚝 솟은 소나무를 흔들어 골짜기에 쓰러뜨리게 하는 폭풍같이 격렬해 지는 구나
>
> …
>
> 야생적으로 키웠는데도 용기까지도 마치 정성껏 길러낸 과일나무처럼 훌륭한 열매를 맺었단 말이야.

두 왕자들의 성품을 자연에 비유하여 표현하는 자체가 천성은 자연적으로 타고나는 것이며 환경이나 교육 또는 인간의 음모로도 바꿀 수 없는 것임을 나타낸다. 왕비가 독살하려고 만든 약을 먹고 가사 상태에 빠진 이모젠의 죽은 듯한 육체 위에 벨라리어스는 꽃을 뿌리자고 두 아들들에게 제안한다. 밤의 이슬이 맺힌 꽃들을 뿌려주자 이모젠은 살아난다. 이모젠이 죽었다고 생각하고 벨라리어스의 두 아들들은 왕이나 학자나 의사도 가는 길은 흙이 되며, 귀인도 천민도 모두 죽으면 한 줌 흙이 되고 젊은 연인들도 모든 여인들도 한 줌 흙이 된다고 슬프게 노래했지만 꽃을 뿌리자고 한 후에 이모젠이 살아난다는 것은 생명을 살리고 인간 세상의 질서를 회복시키는 것은 자연

의 품이고 자연의 섭리 뿐임을 일깨우려는 것이 아닐 수 없다.

마지막에서 로마와의 전쟁에서 심벨린의 영국군이 승리를 거둔 것을 두고도 로마의 루치우스 장군은 "이렇게 된 것도 신들의 뜻"이라고 결말을 짓는데 사람의 계산으로는 승리할 것 같아도 패배하며 자연의 섭리와 신의 뜻이 있는 곳에 승리가 있음을 의미하는 것이다.

영국군은 로마제국과 싸워 승리했지만 심벨린은 "비록 우리가 승리는 했지만 시저 황제와 로마제국에 복종하며 종전대로 조공을 바치기로" 약속한다. 그동안 관례를 파기한 것은 사악한 왕비의 충동 때문이었다고 하여 "공명정대한 하늘은 그녀와 그녀의 아들에게 준엄한 벌을 내렸다"고 선언한다. 이모젠과 포스튜머스를 음해하려 했던 야키모도 자기 죄를 고백하고 피해자들로부터 용서를 받고 심벨린으로부터 포스튜머스도 이모젠의 남편으로 인정받고 적자인 왕자에게 왕권도 계승되고 로마와의 전쟁도 평화스럽게 종결되는 등 모든 것이 회복되는 행복한 결말로 극은 막을 내린다. 자신의 권력 남용과 통찰력 부족으로 많은 사람을 시련에 들게 했던 심벨린은 모든 것을 회복하고 마지막으로 "신들을 찬미합시다"라고 외친다.

인간의 권모술수로 세상이 돌아가는 것도 아니고 인간의 머리와 책략으로 권력이 이어지는 것이 아니라 모든 것이 자연과 신의 섭리임을 극의 말미는 더욱 강조하고 있는 셈이다. 또 하나 간과할 수 없는 것은 악한 행위 조차도 선한 결과를 위해 쓰여질 수 있다는 것으로서 그것이야말로 신의 섭리며 선한 것이 악한 것이고 악한 것이 선한 것이라는 주제, 즉 셰익스피어의 영원한 주제인 무경계 인식을 이 극 또한 일깨우고 있다는 것이다.

『겨울 이야기』 : 부활의 축제

사랑만이 우주의 진정한 힘이라고 한다면 그 외의 힘은 그것이 권력이든 재물이든 일시적인 거짓 힘에 불과하다고 생각할 수 있을 것이다. 진정한 힘이 아닌 것은 그것이 아무리 강력한 것처럼 보일지라도 생명력을 끊어놓을 수 없는 것임을 『겨울 이야기』는 보여주고 있다.

『겨울 이야기』는 셰익스피어의 말기 작품으로 『페리클리즈』, 『심벨린』, 『태풍』 등과 함께 후기 비희극으로 분류되는 작품이다. 이 후기극들은 초기 희극들처럼 용서와 화해의 주제를 다루긴 하지만 그 외에 다른 극들과 구별되는 점들이 있다. 즉 신탁, 신들, 정령들, 마술, 부활 등의 요소들이 등장함으로써 로만스 극으로 범주화되기도 한다. 이 극들은 초기 희극들처럼 마음껏 웃게 하지도 못하며 비극들에서처럼 연민과 공포를 자아내는 것도 아니고 인물들이 실제 인물들처럼 생생하지도 않아서 셰익스피어가 말년에 고향에 돌아갈 것을 생각하고 그가 위대한 비극들에서 대면해야 했던 현실로부터 돌아서 인간 운명의 가혹함에 대한 노인의 위안으로 그린 세계라고 하는 비평도 있다.

이러한 비평은 극의 전반부에 펼쳐지는 비극이 후반에 가서 희극으로 전환되는 패턴을 두고 하는 말이겠지만 이는 단순히 작가 자신의 위안을 위해 쓰여졌다기 보다는 이러한 전환의 패턴은 작가의 인생에 대한 더욱 깊어진 통찰력의 결과라고 볼 수 있다.

『겨울 이야기』는 셰익스피어 비평가들로부터 무시되어온 편이었고 학구적 논문도 상대적으로 적고, 진지한 취급을 받지 못해온 것이 사실이다. 이 극은 비극적 색채가 짙은 희극으로서 그 장르 면에 있어서도 어정쩡한 듯이 보이기는 하지만 이 극은 탄생, 성장, 죽음과 재생의 과정을 통해 자연의 순환과 생명력의 이미지를 작품의 중심에 두고 있음으로 비극과 희극의 주요 주제들을 폭넓게 아우르고 있다.

극의 첫 장은 현왕인 레온티즈의 아들인 어린 마밀리어스가 시실리아를 통치하게 되는 그 날까지 살고 싶다는 노인들의 소망 이야기로 시작된다. 인간들은 나이 들어 불가피하게 흙으로 돌아갈 날을 맞이할 수밖에 없지만 새로운 세대의 통치를 통해 간접적으로 죽음을 극복하고자 하는 생명 순환에의 의지라는 주제가 첫 막 첫 장에 암시되어 있음을 알 수 있다.

이어 2장에서는 레온티즈와 폴릭스니즈의 어린 시절 이야기가 나오는데 폴릭스니즈는 그들 둘이 햇살 속에서 뛰노는 쌍둥이 어린 양들 같았으며 그때는 죄를 모르는 순진무구한 시절이었다고 말한다. 성년으로 진입하여 세상의 유혹을 알고 죄에 빠지기 전의 상태는 다분히 자연에 가까운 상태, 또는 자연과 동일시된 상태로 그려지고 있다. 폴릭스니즈가 본국의 왕자를 그리워하는 이야기를 할 때도 그는 어린 왕자의 "그 아이다움이 피를 혼탁케 하는 생각들을 치유해준다"라고 하는데 이는 아내에 대한 경박한 질투와 억압으로 그 아들 마밀리어스를 죽게 한 레온티즈의 죄가 사실 순수무구한 생명력을 말살하는 죄였음을 지적하는 복선이다.

폴릭스니즈에게 시실리아에 더 머물러 달라고 권면할 것을 아내 허마이어니에게 스스로 말해놓고 금방 아무런 근거도 없이 질투심을 폭발시키는 레온티즈는 오셀로와 자주 비견된다. 이런 이유로 셰익스피어의 남주인공들은 여성의 성욕성을 두려워한다는 평을 듣게 된다. 정신분석학적 비평에서는 레온티즈가 허마이어니를 이유 없이 질투하는 것은 그의 무의식 속에 있는 여성성의 부정적 요소 때문인지 모른다고 한다. 즉 남성에 의해서 더럽혀진 어머니의 상이 그의 무의식을 지배하고 있고 그 여성 성욕성에 대한 두려움이 여성의 부정을 의심하게 하는 내적 불씨 역할을 한다는 것이다.

문명 발달을 주도하면서 여성과 자연을 이용 대상으로 도구화하고 타자로 간주하여 억압해온 가부장 문화의 주체로서 레온티즈를 보면 남성중심주의와 여성, 그리고 가부장주의와 자연의 관계를 연결하여 볼 수 있다. 생태 여성주의 비평가들은 거친 자연이 문명을 위해 조종되고 억제되어야 할 필요가 있는 것처럼 여성 역시 통제되고 길들여져야 한다는 것이 서구 문화적 전통이었음을 비평의 전제로 하고 있다.

여성의 성욕성은 생명을 이어가는 힘이며 이것은 다시 말해서 자연의 위대한 창조력이라고 할 수 있다. 셰익스피어의 남주인공들이 여성의 성욕성을 악한 것으로 간주하거나 두려워한다는 것은 자신들의 주체에 도전해오는 이러한 생명력에의 두려움을 의미한다고 할 수 있다. 가부장적 땅 윤리는 자연을 이용하고 침묵시키는 것인데 그 자연의 남용이 환경을 파국적 현재에 이르게 했으므로 여성들이 생명을 주는 어머니로서 이러한 환경의 남용을 개선해야한다는 것이 생태여성주의의 주장이다. 생태 여성주의자들은 인간의 자연지배가 가부장적 세계관에서 왔다는데 동의하며 여성지배를 정당화하는 세계관에 도전하는 것이다.

레온티즈가 아무런 이유 없이 허마이어니에게 내린 첫 형벌은 아들 마밀리어스를 그녀로부터 떼어놓는 것이었다. 아직 어머니의 양육을 받아야 할 어린 생명을 어머니로부터 강압적으로 분리시킴으로서 어린 생명을 죽음에 이르게 하는 것이 레온티즈의 질투의 결과이다. 즉 여성의 성욕성을 두려워하는데서 출발한 억압의 죄가 생명을 말살하는, 자연 이치의 필연적인 결과처럼 이어지는 것이다. 산업문명 건설의 과정에서 자연은 지배되어야 할 대상이었고 인간의 요구에만 봉사하도록 해야 하는 도구였다. 그래서 자연은 지배자와는 근본적으로 다른, 종속화된 타자가 되었다. 그러나 이러한 이용과 억압의 과정을 거쳐 결국 자연은 그 마술적 힘과 귀중한 재산을 벗김 당하게 된다. 여성도 이처럼 지배자에게 종속된 타자로 이용되고 억압되어 지배자의 폭력에 의해 결국 피폐하게 되는 것이다.

레온티즈가 스스로의 생각에 의해서 폴릭스니즈를 시실리아에 더 머물도록 하기를 아내에게 부탁해놓고 자신의 부탁에 응한 아내의 행위에 대해 부정적 반응을 보이며 분노하게 되는 것은 "남성들이 자기 자신의 일부를 부정하는 것으로 여성을 지배하며 여성에게서 태어나고 여성에게 의존했던 사실 모두를 잊으려는 것"이라는 여성주의적 관점으로 이해할 수 있다. 이러한 폭력적 지배자의 태도는 생명을 주는 것을 폄하하고 생명 빼앗는 것을 찬미함을 기초로 한 문화의 함의를 생태학적 입장에서 심각하게 고려하도록 할 수 밖에 없다.

허마이어니가 옥에 갇힐 때 그녀는 임신한 몸이었다. 생태 여성주의의 관점에서 볼 때 임신한 여인은 생산품을 만들기 위해 원자재를 캐내는 자연처럼 생명의 재생산을 위한 원천으로 간주된다. 재생산의 원천을 식민지화하고 기술과 과학으로 궁극적 생태 위기를 조성한 가부장제도는 재생산의 순환을 파괴하고 자연 성장의 순환을 방해하는 힘이기도 했다. 임신한 허마이어니를 옥에 가두고 옥에서 태어난 딸 퍼디타를 버리고 아들 마밀리어스까지 죽게 한 레온티즈의 분노는 시실리아라는 어머니 땅을 폭력적 남성 지배 사회로 황폐화시키는 주범이 된다.

가부장제의 폭력과 같은 개발이란 이름으로 많은 나라들이 여성적 상징인 '어머니 땅'에서 남성화된 민족주의 국가로 변화되어 갔음을 한탄하는 생태여성주의자들의 목소리는 억눌린 허마이어니나 폴리나의 목소리와 같다. 아내와 자식들을 잃은 레온티즈 자신도 고통 가운데 갇혀 지내게 되는 것은 여성이 사회적 지배구조와 자연의 지배로 고통 받으면 이 지상 모든 생명이 고통 받고 위협받게 된다는 생태여성주의의 메시지에 부합되는 것이다.

또한 옥 중에서 허마이어니가 낳은 딸을 그 아버지에게 보임으로써 분노를 풀려고 노력하는 폴리나에게조차 레온티즈는 마녀요, 역적이라고 지칭하며 폭력적 언사로 그녀를 협박하고 부정한다. 여기서도 레온티즈가 여성적 힘을 두려워하고 있음을 보게 된다. 레온티즈의 폭력의 이면에는 다분히 허마이어니나 폴리나를 두려워하는 심리가 감추어져 있다.

또한 셰익스피어의 주요 비극들은 여성적이라 할 수 있는 너그럽고 동정적인 감정들을 억압하려는 난폭하고 엄격한 남성주의 이데올로기를 그리고 있다는 평가처럼 3막까지는 그 자체로 완성될 수 있는 비극의 장이라고 가정할 때 다른 비극에서보다 이 극에서는 더 난폭한 남성주의 이데올로기를 나타내고 있다. 폴리나의 비판처럼 자신의 망상 때문에 아무 증거도 없이 왕비를 온갖 폭악한 말로 잔인하게 학대하고 옥에 가둔 레온티즈는 그녀가 순결하다는 아폴로 신탁마저 부정함으로써 또 죄를 짓는다. 그 죄에 대한 벌로 아들 마밀리어스도 잃은 다음에서야 회개하나 허마이어니도 죽었다고 보고되고 퍼디타도 어머니로부터 떼어져 황야로 버려지고 안티고너스도 곰에 잡아먹히는 등 주변의 모든 생명이 멸해지는 결과를 초래하고 만다.

신탁이 허마이어니의 순결을 선언했어도 믿지 않고 신탁을 허위라고 몰아붙이던 레온티즈는 아들 마밀리어스의 죽음을 보고 받고 곧바로 신탁을 부정했음을 뉘우치며 허마이어니에 대한 과도한 질투로 돌이킬 수 없는 죄를 범하게 됐음을 철저히 회개한다. 마밀리어스의 죽음은 레온티즈를 회심케 한 제물이 된 것이다. 결과적으로 마밀리어스는 레온티즈의 구원을 위해 필요한 희생물이 된 것이다. 극의 첫 장에 마밀리어스가 통치할 때까지 살고 싶다고 했던 노인들의 소망에 비추어보면 레온티즈는 여성의 성을 부정하고 억압함으로써 미래를 죽인 것이라고 할 수 있다.

안티고너스에 의해 황야에 버려진 퍼디타는 난폭한 아버지에 의해

버림받았지만 자비로운 자연에 의해 보호되고 양육되어 그 생명을 보존하게 된다. 안티고너스는 퍼디타를 황야의 비바람 가운데 버리라는 레온티즈의 명령을 듣고 어쩔 수 없이 따르면서도 자연이 이 불쌍한 아이를 보호하여 줄 것을 기원한다.

> 어지신 천사가 솔개와 까마귀를 시켜
> 아가씨의 유모가 되게 하고 늑대와 곰도 잔인한 본성을 버리고
> 사람의 자식에게 동정심을 베풀었다고 하지 않습니까?……
> 가엾은 공주 아가씨. 하늘의 축복을 받아
> 제발 이 가혹한 운명과 싸워주소서!

위의 안티고너스의 기도 속에는 생태 여성주의적 원리가 내재되어 있음을 알 수 있다. 생태 여성주의의 기저에는 모든 생명체의 상호 의존성과 상호 관련성에 대한 전제가 깔려있다. 이것을 영성이라고 부를 수도 있는데 종교적인 것과는 다른, 모든 생명체 속에 침투해 들어가 살아있는 여성적 원리, 즉 생명력을 말한다. 자연속의 까마귀, 솔개, 늑대와 곰 속에도 생명을 서로 지지해주는 여신의 정신인 영성이 서로 합력하여서 생명을 기른다는 생각이 안티고너스의 기도 속에 내포되어 있는 것이다.

안티고너스의 기도처럼 퍼디타는 자연 속에서 어질게 살아온 양치기와 광대에 의해 발견되어 양녀로서 잘 양육되게 된다. 양치기는 버려진 아기 퍼디타를 발견하고 "하나가 죽어가는 것을 만나고 나는 새로 태어난 것을 만난다"고 하는데 이는 재생의 주제를 나타내주는 것이다.

퍼디타는 많은 비평가들에 의해 비옥의 상징으로 논의되어 왔다. 꽃의 여신인 플로라의 옷을 입은 퍼디타는 그녀를 사랑하는 플로리젤에 의해 신들의 여왕으로 불리운다. 퍼디타는 연인 플로리젤에게 염라대왕 디스의 수레에서 떨어진 꽃을 갖고 싶다고 하는데 생명을 살려 팔에 안기게 하기 위해 꽃을 원한다는 퍼디타의 소원은 그녀의 성적 사랑의 목표가 죽은 것을 살려서 생명을 이어가게 하는데 초점이 맞추어져있는 것임을 나타내준다. 살려서 팔에 안기게 한다는 것은 탄생과 양육의 이미지를 내포하는 것으로 퍼디타는 자연의 여신, 어머니로서의 이미지로 부각되기도 한다. 이 극의 4막 3장에서는 땅의 창조력에 대한 강조가 반복되고 있다.

또한 퍼디타는 꽃의 여신답게 양털깎이 축제에 온 손님들에게 꽃을 나누어주며 환영을 한다. 손님으로 가장하여 축제에 온 폴릭스니즈와 퍼디타의 자연과 인공에 관한 토론을 주의깊에 살펴볼 필요가 있다.

퍼디타 : 흰색과 붉은 색의 얼룩진 무늬는 위대한 자연의 조화에 사람의 손길이 부당하게 보태졌다고 들었습니다.

폴릭스니즈 : 그럴 수도 있지.

그러나 자연에 이러한 손길이 보태져서 훌륭하게 된다면 그 손길 역시 자연의 것이라고 봐야지.

그러니까 아가씨가 말하는 자연에 대한 인간의 손길은 실은 자연이 만들어내는 것이란 말이오

그러니까 예쁜 처녀, 미천한 어미나무에 씨 좋은 가지를 접목시켜 훌륭한 씨의 눈을 트게 할 수 있어요.

이것은 바로 자연의 부족을 보충하고 자연을 변하게 하는 인공의 솜씬데, 이 역시 자연의 힘이지.

위의 대사에서 보면 자연인 퍼디타는 위대한 자연의 힘에 인위적인 사람의 손길이 닿는 것을 싫어한다는 것이다. 그러나 권력자인 폴릭스니즈는 자연에 인간의 손길이 보태져서 자연이 더 훌륭해지는 것이므로 인위적 손길로 인정되어야하는 것이라는 주장을 편다. 폴릭스니즈는 자연을 이용 대상으로서 인식해온 가부장적 이데올로기를 대표하고 있고 퍼디타는 그러한 이념에 도전하는 인물이 된다. 인공 역시 자연이라는 주장을 펴는 폴릭스니즈는 결국 퍼디타가 양치기 딸의 신분으로 자기 아들 플로리젤의 연인이 된 것에 분노하며 반대한다. 퍼디타의 "얼굴을 찔레로 찢어서 더 천한 꼴로 만들겠다"고 난폭한 위협을 가하는 그를 보면 폴릭스니즈 역시 레온티즈처럼 여성을 학대하는 남성 중심 이데올로기를 대표하는 인물임을 알 수 있다. 이런 사람이 자연에 인공의 손길을 첨가하여 자연을 더 훌륭하게 변화시킬 수 있다는 주장을 펴는 것은 자연자원을 이용하고 착취하는 과정을 통해 문명을 발전시켰음을 자랑스럽게 여기는 남성중심적 이데올로기의 표명이라 할 수 있다.

생태여성학이 추구하는 바는 모든 다양함 속의 일체 즉 우주는 한 몸이며 땅 위에 생명은 상호 연결되어 있다는 화해정신인데 폴릭스니즈는 퍼디타를 좋게 보아왔으면서도 신분이 다르다는 이유로 자기 아들과는 절대 섞여서는 안될 혈통이라며 가혹하게 그녀를 내치는 것이다. 그러나 퍼디타는 "왕궁을 비추는 태양이 우리들의 이 초가집에도 얼굴을 감추지 않고 똑같이 빛을 비쳐주고 있다고 말씀드리려했었다"고 하며 자연은 모든 생명체에게 공평하며 자연의 원리는 강한 자의 풍요를 위해 약한 자가 약탈당하는 이 세상의 원리와 다름을 당당하게 대변한다.

지상의 생명은 계급이 아니라 생명을 주고 받는 거미줄로 연결되어 있다고 믿으므로 여성 생태주의는 필연적으로 반계급주의다라는 선언처럼 퍼디타는 선구자적 반계급주의 선언을 한 셈이다. 그 시대에는 생각도 할 수 없었던 그러한 혁명적 생각을 할 수 있었던 퍼디타를 계급 반목의 화해 중재자로 보기도 하는데, 그녀가 자란 곳이 보헤미아라는데 생각을 잠시 모아볼 필요가 있다. 있지도 않은 보헤미아의 해변을 언급한 셰익스피어처럼 빅토리아 시대인들은 보헤미아를 정확한 지도상의 장소로 이해하지 않고 상징적 공간으로 이해했다고 하며 따라서 보헤미아는 경계선이 없는 공간, 즉 상상의 나라로 간주되었다는데 이러한 공간인 보헤미아가 퍼디타가 성장한 곳이며 퍼디타와 플로리젤의 사랑이 꽃핀 곳이라면 이곳은 자연의 생명력이 기존의 이데올로기를 무너뜨릴 수 있는 곳으로서의 상징적 의미를 갖는다.

그러나 보헤미아도 폴릭스니즈라는 제도화된 억압이 존재하는 곳이므로 퍼디타는 이곳으로부터 해방되어야 할 필요성을 갖게 됨으로써 플로리젤과 더불어 캐밀로의 도움을 받아 이곳을 탈출하게 된다. 생태여성주의 비평에서는 억압된 것들이 해방 전략을 찾아야 한다는 주장처럼 플로리젤은 "난 바다로 갑니다. 뭍에선 그녀와 살 수 없으니까요"라고 하면서 퍼디타와 함께 보헤미아를 떠나는 것이다.

경박한 질투심으로 하여 한 순간에 아내와 아들과 딸, 사랑 모두를 잃어버린 레온티즈는 아내와 아들을 잃고 딸을 추방한 후, 줄곧 참회하는 날들을 보내며 살다가 플로리젤과 퍼디타가 시실리아를 찾아오는 것을 기점으로 하여 긴 고행의 날들에 대한 보상을 받게 된다. 신하 클레오메네스는 레온티즈에게 어떠한 죄과도 보상받을만한, 성자와 같은 속죄를 했으니 스스로도 죄악을 잊고 자신을 용서하라고 말하게 된다.

가장 우선적인 보상은 그가 상실했다고 믿은 아들 마밀리어스에 대한 회복이다. 플로리젤과 퍼디타가 눈앞에 나타나자 레온티즈는 자신의 아들 딸이 살아 돌아온 대지에 봄이 온 것 같다고 감격한다. 뿐만 아니라 레온티즈는 퍼디타를 여신이라고 반기며 신들에게 "두 사람이 이곳에 체재하는 동안 이 나라의 공기에서 독기를 없애서 맑게 해주소서"라고 기도한다.

플로리젤과 퍼디타를 봄의 정령들로 맞아들이며 시실리아 땅에서 독기를 없애고 공기를 정화시켜달라고 비는 것은 죽음의 땅이었던 곳에 봄의 새로운 생명이 부활하게 해달라는 기도와도 같다. 시실리아의 이 독기는 타자를 억압하는 지배자의 난폭성이라고 말할 수 있다. 이 폭력이 제거되고 정화되기 위해서는 봄의 여신 즉 생명을 소생케 하는 자연의 모성이 회복되어야 함을 이 극의 결말은 제시해주고 있다. 그래서 5막은 자연의 모성이 회복됨으로서 죽은 자들이 부활하는 기적을 그리고 있다. 우선적으로 펠퍼린은 죽은 마밀리어스와 안티고너스가 플로리젤과 캐미롤의 모습으로 회복된다고 보는 것이다.

이 회복의 극치는 허마이어니의 석상이 생명을 갖은 인간으로 부활하는 장면에 있다. 그녀가 은총의 상징인 것처럼 여러 번 반복되는 것은 그녀가 갖고 있는 한없는 관용과 자비의 속성이 신적인 것임을 나타내기 위함이라고 볼 수 있다.

폴리나의 연출에 의해서 분열되었던 가족의 완전한 결합과 화해가 일어남으로써 이 극은 폴리나, 퍼디타, 허마이어니 세 여인의 승리의 장면으로 마지막을 장식하게 된다. 폴리나는 마밀리어스의 사망소식을 듣고 실신한 허마이어니를 데리고 간 후 16년 만에 석상을 제작했다고 하며 그동안 남몰래 보살펴왔을 허마이어니를 레온티즈 일행 앞에 부활시키는 창조적 마술사라고 할 수 있다. 폴리나는 레온티즈가 질투에 사로잡혀 판단의 분별력을 상실하던 당시부터 줄곧 레온티즈를 질책하며 올바른 판단을 하도록 충고하는 역할을 해옴으로 해서 그녀가 레온티즈의 양심을 나타내는 역할을 한다고 보기도 하듯이 사실상 부패한 지배력을 도려내고 그것의 해악으로부터 생명을 보호하는 역할을 하는 것이다.

폴리나가 석상이 살아나는 장면에서 하는 말에 주의를 기울여볼 필요가 있다. 그녀는 살아나고 있는 허마이어니를 경악에 차서 바라보고 있는 레온티즈에게 "자, 손을 내 드리세요. 왕비전하가 젊으실 때는 폐하께서 구혼하셨지만 노년이 된 지금은 왕비전하께서 구혼자가 되어—"라고 말하는데 여기서 우리는 재결합의 단계에서 레온티즈와 허마이어니의 역할이 바뀌고 있음을 간과할 수 없다. 지배자의 권력에 의해 억압당하고 학대당하던 수동적 위치에서 이제 허마이어니는 능동적 주체자로 그 자리를 바꾸는 것이다.

그러나 마지막 장면에서 캐밀로와 폴리나의 결합은 레온티즈에 의해 주관되고 있다. 파괴적이고 부정적인 힘이었던 레온티즈는 긍정적인 평화의 사도로 탈바꿈하여 연합을 주도하는 주체로 탈바꿈한 것이다. 세 여인의 고통과 인내는 세 쌍의 행복한 결혼이라는 아름다운 열매로 결실되고 있다. 반면에 레온티즈 역시 용서만을 받는 수동적 위치로 자리바꿈 하는 것이 아니다. 그가 구혼자요, 체벌자였던 입장에서 위치가 전복되어 용서받는 자, 구애를 받는 자로서의 수동적 위치에 서게 되는 것을 남성 힘의 상실로 보는 측면이 있지만 이 극에서 레온티즈의 전복된 위치는 상생의 생명력을 발휘하는 긍정적 힘이 된다. 다시 말하면 이전의 부정적 폭군에서 긍정적인 평화의 주체자로 새로이 서게 된다는 것이다. 이로써 이극은 지배적 주체가 타자를 학대하고 착취함으로써 사랑은 깨지고 생명이 살아남을 수 없는 비극적 세계가 도래하나 모든 구성원이 조화로운 관계로 서로 연결되어 사랑을 나눔으로서 상생의 아름다운 세계가 이루어질 수 있다는 생태학적 의미를 전해주고 있다. 생명과 여성을 상징하기도 하는 디오니소스의 생명원리를 극화하고 있는 이 극은 생명의 재생에 대한 사유를 하게 하는 부활의 축제장으로 막을 내린다.

이로써 셰익스피어는 이미 남녀평등의 상생관계를 통해서 특히 생명을 주는 여성의 역할을 통해서, 또한 문명과 자연의 조화를 통해서 가부장주의 문명의 비극을 극복할 수 있다는 생태여성주의적 세계관을 갖고 있었음을 알 수 있다.

『태풍』: 자기 극복의 의지

『태풍』은 우리 안의 두 존재인 에고와 영적 마음을 생각해볼 수 있게 한다. 이 작품은 외부에서 무엇인가를 무한히 빼앗아 욕망을 채우려고만 하는 에고의 마음은 길들여질 수 없는 것이며 영적 마음의 기능은 신성을 회복하여 확장하고자 하는 힘이라는 것을 깨닫게 해준다.

셰익스피어의 마지막 작품으로 여겨지고 있는『태풍』은 현실세계와 초자연적인 환상세계가 혼재되어 그 어떤 작품보다도 다양하게 해석될 수 있는 작품이다. 주인공인 프로스페로는 마법을 행하여 자연적 현상까지도 통제, 조절할 수 있는 신적 존재로 등장하고 그의 마법 실행을 수종드는 에어리얼은 환상세계와 현실을 넘나드는 요정으로 등장한다.

프로스페로의 마법으로 바다에 폭풍우가 몰아치는 것으로부터 극은 시작된다. 그 태풍으로 인해 프로스페로가 지배자가 되어 있는 섬 근처에서 배 한 척이 난파하게 된다. 그 배에는 12년 전에 프로스페로의 권력과 영토를 빼앗고 그의 세 살 된 딸과 함께 그를 추방해버린 그의 동생 안토니오 일행이 타고 있었다. 안토니오와 더불어 프로스페로를 추방하는데 일조했던 나폴리의 왕 알론조와 수행원 그리고 그의 아들 페르디난드 등이 난파한 배에서 구조되어 프로스페로가 원주민 캘리반과 딸 미란다와 함께 살고 있는 섬으로 올라와 지난 일들을 회개하고 화합하게 된다는 것이 전체 극의 줄거리다.

프로스페로는 12년 전 밀라노 공국을 다스리는 최고 통치자였으나 그의 통치권을 동생 안토니오에게 맡겨놓고 학술문에 탐구에 전념하고 있었다. 그러던 중 안토니오가 나폴리의 왕과 결탁하여 반역을 꾀해서 프로스페로는 세살된 딸과 함께 바다에 버려졌고 지금의 섬에 상륙한다. 원주민 시코락스의 섬을 장악하고 그녀의 아들 캘리번을 노예처럼 부리며 딸을 양육하고 산 세월이 12년이나 된다.

주요 주제 중의 하나가 권력찬탈이므로 종종 이 극은 지배자와 피지배자의 관계에 초점이 맞추어져 연구되기도 해왔다. 프로스페로는 동생인 안토니오에 의해 권력을 빼앗기고 추방되었지만 프로스페로는 찬탈자가 되어 원주민이었던 시코락스의 섬을 빼앗고 그 아들인 캘리번을 노예처럼 부리며 지배한다. 난파선에서 구조되어 섬에 올라온 안토니오는 세바스찬과 공모하여 나폴리의 왕인 알론조를 죽이려다 실패한다. 난파선에서 구조되어 올라온 일행의 하인들인 스테파노와 트란큘로는 캘리번과 결탁하여 프로스페로를 없앨 궁리를 한다. 이와 같이 극의 중심을 이루는 주제는 역시 "권력에의 의지"다. 문명의 상위층에 있는 인간들이나 미개한 자들이나 너나 할 것 없이 피지배의 위치에서 벗어나 자기를 강화하고자 하는 의지에 관해서는 다를 바가 없다.

젊은 시절부터 학예에 전념하며 마법을 연구해온 프로스페로 역시 지상의 권력에 무관심했다 하더라도 초자연적인 힘을 갖고자 했던 면에서는 다른 사람과 다를 것이 없는 힘을 갖고자 하는 욕망의 소유자임에 분명하다. 자기 자신의 힘을 고양시키고 강화하려는 이들 그룹을 인간의 심리적 상태를 나타내는 우호적인 관점에서 본다면 캘리번 일행을 본능적 힘으로 보고 안토니오 일행을 현실에서 자신들만의 이익을 추구하려는 자아, 즉 에고의 상징, 또한 프로스페로는 모든 것을 지배하고 통제하려는 초자아의 상징적 존재로 볼 수 있을 것이다.

『태풍』의 등장인물들이 각기 위치에서 드러내 보이는 권력에의 의지는 공통적이면서도 그 단계가 다름을 또한 알 수 있다. 캘리번과 스테파노, 트란큘로 등의 저속한 단계의 인물들은 본능적인 욕구를 충족시킴으로 해서 자신들을 더 강화하려는 의지를 보인다.

프로스페로가 그들을 가리켜 "원수들"이라고 하며 스테파노가 자신을 가리켜 "난 스테파노가 아니라 풍에 걸린 고깃덩어리"라고 자칭한 것처럼 우화적인 관점에서 이들 미개한 존재들은 인간 내면의 본능적 욕구를 상징하는 것으로 볼 수 있을 것이다. 트란큘로는 캘리번을 '생선'이라고 하고 술주정뱅이인 스테파노는 또 캘리번을 '네 발 달린 괴물' 또는 '악마'라고 지칭한다. 캘리번은 술주정뱅이인 스테파노를 신처럼 떠받들고 그러한 캘리번을 트란큘로는 비웃고 있지만 이 동물적 인간 군상들이 벌이는 희극적인 권력다툼은 안토니오와 세바스찬이 벌이는 권력다툼과 맞물리면서 이 모두가 인간들의 본능적인 권력에의 욕망을 희화화하고 있는 듯하다.

난파선에서 살아남은 와중에도 나폴리 왕인 알론조를 죽이고 더 큰 권력을 쟁탈하려던 안토니오와 세바스찬은 끊임없이 더 높은 것을 향해 손을 뻗치는 인간의 에고의 전형적인 모습을 보여준다. 니체에게 있어서의 '힘에의 의지'란 보다 높은 존재로 자신을 고양시키는 것을 의미하지만 캘리번 일당과 안토니오 일당의 '힘에의 의지'는 이와는 달리 본능적 이드를 확장하려는 에고의 욕망일 뿐이다.

니체의 '힘에의 의지'가 보다 더 고귀하고 풍요로운 영혼을 갖도록 몰아가는 근원적인 힘이라면 진정한 의미에서 '힘에의 의지'에 의한 삶의 과정을 보여주는 것은 프로스페로다. 자기 극복이 힘에의 의지의 본질이고 그 의지는 자신을 통제하고 자신의 주인이 되는 것을 의미하는 힘이라면 프로스페로는 결국 그 힘을 소유하는 자가 된다.

프로스페로는 심리학적으로 마치 초자아가 이드와 자아를 통제하고 억압하듯이 캘리번을 억압하고 난폭하게 통제한다. 프로스페로는 캘리번을 교육하고 교화하려 하지만 결코 캘리번은 교화되지 않는다. 인간의 본능이 교화될 수 없는 자연상태 그대로인 것과 마찬가지로 캘리번은 미개한 자연의 상태에서 심지어는 주정뱅이 스테파노의 종이 되기까지 하는 인물이다. 프로스페로는 미개한 캘리번을 지배할 뿐만 아니라 초자연적인 존재인 요정 에어리얼도 통제하며 이용하고 있다. 알레고리적 관점에서 환상이나 상상력 등으로 해석되는 에어리얼은 프로스페로 자신의 욕망을 현실화하려는 그의 내면의 자아를 나타내주는 존재일 수도 있다.

자신의 영토와 권력을 빼앗고 딸과 자신의 목숨까지도 위태롭게 했던 동생 안토니오와 나폴리 왕을 결국 용서함으로써 마법의 지팡이를 던지고 에어리얼을 해방시켜주는 프로스페로는 결국 그가 자기 극복의 단계를 거쳐 소자아를 버리는 고양된 단계에 이르게 됨을 의미한다. 그는 원수들을 용서하기로 하면서 "원수를 덕으로 갚는 것이 군자의 도리"라고 역설한다. 그는 이제 더 고귀하고 풍요로운 영혼을 가진 존재로 자기를 극복한 사람답게 평정한 모습을 보인다.

또 하나의 중요한 플롯은 난파한 배에서 구조되어 섬에 상륙한 나폴리의 왕자 페르디난도와 프로스페로의 무남독녀인 미란다와의 결합이다. 이들의 결혼으로 원수지간이었던 밀라노와 나폴리는 재결합의 화해를 이루게 된다. 프로스페로의 마법을 통해 태풍이 일어났고 그 태풍의 결과로 순수한 영혼들이 결합하게 되었으며 용서가 이루어지고 원수들 간의 화해가 이루어진 것이다. 결국 프로스페로의 마법의 효용은 화합과 사랑이라고 할 수 있을 것이다. 권력다툼과 마법이 중심소재가 된 이 극을 통해서 셰익스피어는 권력에의 원초적 욕망이 마법이 아니고서는 해결되지 못할 영원한 인간세상의 문제임을 제시한 것은 아니었을까.

극의 결말은 진정한 '힘에의 의지'는 지상의 권력을 놓고 싸워 이기는 것이 아니라 결국 자기극복의 의지며 그것은 마법처럼 인간세상의 갈등을 융합시키며 화해의 장으로 인도할 수 있는 것임을 일깨워준다.

셰익스피어비극의 탈중심적 관점

셰익스피어의 비극의 주인공들은 대체적으로 그들을 둘러싼 악의 세력에 의해 비극적 운명을 맞이하는 것으로 되어있다. 『햄릿』의 경우는 클로디우스가 그 악역을 맡고 있으며 『리어왕』의 경우는 못된 두 딸 고너릴과 리건이 리어왕의 비극을 불러오는 주역노릇을 한다. 『맥베드』의 경우는 악이 그 자신에 의해 저질러지므로 다소 양상을 달리하기는 하나 마녀들과 아내의 부추김에 의해서 악이 시행된다고 보면 그 역시 악한 외부적 힘이 그의 비극의 시발점이 되고 있다고 볼 수 있다.

『오셀로』는 악한 이야고의 거짓말에 속아 사랑하던 아내를 살인하게 됨으로써 비극의 주인공이 된다. 또 『줄리어스 시저』의 경우 카시우스의 꾀임에 빠져 악의가 없었던 이상주의자 부르터스는 살인자의 대열에 끼게 되고 결국 비참한 패배를 맞이하게 된다. 이러한 견지에서 보면 비극은 선과 악이 대립하며 갈등을 겪다가 결국 선이 패하는 것으로 결론지어져서 비극들을 통해 보여지는 세계는 분명히 선과 악의 이항대립의 세계다.

선과 악 양자 간의 대립·투쟁을 통해 선하다고 생각되는 주인공들이 패배함으로써 "셰익스피어의 비극적 비전은 어떤 치료적 카타르시스도 주지 못한다"는 평을 듣게 된다. 특별히 『리어왕』의 마지막은 구원의 위안도 없으며 살아있는 자에게나 죽는 자에게나 위로도, 도덕적 승리나 보상도 찾을 수가 없다는 평가를 받게 한다. 이러한 관점은 세상에 선인과 악인이 있다는 관념 내지는 선과 악이 존재하되 선은 좋은 것이며 영속되어야 하고 악은 나쁜 것이고 패배해야 한다는 이분법적 고정관념에서 연유하는 것일 터이다. 그런 의미에서라면 정말 셰익스피어의 비극에서는 인간이나 인생에 대한 희망적 비전을 찾기 어렵다고 말할 수 있을 것이다. 그러나 우리가 셰익스피어의 작품, 특히 비극들을 세심하게 읽으면 셰익스피어는 선과 악의 대립과 그 승패를 드러내기보다는 선과 악 또는 어둠과 빛의 역동적 운행을 통하여 인생의 의미와 인간이 지향해야할 생의 목적을 드러내고자 하는 것에 주안점을 두었다는 것을 파악할 수 있다.

즉 작가는 어떤 이데올로기에 중심을 두고 나머지를 주변화 시키기보다는 중심과 주변이 어떻게 자리다툼을 하며 인간과 인생의 의미를 드러내는지를 보여주는 것이다. 우리의 사고가 중심이라는 개념에 기초해있을 때 다른 반대편의 것을 배제하려는 관점이 생기고 그런 관점에서 보면 중심에 있는 것만 가치 있다고 믿게 되고 다른 요소들은 억압되게 마련이다. 두 개의 반대가 되는 쪽을 형성하여 한쪽은 중심에 두고 다른 한 쪽은 주변화시키고 얼어붙게 한다는 것이 후기 구조주의자들이 서구 사고의 틀을 비판한 것이라면 이들이 말하는 탈 중심적, 해체적 글읽기는 억눌리고 주변화 되었던 것들에 중심을 옮기는 것으로 시도된다.

『햄릿』에는 인생에 대한 다양한 주제들이 내포되어 있지만 무엇보다도 이 극이 복수극이라 불리우는 만큼 '죄와벌'이라는 주제가 중심이 되어있다고 할 수 있다. 햄릿 왕자의 아버지인 선왕 햄릿은 그의 동생에게 생명과 권력과 아내까지 찬탈 당하고 그 아들에게 복수를 명하나 그 복수는 끝없이 지연되고 결국은 모두의 죽음으로 끝난다. 이 극에서 주로 문제시했던 것은 복수지연이다. 복수가 즉각 행해지지 않음으로써 무고한 사람들이 함께 죽게 되는 것이 이 비극이므로 이 복수 지연의 원인을 밝히는 것이 간접적으로 비극의 원인을 밝히는 것이 될 수도 있을 것이다. 그러나 이 복수는 처음부터 이루어질 수 없는 것으로 전제되어 있음을 안다면 복수지연의 원인을 왈가왈부한다는 것은 불필요한 일이 될지 모른다.

복수의 임무가 수행될 수 없는 것임을 드러내는 것은 아이러니하게도 복수를 명하는 선왕 자신에 의해서다. 그는 아들에게 복수를 명하면서 "살인이란 최선의 경우에도 정당화될 수 없는 비열한 짓" 임을 분명히 말하고 있다. 더구나 극이 시작되기 이전의 상황으로 주어지고 있는 것은 선왕 햄릿이 이미 노르웨이왕을 살해한 살인자라는 것이다. 그렇다면 그는 자신이 누구에게 복수를 명할 자격이 있는 자가 아니라 노르웨이왕의 아들로부터 받을 복수의 대상이 되어 있다는 것이 극적 상황의 전제다. 그런 전제 상황을 고려해볼 때 선왕 햄릿이 살해된 것은 그 자신의 죄에 대한 댓가이지 자기 죽음의 댓가로 복수를 명할 위치가 아니라는 것이다. 다만 선왕 햄릿이 선한 왕으로 추앙받는 것은 덴마크의 입장에서일 뿐이다. 노르웨이의 입장에서 보면 그는 국왕을 죽인 원수요, 악한일 것이다. 여기에서 우리가 생각해야할 것은 선과 악이라는 관점의 역동성이다. 자신이나 자신의 편을 기준으로 하여 선과 악의 관점이 달라지는 것이며 그러므로 인간들이 규정하는 선 악은 다분히 주관적인 것이라는 점이다.

또한 햄릿 왕자는 그가 선왕의 복수를 명함 받고 주저하는 과정에서 죄 없는 폴로니우스를 직접 죽이고 일찍이 살인자가 되어버린다. 그리고 두 동창생인 길던스턴과 로젠크랜츠를 죽게하며 오필리아를 죽게하는 간접적 살인자가 되고 직접적으로 또 레아티즈와 클로디우스를 죽이게 된다. 레아티즈와의 결투에서 햄릿이 죽게 되는 것도 엄밀히 말하면 폴로니우스를 살해한데 대한 그 아들의 복수를 받은 것으로 간주 될 수 있다. 햄릿은 이미 살인자로서 그가 아버지의 죽음을 복수할 자격을 애초부터 상실했다고 볼 수 있다. 극의 뼈대가 되고 있는 이러한 상황에서 유추할 수 있는 것은 애초부터 셰익스피어는 인간이 인간을 복수하거나 정죄할 수 없는 존재임을 드러내고 있는 것이라 하겠다. 그렇지 않다면 이 극에서는 과연 누가 도덕적으로 더 옳은가 라는 의문이 생길 뿐이고『햄릿』의 세계는 거의 카오스에 가깝다는 생각을 갖지 않을 수 없게 된다. 선왕 햄릿은 선인이고 클로디우스는 악인이며 악인에 의해 살해된 선인의 복수가 이루어져야 하는데 어떠어떠한 이유로 그 복수는 지연되었다는 논란은 따라서 불필요한 것인지도 모른다.

극의 이러한 상황 설정 속에 내재되어 있는 기본적인 인간관은 인간 모두가 너나할 것 없이 누구나 죄인이라는 것이다. 그 근본이 죄인인 까닭에 자신의 욕망 달성을 위해서 기회가 주어지면 살인도 할 수 있고 간음도 할 수 있는 존재이지 악의 세력이 따로 존재하는 것이 아니라는 것이다. 상대를 어느 중심에서 보느냐에 따라서 선인과 악인이 갈릴 뿐이다. 『햄릿』에서 어려운 국면은 햄릿이 너무 많은 퍼스날리티를 갖고 있다는데 있다고 하지만 기실 작가는 인간 안에 혼재해 있는 이러한 다원적 측면을 오히려 적나라하게 드러내고자 한 것으로 보인다. 그래서 햄릿은 호레시오에게 인간이 날 때부터 악한 속성을 갖고 있는데 그것 때문에 다른 미덕도 부패한 것이 되어 버리고 만다는 원죄설을 피력한다.

> 그들이 타고 난 천성 속에 무슨 좋지 못한 결점이 있어서 이를테면 출생이 나쁘다든가-그렇지만 인간이 이 세상에 나올 때 그 조상을 가릴 수는 없으니까 인간에게 죄는 없지만- 또는 어떤 성벽이 좀 도가 지나쳐서 이성력의 울타리를 허물고 삐어져 나온다든가, 또는 어떤 습성이 과도한 발효 작용을 일으켜서 온전한 인품을 망쳐놓는다든가 하면 그 사람은 그 한 가지 오점을 무슨 자연이 입혀준 옷이나 하늘에서 마련해 준 팔자처럼 지니고 다니기 때문에 다른 장점들이 아무리 순결하고 무궁하다 할지라도 세상 사람들이 보기에는 그 한가지 결점에서 물이 들어서 부패했다고 하거든. 그러니까 티끌만한 결점이 있어도 그 사람의 고상한 성품이 모두 다 무효가 되고 따라서 나쁜 사람이라는 소문을 듣게 된단 말이야.

위와 같은 인간관을 갖고 있음에도 불구하고 햄릿 스스로 아버지의 미덕을 찬양하고 숙부의 열등한 근성을 경멸하는 것에는 아이러니한 모순이 있다. 햄릿에게 나타난 혼령이 자신의 죽음의 경위를 이야기하는 데에도 원죄에 대한 신화적 바탕이 깔려있다. 즉 클로디우스가 정원에서 잠자고 있는 자기 귀에 독즙을 집어넣어 죽게 되었다는 것인데 그것이 백성들 사이에는 왕이 독사에 물려죽었다는 소문으로 왜곡되어 퍼져있다는 것이다. 죄가 뱀으로부터 연유한다는 것이나 귀에 독즙이 들어가 온 몸의 혈액이 굳어 죽게 되었다는 것 모두가 에덴동산에서 이브에게 찾아왔던 죄의 원형과 닮아있다. 뱀의 교활한 말에 귀를 기울여 그것을 받아들이고 선악과를 따먹게 된 인간이 영의 생명을 잃고 신과 단절되었다는 에덴동산의 신화를 연상시키는 것이다.

혼령이 복수를 명하고 사라진 다음 탄식하는 햄릿의 독백 중 "인간이 미소를 지을 수 있지만 미소를 지으면서도 악한일 수 있음을 적어두는 것이 좋겠다"에서도 그것이 내용상 클로디오스를 가리키는 것이며 또 인간의 외면과 내면이 다르다는 의미이기도 하지만 동시에 그것은 한 인간 안에 선과 악이 함께 공존함을 내포하는 말임이 분명하다.

인간이 날 때부터 죄인이라는 것은 햄릿이 오필리아에게 수녀원에나 가라고 말하는 장면에서 가장 두드러지게 나타난다. 거기서 그는 자신이 정직한 축에 속하지만 그래도 어머니가 자기를 낳지 않았더라면 더 좋을 갖가지 죄목을 가지고 있다고 말한다.

> 수녀원에나 가시오. 무엇 때문에 죄인들을 더 만들어 내려는 거요?
> 나 자신은 이래뵈도 꽤 유덕한 사람이지만 차라리
> 우리 어머니가 나를 낳지 않았더라면 하고 생각할 만큼
> 가지가지 죄를 가지고 있답니다.

그의 입술을 통해 표현되는 의미의 요지는 인간 누구나의 속에는 살인이나 간음을 저지를 수 있는 악덕의 힘이 내재되어 있으면서 그

것을 감추거나 그럴듯하게 꾸미고 살아가는 것이 다를 뿐이라는 것이다. 그래서 그는 호레시오에게 "감정의 노예가 아닌 사람을 대보게"라고 하게 된다. 그가 어머니와의 회견시에 자기들의 이야기를 엿듣고 있던 폴로니우스를 죽였을 때 그는 바로 그 순간 감정의 노예였다. 그런 중한 죄인 살인을 저지르고도 양심의 가책도 없이 어머니의 정열만을 힐난하는 그는 오필리아의 입술을 통해 평가되는 훌륭한 인간상과는 멀어 보인다. 어머니와의 회견시 "거울을 들고 거기서 어머니 자신의 깊은 속을 들여다보시오"라고 하지만 햄릿이 실제 어머니에게 보여주는 것은 두 남편의 초상이라는 데에도 간과할 수 없는 의미가 암시되어 있다.

햄릿이 유감스러워 마지않는 그 어머니의 내면의 모습은 기실 욕망 추구의 중심에 있는 두 아버지의 모습이라는 의미이다. 그러면서 햄릿은 어머니더러 두 쪽으로 조각난 마음 중 나쁜 쪽은 버리고 욕망을 자제하도록 하라고 엄중히 경고한다. 그런 장면에서 그는 홀로 도덕적이며 이성적인 심판자의 자격이 있는 것처럼 행동한다. 그러한 그가 죄 없는 두 동창생을 죽게 하면서도 일말의 양심의 가책도 표현하지 않는다. 여기까지도 그는 단지 타인의 죄를 보는 존재일 뿐 보여지는 존재로서의 통합된 자기 자신을 의식하지 못하는 것이다. 햄릿의 무자비한 에고티즘을 비판하는 평이 많지만 이는 자신의 참모습을 보지 못하는 상태에서의 대부분의 인간의 상황이 그러하다는 것이다.

햄릿은 그러나 그의 마지막을 장식할 레아티즈와의 결투장면에서 그에게 용서를 빌며 그에게 잘못한 것이 있다면 그것은 햄릿이 한 것이 아니고 햄릿의 광증이 한 것이며 햄릿 자신도 그것의 피해자고 그것은 햄릿의 원수이기도 하다고 말한다. 평자들은 햄릿과 레아티즈가 끝에 가서 화해하는 동기가 분명치 않다고 하며 햄릿은 지난날의 살인에 대해 심각하게 뉘우치는 것 같지도 않고 다만 자기가 한 것이 아니라 광증이 했다고 하는 것은 그를 괴물 같은 이기주의자로 생각지 않을 수 없게 한다고까지 말한다. 그러나 결투 장면에서 햄릿은 인간 안에 있는 욕망의 힘인 광증은 누구에게나 있는 보편적인 것이며 이것은 그 사람 안에 있으면서 그 자신에게 원수가 되는 속성임을 드러내주고 있다. 그렇다면 진정 복수를 해야 하는 적은 자신 안에 있다는 이야기가 된다. 비로소 그것을 직시하고 스스로의 죄를 인정하고 레아티즈에게 용서를 빈다는 것은 햄릿 편에서 진정한 악에의 복수가 이루어진 것이라고 볼 수 있다.

『맥베드』에는 극의 처음부터 가장 분명하게 작가의 해체적 관점이 잘 나타나 있다고 할 수 있다. "선한 것은 악한 것이고 악한 것은 선한 것이다"라는 마녀들의 합창에서 시작된 이 주제적 표현은 맥베드라는 한 인간을 통해 진리임이 증명되면서 나아가 이것이 보편적으로 모든 인간과 인생에 적용됨을 작품은 보여준다.

『맥베드』에서는 맥베드가 살인을 저지를 수 있도록 부추긴 악의 동기가 형체도 정체성도 불분명한 마녀들이라는 데에 어떤 암시가 내재되어 있다고 볼 수 있다. 이 세상에 존재하는 인간으로서 선인과 악인이 구별되어 있는 것이 아니라 초자연적인 힘으로써 편재해 있는 세력으로서의 악을 의미하기 위함이라고 해설할 수 있다. 부름 받기를 기다리며 공간 가운데 숨어 있는 어떤 힘처럼 그것은 인간의 야심을 부추겨 약간 지나치도록 만드는 세력인 것이다.

작품의 첫 머리에 피를 흘리며 나온 부대장이 전장터의 상황을 던컨왕에게 보고하는 장면에서 맥베드는 참으로 용맹스러운 장군으로서 던컨왕의 신망과 칭찬을 듣기에 족한 인물로 소개된다. 그러나 칼을 휘둘러 적군들의 목을 잔인하게 도륙하는 그 장군의 칭찬받을만한 용맹스러움은 곧 왕을 죽이고 친구를 죽이고 무차별하게 신하들을 죽이는 잔인함으로 연결되어 용감함이 선이었으나 다른 쪽으로는 그것이 잔인성이라는 악이었음을 드러낸다.

부대장의 전쟁 상황 보고에서 주목할 것은 그가 맥베드의 무공을 자연의 상태에 비교하여 말하는 내용이다.

> 마치 태양이 떠오르는 그 방향에서
> 선박을 뒤집어 엎는 폭풍우와 무서운 천둥이 일어나듯이
> 안심이 생길 듯한 샘터에서 불안이 끓어올라오는 것 같이…

한 근원에서 태양이 비치는가 하면 배를 난파시키는 폭풍우와 무서운 천둥이 같이 오듯 같은 근원에서 위안과 불안이 함께 일어난다는 것은 한 인간 안에 선한 덕목이 있는가 하면 같은 그 근원에서 악덕이 나온다는 것을 비춰주고 있다 하겠다. 선과 악이 동시에 공존한다는 의미이기도 하겠으나 어떤 상황에서 어떤 시각에서는 선으로 볼 수 있는 덕목도 다른 견지, 다른 상황에서는 악으로 발휘되는 힘이기도 하다는 것이다.

또한 맥베드는 마녀들의 예언을 듣고 나서 방백하는 대목에서 "마녀들의 유혹이 나쁠 것도 없고 좋을 것도 없다"고 한다. 마녀들의 예언이 어떠하든지 간에 그것을 받아들이는 수용자의 마음이 그것을

선하게 또는 악하게 쓸 수 있는 것이지 어떤 것 자체가 본질적으로 나쁘다거나 좋다거나 할 수 없음을 아이러니하게도 스스로 인정하는 것이다. 뱅코우는 맥베드와 함께 마녀들의 예언을 듣고 자신의 후손이 왕이 될 것이라는 희망을 갖게 되었지만 야심 때문에 악한 생각을 하는 대신 그의 내부에서 일어나는 유혹적이고도 악한 생각들을 물리치려는 의지를 보인다.

맥베드 부인이 말하는 맥베드는 앞서 보여준 그의 용맹성과 잔인성의 면모에도 불구하고 "첩경의 길을 가기엔 너무 온유함으로 가득한" 성정을 가진 사람이다. 이 온유함이 부인과 조화로운 결혼생활을 하며 또 신하로서 던컨왕을 충성으로 모실 때는 더할 수 없이 고귀한 덕목이었을 터이지만 이 온유한 성격은 부인이 갖고 있는 악의 박차를 물리치지 못하여 살인을 저지르고 또 살인을 저지른 후에는 작은 일에도 두려워하는 소심함으로 나타나 작은 일에도 의심하게 되고 그 때문에 연이은 죄를 저지르게 되는 악덕이 되는 것이다.

맥베드 부인 역시 악을 저지르는데 강력한 박차 역할을 했지만 던컨왕이 아버지를 닮지만 않았어도 자기가 죽일 수 있었을 것이라고 고백하는 장면에서 보면 그녀의 내면 속에도 잠재해 있는 밀크의 속성과 같은 온유함을 엿볼 수 있다. 또한 죄를 저지른 후, 몽유병에 시달리는 장면에서 보여주듯 유약한 면모를 갖고 있는 여인인 것이다. 사실 그녀는 살인을 결심하고 실행에 옮기기 전에 술의 힘을 빌려서 "저들을 취하게 한 그것이 나를 용감하게 했다"고 하는데, 정상적인 상태에서의 내면 속에 살아 있는 이성과 분별력을 술이라는 매체로 마비시키고 악을 행한다는 측면에서 이는 햄릿이나 리어왕의 경우에 있어서 죄를 저지르고 분노하는 것이 그들 자신이 아니라 그들 속의 광증이라고 했던 것을 연상시킨다.

던컨왕의 죽음이 보고되었을 때, 기절하는 장면이라든가 그 이후 보여지는 맥베드 부인의 변화를 살펴보면 그녀가 자신에게서 여성성을 빼내어달라고 기원한대로 되지 않았음을 볼 수 있고 그녀 안에 살아 있는 선한 인간미를 볼 수 있게 해준다. "이미 이루어진 일은 되돌릴 수 없어요. 침실로 오세요" 하는 그녀의 마지막 말은 떨고있는 남편을 이제 안전한 지대로 안내해가고자 하는 어머니의 역할을하는 것처럼 보이기도 한다.

사람 뿐만 아니라 맥베드가 사는 성조차도 던컨왕에게는 공기가 신선하고 달콤한, 쾌적한 곳으로 여겨지지만 내부적으로는 살인의 음모가 진행되고 있는, 지옥의 영기가 가득한 음산한 곳이기도 하다. 사람도, 사물도 고정된 가치를 가지고 있는 것은 없다는 이야기다. 그것을 바라보는 사람의 마음이 상황을 해석하고 만들어 가는 것이라고 할 수 있다. 이와 같은 맥락에서 이 세상이 아무리 넓어도 마음에 따라서는 감옥이 될 수 있고 호두 껍데기 속에 들어 있어도 무한한 자유를 누릴 수도 있다고 말한 햄릿의 말을 연상해 볼 필요가 있다.

마녀가 말하는 "방심은 필멸의 인간에게 있어 최고의 적이다"라고 하는 데에도 해체적 주제가 내포되어 있다고 볼 수 있다. 이것은 플롯상으로 맥베드가 마녀들의 예언을 믿고 방심하다가 비극적 결말을 맞이하는 것을 예고하는 말이기도 하지만 더 상세하게 파고 들어보면 작가의 탈중심적 관점이 응축된 의미임을 알 수 있다. 그 무엇에 대한 방심 또는 그 무엇을 확고부동한 것으로 파악하고 거기에 고정되어 있는 것은 영원히 부동할 수 없는 필멸의 인간에게 있어서 얼마나 위험한 적인가 하는 것을 경고하는 말이다. 이 세상의 어떤 것도 중심으로 고정될 수 있는 것은 없다는 것이다. 인간은 우선 죽지 않을 수 없는 존재다. 끝까지 변화하며 움직여가는 존재다. 상황도 변화하고 시각도, 관점도 고정되지 않는다. 그러한 인간이 가치 매김하는 모든 것은 그 상황 또는 그 시각에서의 자기 생각일 뿐이다. 그래서 선한 것은 악한 것이 되고 악한 것은 선한 것이 되며 추한 것이 아름다운 것일 수도, 아름다운 것이 추한 것일 수도 있다.

어제의 충신이 오늘의 반역자가 되며 어제의 천사가 오늘의 악마가 되기도 한다. 셰익스피어의 비극에서 악은 부정적인 것으로만 고정되어 있지 않다. 맥베드는 마녀들의 유혹과 자신의 악행의 과정을 거쳐 삶의 진실을 깨닫는다. 이중의 의미를 가지고 우리를 속이는 삶의 유혹의 허상을 깨닫게 되는 것이다. 그래서 죄에 빠졌던 악행의 과정조차 의미 부여를 받을 수 있게 된다. 어둠이 있어야 빛의 존재 의미가 드러날 수 있음과 같다.

『리어왕』에서는 악한 두 딸들인 고너릴과 리건에 의해서 리어왕이 고통을 당하며 그는 그 고통의 과정을 겪으며 자아를 발견하게 된다는 것이 일반적이고도 전통적인 해석이다. 고너릴과 리건은 자기 중심적 욕심에 사로 잡혀서 진심에서 벗어난 아첨으로 리어왕을 사랑하는 척하나 자기들의 말과는 철저히 다른 배은망덕한 행위로 리어왕을 고통에 빠뜨린다.

『리어왕』의 부주제에서 에드문드는 서자로서 정실의 장자인 에드가가 받을 유산을 차지하기 위해 거짓말로 아버지를 속이고 형을 배신함으로써 형과 아버지를 고통에 빠뜨리고 자신도 비극적 결말에 이른다. 물질적 육체적 욕망의 추구가 악인의 특성이요, 그 악인의 행위로 인해 선인들이 고통 받으나 그들은 그 고통을 통해 자기 자신을 발견하고 새로운 인생의 의미에 눈 뜬다는 것이 비극의 과정이다.

데리다는 탈중심적 가치를 설명하면서 희생양에 대한 예를 든 바 있다. 도시를 정화시키기 위해 도시 밖으로 내쫓은 희생양은 이미 이전에 도시 안에 있었고 도시의 정화를 위한 약이 되었다면 그것은 악이자 동시에 신성이라는 것이다. 독이면서도 약이라는 이야기다. 『리어왕』에 적용하자면 고너릴과 리건 그리고 에드문드는 독이면서 약이고 악이자 동시에 신성이라고 할 수 있다. 코딜리아까지 그렇다고 이야기할 수 있다. 그녀의 냉담한 말이 아니었으면 리어왕은 자신을 알지 못한 채, 즉 성숙을 이루지 못한 채 죽어갔을지 모른다. 이러한 측면에서 선인중심적 가치는 새로 조명될 필요가 있다.

리어왕은 무정한 딸들에게 분노하면서 그 딸들이 자기 육신의 분신임을 자기 몸의 질병이나 펠리칸으로 비유하여 한탄한다.

> 이제는 서로 만나지도 않을 것이고
> 서로 얼굴을 대할 필요도 없을 것이다.
> 그러나 너는 내 살이고 내 피다.
> 살이라기보다는 오히려 할 수 없이
> 내것이라고 밖에 부를 수 없는 내 살 속에 있는 병이다.
> 너는 내피가 섞여서 생긴 헌데요. 독한 종기요.
> 퉁퉁 부은 부스럼이다.

잔인한 딸들을 자기 육신의 분신이라고 인정하는 대목에서는 그 잔인함과 폭력성은 남성적인 것임을 인정하는 것이 될 터이고 그 때문에 분노하는 것은 딸들의 속성에 마땅히 깃들어 있어야 할 친절과 자애의 모성성을 발견하지 못하는데 대한 실망을 말해주는 것이다. 리어가 무정한 딸들을 자기 육신의 일부로 인정하는 그 인식을 토대로 하면 그것은 여성 혐오증이라기보다 인간 욕망이나 그 속성에의 혐오증으로 일반화 될 수 있는 것이다.

리어왕이 악한 딸들이 자신을 구박하는 과정에서 그 딸들의 사악함이 자기 속의 질병이라는 것을 발견했다는 의미는 인간이 스스로의 내부에 있는 악을 인식하고 있지 못하다가 중심에서 밀려나는 고통의 과정에서 자신 속의 악을 발견하는 것으로 볼 수 있다. 『리어왕』에서 주인공들은 나르시즘에 빠져 자신의 참 모습을 모르다가 고통받는 과정에서 그 고통을 주는 대상 속에서 비로소 자신을 발견해간다. 즉 보기만 하는 주체에서 보여지는 객체로서의 자신을 보게 되는 변화를 겪는 것이다. 서로 평행을 이루는 두 개의 플롯에서 글로스터의 눈멈은 리어의 광증과 짝을 이룬다.

고너릴의 무정한 대우에 리어는 여성의 부패한 자궁으로부터 떨어져 나가려는 듯 폭풍 속에서 뛰쳐나간다. 딸들이 자기를 폭풍우 부는 황야로 내몰았다고 생각하고 싶어하나 사실 그는 스스로 뛰쳐나간 것이다. 이는 인간이 받는 고통은 스스로의 죄로 인한 것임을 나타내주는 구조이기도 하다.

글로스터의 경우에도 마찬가지 이야기가 된다. 그 역시 "자신의 혈육이 악이 되어 그 생명의 원천을 미워한다"고 말하는 바, 자기 죄의 결과인 에드문드로부터 행악을 당한다는 의미는 결국 인간이 자기의 죄로 인한 고통을 받는 것이고 그 고통은 육체적으로는 고통이지만 정신적으로는 새로운 눈을 뜨게 해주는 긍정적인 역할을 하게 됨으로써 선의 가치를 부여받을 수 있게 된다.

『리어왕』에 대한 비평에서 코딜리아는 전적으로 선의 대표적 인물로 평가되어온 것이 사실이다. 그녀는 종종 그리스도의 재현으로 또는 성모 마리아로 비유되기도 한다. 자신을 버린 아버지를 구하기 위해 목숨까지도 버리는 희생양이 되기 때문일 것이다.

기독교적 구원의 관점에서 작품을 읽는 20세기 전반부의 비평가들은 거의 모두 코딜리아를 신의 사랑을 상징하는 인물로 보고 있다. 리어를 연옥의 고통에서 승화되는 인간의 모습으로 읽은 반면 코딜리아의 사랑이 리어를 구원한 구원의 힘이라는 데 초점이 맞추어져 왔던 것이다.

코딜리아는 진실과 정의와 자비의 완벽한 여인으로 이상화되거나 기독교 사랑을 실천하기 위해 죽어간 순교자로 간주되기도 한다. 그러나 다시 시각을 전복해서 보면 코딜리아야말로 비극의 원인 제공자라고 할 수 있다. 그녀가 대답한 "무(nothing)"만 아니었다면 리어나 코딜리아의 생명은 "무"로 돌아가지 않았을 것이다.

아버지에 대한 사랑을 표현하라고 했을 때 "저는 아버님을 자식의 의무로서 사랑합니다"라고 부모 자식간의 애정을 단지 '의무'라 고 냉정하게 얘기함으로써 사랑을 기대하고 있는 노인의 마음을 아프게 한 것이다. 진정한 사랑이란 타인의 요구에 반응해 주는 것이라면 코딜리아의 답에는 사랑이 없었다고도 할 수 있다. 그래서 그녀는 벌을 받을 만하고 용서를 구할 사람도 그녀라고 까지 할 수 있다는 것이다.

대체로 코딜리아는 용서, 정의, 친절, 은혜, 선함 등과 동일시되는 인물이어서 그녀를 부정적 힘으로 본다면 거부반응이 있기도 하겠지만 자세히 살펴보면 그녀에게는 리어가 갖고 있는 성급함과 고집, 자기를 의롭게 여기는 자만의 악덕이 있음을 부정할 수 없다. 실상 리어의 분노를 폭발시킨 것은 그녀의 무뚝뚝하고 자만에 찬 대답 때문이었다. 리어의 분노를 악에 대한 영웅적 분노로 해석하는 평자도 있지만 리어의 분노가 코딜리아의 교만에 대한 분노이며 또한 그의 혈육인 코딜리아는 리어로 하여금 자신의 교만을 보게 해주는 거울 같은 역할을 한다고 할 수 있다. 비극을 초래한 악덕은 그러나 역설적으로 리어로 하여금 자신을 보게 하고 주변에 눈을 돌릴 줄 알게 하는 긍정적 힘이 되기도 한다. 따라서 코딜리아는 부정적 힘이면서 동시에 신성이기도 하다.

선인도 악인도 죽음이라는 같은 결말에 이르는 것을 두고 이 극이 "의미 없고 불합리한 세계를 강조한 것" 으로 보기도 하지만 이 극의 의미는 실상 선인과 악인은 인간의 기준에서 볼 때의 구별일 뿐이며 인간 모두에게 자기 중심주의적인 악한 속성이 있으며 그러한 죄의 속성을 가진 인간이 상황 속에서 주변과 중심을 바꾸었을 때 그 속성이 보다 구체적 행동이 되어서 나타날 뿐임을 이 극은 잘 드러내주고 있다. 따라서 선과 악은 상대적 입장에서 보는 가치일 뿐이라는 것이다. 셰익스피어가 제시하는 세계관에서는 이 세상과 세상의 가치는 고정불변하는 것이 아니라 끊임없이 변화하는 생성의 세계며 관점에 따라 해석이 달라지는 세계라는 것이다.

셰익스피어의 비극구조

셰익스피어의 4대 비극이 그의 수많은 극작품들 가운데서도 가장 그 위대성이 두드러진 것으로 평가되어 온 것은 그 작품들이 시대를 초월해서 복잡한 인간성의 실제와 모순된 인생의 모든 면을 다양하게 제시하며 인간존재에 대한 영원불변의 문제들을 깊이 성찰하게 해주기 때문일 것이다. 그러나 그의 비극들이 인간과 인생의 다양한 실제와 모순을 드러내주면서도 비극적 인생에 대한 답을 제시한 것이 없다는 관점 때문에 끊임없이 비평적 논란의 대상이 되어오고 있기도 하다.

그러나 인생이 비극적인 국면을 어떻게 극복하고 구원되어져야하는가 하는 문제는 상당히 조심스럽고 어려운 문제가 아닐 수 없다. 과연 무엇이 인간의 구원이냐 하는 것부터 규정짓지 않으면 안될 것이다. 죄와 구원에 관한 신학적 사상은 당시에 널리 퍼져 있던 사상이었고 이러한 사상을 극화하고 있는 셰익스피어는 이런 의미에서 중세의 기적극이나 도덕극의 전통을 이어 받은 것에 불과한 것 같으나 널리 보면 죄와 구원의 문제는 단지 어느 시대의 특정 사상이나 특정 종교에만 국한되는 것은 아니다.

셰익스피어의 작품에 적극적 의미에서의 종교적 뜻이 없다고 하는 가정은 셰익스피어가 인생의 영원한 문제인, 죽음에 대한 인간의 비극적 한계를 극화하고 있기 때문에 그것을 꼭 어느 종교적 범주 안에 국한시킬 필요는 없다는 시각에서 비롯된 것일 터이다. 인간의 조건이 변함없이 죄와 관련되어 있고 그로 인한 무질서와 혼돈의 사태가 불가피하며 미지의 죽음에 대한 공포가 인간의 변함없는 조건이라면 죄인으로써 죽음의 공포에 떨다 결국 죽음에 이르는 인생이 관념적이든, 종교적이든 그러한 상황을 극복할 수 있는 길을 찾게 마련이고 그러한 길을 찾는 것이야말로 구원이라고 할 수 있을 것이다.

19세기 이후 셰익스피어의 극에 대한 성서적 접근이 태동되면서 그의 작품에 그 자신의 기독교적 성향이 표출되어 있다는 일반적 평가가 이어져오고 있기는 하다. 따라서 그는 비극적 삶의 해결책으로서 기독교적 구원을 암시했으리라는 추론을 불가피하게 한다. 그러나 그것은 어디까지나 추론에 불과한 것이며 성서적 영향의 분명한 증거들이 작품의 곳곳에 명백하게 드러나 있기는 하나 그가 작품의 결말에 꼭 기독교적 구원관을 제시했다고 결정적으로 말하기는 어렵다.

그러나 셰익스피어는 4대 비극 어느 작품에서나 인간이 이 세상을 살 동안 불가피하게 얽혀들고 마는 악의 힘과 죄의 문제를 다루고 있고 그 죄로 인해 무질서하고 혼돈된 세계 속에서 인간은 방황하다 불가피하게 죽음에 이르고 만다는 공통된 패턴을 제시하고 있다. 그러나 그의 비극의 결말은 수많은 사람의 죽음으로 인생의 비극성을 강조하면서도 반드시 질서가 새로이 회복될 조짐을 보임으로써 비극 뒤에 희망을 암시하는 것으로 나타난다.

4대 비극에 공통적으로 나타나는 죄악의 양상을 살펴보면 거기에 일치되는 패턴이 있음을 발견하게 된다. 우선 극은 처음부터 주인공이 아닌 누군가의 죄를 전제로 해서 시작된다. 『햄릿』에서는 동생에게 독살당한 햄릿의 부친이 유령으로 나타나는 것으로 시작함으로써 클로디우스의 죄가 전제된 상황에서 극이 출발함을 알 수 있다. 주인공 햄릿은 이미 죄로 인해 혼돈된 세계 속에 던져진 존재로서 출발하는 것이다.

『맥베드』에서는 이미 악의 세력으로 존재하던 마녀들이 용감한 장군 맥베드를 유도하여 죄인으로 이끄는 것을 본다면 그리고 스스로의 적극적 의지에 의해서보다는 맥베드 부인의 적극적인 충동에 의해서 그가 죄악에 빠지게 되는 것을 본다면 본질적으로 죄가 전제되어 있는 상황에서 수동적으로 주인공이 이끌려 들어간다는 양상은 같다고 볼 수 있다.

『오셀로』에서는 이야고가 이미 부관 승진에서 탈락되어 불 같이 타오르는 질투와 증오의 화신이 된 가운데 오셀로가 이끌려 들어가면서 극이 시작된다. 오셀로를 이야고와 동일시하여 한 인간 안에 두 자아로 분리된 상징적 존재로 보는 시각도 있지만 오셀로 역시 전제된 죄악의 세력에 유도되어 죄인으로 타락하는 특성을 공유한다.

『리어왕』은 부주제인 글로스터의 이야기부터 시작이 되는데 극에서 가장 악한 역할을 맡은 에드문드가 글로스터의 죄의 결과로 태어난 자식이라는 것을 밝히는데서 부터 극이 전개되어 나간다. 얼핏 보기에는 리어는 영토와 왕권을 모두 딸들에게 양도해준 죄 외에는 아무

죄지은 것도 없이 고난을 당하고 죽음에 이르는 것으로 보기 쉽다. 그러나 부주제의 주인공에게서 발견된 죄목은 본 주제의 주인공의 죄목을 암시하는 효과를 갖는다고 할 수 있다. 그것은 신성한 법을 위반한 죄목이라고 할 수 있다. 즉 글로스터가 신성한 결혼법을 어기고 사생아를 낳은 것과 리어가 신성한 권리라고 할 수 있는 왕권을 임의로 버린 죄와 공통된다고 볼 수 있다는 것이다.

『오셀로』를 비롯해서 비극들에서 대체로 동기부족의 결함이 지적되고 있으며 『리어왕』에서도 딸들의 아버지를 향한 악의 동기가 충분치 않다고 지적되는데 리어가 사악한 두 딸을 보고 자식은 "자기 썩은 핏속의 병"이라고 하는 대목에서 실마리를 얻을 수 있듯이 죄성이 본래부터 인간 안에 전제되어 있음을 나타내는 패턴이다. 그의 고난은 구체적인 개인의 결함 때문이기도 하지만 근본적으로 최고의 권위를 누렸던 그도 비천한 죄인일 수밖에 없기 때문에 당하는 것임을 암시하고 있다.

비극의 주인공들은 한결같이 자신들이 직접 죄인으로 처음부터 등장하는 것이 아니고 이미 죄의 세력이 전제되어 있는 세상에 던져진 피동적 존재들로 등장하는 공통된 패턴을 이루고 있다. 이들을 죄의 세력을 전제한 가운데 등장시키는 그 구조의 의미 속에서 기독교적 원죄관을 찾아볼 수 있다. 즉 죄악은 인간 개인이 이 세상에 존재하기 이전부터 이미 인생의 불가피한 조건으로 전제된 상황임을 암시하는 것일 수 있다는 말이다. 그러나 그것은 악인과 선인이 동시에 별개의 존재로 있다는 것은 아니다. 개별 존재의 의지와 상관없이 또는 아무 선택권도 부여된 바 없이 태어날 때부터 존재의 조건으로 이어받아온 것이 죄성이라는 의미다. 따라서 비극의 주인공들이 자신들은 전혀 무죄한데 주위의 악의 세력에 의해 희생당한다는 시각이나 4대 비극이 "전통적인 선과 악의 투쟁을 다룬 작품"이라고 보는 시각은 너무 단순한 것 같다. 그러나 이들 주인공들 자신의 죄에서부터 비극이 싹트는 것이 아니라 자신들 외적 요인들로부터 비극이 출발하는 것으로 극의 구조가 되어 있으므로 해서 비극은 악의 세력이 선을 지배하는 데에 있는 것처럼 보기 쉽다. 선한 자 조차도 심판을 받는 것 같은 극의 결말을 이러한 시각으로 보았을 때 셰익스피어는 기독교적 답을 제시한 것도 아니라는 평가가 나오게 되는 것이다.

그러나 4대 비극에서 공통으로 지적해 낼 수 있는 또 하나의 죄의 양상을 살펴보면 자신은 전혀 무죄한데 단지 악에 의해 희생될 뿐인 주인공은 없다는 사실이다.

『햄릿』에서 비극을 불러일으킨 애초의 죄인은 클로디우스지만 결국 햄릿도 폴로니우스를 죽임으로써 살인자가 되며 두 친구를 죽게 하는 것도 결국 햄릿 자신이고 뒤에 가서는 레아티즈도 클로디우스도 자신의 칼로 죽이게 된다. 따라서 그를 순수한 희생양으로 보기는 어렵다.

『맥베드』에서는 처음에 비록 그가 용감하고 고결한 장군으로 등장하지만 던컨왕을 죽이고 친구와 애매한 백성들을 죽이는 무서운 살인자가 된다. 오셀로 역시 고결하고 너그러운 무어 장군에서 아내를 목졸라 죽이는 흉측한 살인자가 되는 것이다. 『리어왕』에서는 약간 양상을 달리 하지만 리어 역시 오만하고 이기적인 죄인이며 분별력 없는 경솔함으로 결국 코딜리아를 간접 살인하는 죄인으로 볼 수 있다.

살펴본 바대로 주인공들 모두가 직간접적인 살인자요 처음 그들을 비극으로 이끈 악인의 악행에 못지 않는 죄를 범함으로써 결국 죽음의 심판을 받게 되는 것이다. 따라서 이들이 죄인으로 등장하기 이전에 이미 전제되었던 악의 세력은 이들을 희생시키는 별개의 세력이 아니라 이들 안에 내재되어 있던 죄의 원천이었음을 추론할 수 있다.

4대 비극에 공통되는 또 하나의 죄의 패턴은 '자만심'이라는 것이다. 『오셀로』를 제외한 3편의 비극이 '왕'이라는, 인간이 지향하는 최고의 권력에 도전하는 것인데 왕은 개인으로가 아니라 개인을 초월하는 대표적인 힘으로 이해해야 할 필요가 있다. 또한 엘리자베스 시대에는 보편적으로 백성과 왕과의 관계를 몸과 머리의 관계로 믿었던바 이와 같은 시각으로 보았을 때 '왕의 살해'라는 범죄는 육체의 죄로 말미암아 머리에 해당하는 영혼을 죽이는 의미로 해석될 수 있다.

근본적으로 '힘'에 대한 도전 욕구가 인간의 죄와 연관되어 있는 것으로 볼 수 있는데 최고 권력에 도전하는 이 자만의 죄를 인간 죄의 근본 뿌리로 규정하는 성서적 근거와 같은 패턴이 4대 비극에 공히 적용되고 있다. 특히나 맥베드는 개인적인 원한도 없이 그토록 충성스럽게 모시던, 성스러울 정도로 자비한 던컨왕을 살해함으로써 악이 더욱 두드러져 보이게 되는데 이는 성격의 결함이라기보다 성스러운 왕을 죽이는 행위가 '인간의 신에 대한 도전'을 나타내는 자만의 죄임을 강조하기 위한 것으로 볼 수 있다.

무엇보다도 자만의 죄는 4대 비극에 아주 중요한 모티브가 되고 있다. 셰익스피어 비극의 패턴을 자신의 참된 자아를 점차적으로 발견해가는 것으로 볼 수 있다면 이 '자만' 이야말로 참된 자아를 보지 못하도록 방해하는 근본적인 요소가 되는 것이다. 비극이 참된 자아의 실체를 보지 못함으로 인한 것이라면 비극의 원인이야말로 바로 자만이라는 죄에 있는 것으로 연역될 수 있다.

클로디우스의 부왕 시해는 두말할 나위도 없이 최고 권력에의 도전을 시도함으로써 그 근본 악이 많은 사람들에게 비극을 가져다 준 원인이 되게 했고 『오셀로』의 이야고 역시 조금 더 높은 권력에의 욕구로 인해 저주받은 죄인이 된 경우며, 오셀로 자신도 명예에 집착하고 자신의 공과를 옹호하는 자아사랑이 강한 사람으로, 이는 자만심의 죄와 통하는 것이라고 할 수 있다. 또 『리어왕』에서는 악의 화신인 에드문드가 현재의 힘 이상의 힘을 구하여 타락의 길로 들어서는 죄의 원형적인 모습을 보여준다. 『맥베드』에서도 마녀들이 맥베드의 마음에 야망을 불타게 유혹했던 시험은 맥베드가 승전으로 인한 자만심에 충만해 있을 때라고 본다면 자만심은 죄악으로 이끄는 근본 힘으로 보아질 수 있다.

이와 같이 4대 비극에서 공통적으로 등장인물들이 갖고 있는 죄의 존재 양식이 동일함을 지적할 수 있다. 성서에 나타난 악의 원형은 루시퍼로 지칭되는 사탄이다. 그의 죄목은 하나님처럼 되고자 하는 것이었다. 즉 최고의 권위에 도전하는 자만심이 사탄의 수장격인 루시퍼를 땅에 떨어지게 한 죄였던 것이다. 자만심이 죄의 원형이라는 것은 이 세상에서 행해지는 모든 악의 근원에 위를 차지하려는 자만심이 있음을 알려주는 것이다. 그것은 원래 인간에게 존재하던 권위에 도전하는 힘이 있다는 것과 그 악은 구체적인 자아사랑 또는 자만심의 형태로 나타나고 그 힘이 결국 주인공들을 구체적인 죄로 이끌어들인다는 공통된 패턴이며 인간이 존재하는 한 떠날 수 없는 불가피한 인간 조건인 것으로 셰익스피어의 비극들에 제시되어 있다. 그런 패턴들을 통해서 죄나 악이란 따로 존재하는 별개의 세력이 아니라는 것을 셰익스피어의 비극들은 말해주고 있다.

주인공들은 악의 세력에 의해 희생되는 것이 아니라 스스로의 내부에 간직된 극도의 이기적 자아 사랑으로 인한 죄성이 발휘됨으로써 모두 비극에 빠지는 양상을 보이는 것이다. 죄의 발현 이후에 나타나는 구조의 공통적인 양상은 무질서와 혼란이다. 클로디우스가 왕위를 찬탈하여 왕권을 행사하는 덴마크에는 우선 왕자 햄릿의 양광으로 인한 혼란이 이어지고 곧이어 폴로니우스의 죽음과 뒤이은 오필리아의 죽음으로 인해 불안은 더욱 가중된다. 이 혼란은 레아티즈와 햄릿의 혼돈스러운 칼싸움에서 그 절정에 이른다.

『맥베드』의 경우에는 특히나 맥베드 내외의 마음의 혼란상이 문지기 장면에서부터 아주 효과적으로 묘사되고 있다. 맥베드의 잇따른 살인과 폭정으로 스코틀랜드 내부의 혼란과 무질서상은 아우성치는 원성과 울부짖음이 끊일 날 없다는, 요란한 청각적 이미지와 더불어 효과적으로 부각되어 있다. 제비가 둥지를 틀던 평화로운 성은 지옥과 같은 이미지로 변하고 조화와 화합의 장이어야 할 향연장은 맥베드가 자기가 죽인 자의 환영을 보면서 헛소리를 함으로써 극도로 불안한 혼돈의 장으로 변한다.

마녀들이 동굴 앞에서 국을 끓이고 있는 장면은 맥베드 마음속의 펄펄 끓는 야망을 나타내는 이미지이기도 하면서 수많은 동물의 수족이나 부분들이 흉측하게 뒤섞여 끓고 있는 이미지는 동물적 성향끼리 어우러져 혼란스럽게 이어져가는 죄인의 마음이나 죄악 세상의 이미지이기도 하다. 마녀들이 약속한 보장이 하나 둘 깨지면서 맥베드가 겪는 극심한 절망상태는 혼돈의 극을 이룬다.

『리어왕』에서는 리어가 왕국을 분할하는 순간부터 도덕 체계가 무너지는 혼란상으로 접어들어 리어가 두 딸들로부터 쫓겨난 황야에서 울부짖는 장면에서 혼돈은 극에 달하게 된다. 황야의 폭풍우는 리어 마음 속의 분노의 혼돈상과 일치함으로써 죄를 지은 인간 개인의 혼돈된 우주는 질서가 무너진 인간 세상 전체의 혼란상과 병행하여 나타난다.

오셀로 역시 이야고를 통해 데스데모나의 부정 사실을 이간질 받으면서 마음의 평정이 깨어지고 혼란 속에 접어들게 된다. 질투와 분노는 마음의 평화를 산산히 흩어놓고 겉으로 유지했던 고결한 태도를 완전히 뒤집어 놓는다.

이렇게 네 작품의 구조가 모두 비슷한 양상을 이루면서 주인공들이 평정을 잃고 혼란에 빠져가는 과정을 그리고 있는데 과연 이러한 구조 속에서 어떤 공통된 의미를 발견할 수 있는가가 문제다. 이렇게 타락한 인간의 혼돈된 세상은 한결같이 동물세계의 이미지로 비유되고 있다. 햄릿이 인간을 구더기와 같이 비유하는 장면이나 『리어왕』에서 에드가가 동물의 속성과 같은 인간의 죄성을 열거하는 대목에서, 또 오셀로가 '바바리 말'로 또는 '푸른 눈의 괴물'로 비유되는 대목, 『맥베드』에서 마녀들이 흉측한 동물의 부분들을 넣고 국을 끓이는 장면 등에서 동물의 차원에까지 타락한 인간 세상의 혼란상을 제시해 주고 있다. 동물의 이미지를 통해 각 작품에 제시된 혼돈된 세계 속에서 우리는 인생의 적나라한 모습을 대면하고 인간에 대해 갖고 있는 환상에서 벗어나 낯설었던 자아를 발견할 수 있다.

한편 4대 비극에는 공통적으로 전쟁이 포함되어 있는데 정치적 무질서와 전쟁은 인간 세상의 혼란상을 가장 대표적으로 제시해주는 예라고 할 수 있다. 정열이 이성을 압도함으로써 개인이 겪는 죄악과의 내적 싸움은 곧 외적으로는 전쟁이나 정치적 무질서로 대비될 수 있다.

다시 거꾸로 얘기하면 전쟁이 벌어지고 있는 우주의 혼란상은 한 개인의 내면 세계에서 벌어지는 선과 악의 갈등으로 인한 혼란상과 일치한다. 등장인물들이 증오하고 반항하고 싸우는 대상은 겉으로는 전쟁에서의 적이지만 달리 말하면 자기 자신 속의 자아라고 할 수 있다.

또한 죄악으로 인한 혼돈 구조 속의 공통점은 곳곳에 분열이 증가된다는 점이다. 부부의 분열과, 군신간의 분열, 형제간의 분열, 어버이와 자식과의 분열 등은 혼돈 구조의 특징이라고 할 수 있다. 그리고 4대 비극의 결말의 공통점은 한 사람의 죄로 인해 비극은 연쇄 반응을 일으키고 결국 총체적인 파국의 양상을 띈다는 점이다.

그 어느 시대보다도 인간의 이성과 정열, 탐욕과 의지, 본능과 분별력 사이의 갈등에 관심이 많았던 엘리자베스 시대의 사상적 배경도 있지만 셰익스피어는 인간이 이성, 의지, 분별력으로 볼 수 있는 영적 가치를 보지 못하면 인간 세상은 짐승의 세계와 다를 바 없는 혼돈된 세계가 되고 만다는 것을 유난히 강조한 것 같다. 즉 먹고 자는 것뿐인 삶, 거기다 육체적 욕망과 권력을 좇음으로 인한 죄악만 거듭하는 삶이야말로 짐승 세계의 질서에도 못 미치는 무질서한 삶이며 혼돈 뒤에는 분열과 죽음만이 있을 뿐임을 강조하는 것이다.

셰익스피어 비극 속에 나타난 구원

셰익스피어의 극 작품에 그의 전기적 사실들이 얼마만한 영향력을 행사했는지는 분명치는 않지만 셰익스피어는 그가 살던 스트래드포드에 병이 만연하여 열 명 중 한두 명 꼴로 사람들이 죽어가 많은 가정에서 부모를 잃고 결손 가정이 되는 것을 지켜보았다. 어쨌든 그의 작품에는 결손가정에서 펼쳐지는 이야기가 흔하다. 엘리자베스 시대에도 여성들이 남성들보다 오래 살았음에도 불구하고 셰익스피어 극에서는 어머니 부재의 공간이 흔하게 눈에 띈다.

셰익스피어의 4대 비극에는 다같이 어머니로서의 여성 부재가 비극의 저변에 하나의 공통적 원인으로 전제되어 있다. 어머니의 부재가 인간에게 미치는 영향은 예나 지금이나 불안정, 탈환상 또는 소외의 두려움으로 요약할 수 있을 것이다. 그러나 셰익스피어가 그의 4대 비극에서만큼은 여성들의 소외와 투쟁을 다룸에 초점을 맞추치는 않은 것으로 보인다. 오히려 4대 비극은 영원한 여성성을 추구하려는 남성들의 소외를 다룸으로서 모성의 부재가 인간 영혼을 얼마나 가혹하게 소외시킬 수 있는가를 읽을 수 있게 하는 작품이라고 할 수 있다.

인간 영혼의 소외로부터 비롯되는 비극을 다룸에 있어서 어머니의 부재만큼 적절한 것도 없을 것이다. 또한 어머니로서의 여성이 부재한다는 것 중 가장 큰 의미는 창조 또는 생명력의 부재라고 할 수 있다. 생명력의 부재의 결과는 총체적 죽음을 의미함으로 4대 비극의 결말에 모두가 죽음을 맞이하는 것은 필연적이라고 할 수 있다. 이를 다시 말하면 인생의 비극은 모성 부재에서 비롯된다는 쪽으로 초점을 맞추어 해석할 수 있다는 것이고 그런 시각에서 셰익스피어의 4대 비극의 이면에서 우리는 영원한 여성의 가치를 읽어낼 수 있을 것이며 아울러 영원한 여성적 가치가 비극을 면하게 할 수 있는 구원이 됨을 또한 지적할 수 있을 것이다.

셰익스피어에게 있어서 여성은 육체, 또는 연약함을 상징하는 것으로 매도되기도 하지만 셰익스피어의 작품 곳곳에서 양육과 사랑의 상징으로 모성이 언급되고 있는 바 연약하고 부정적인 모습으로 등장하는 여성 인물군은 모성의 부재라는 공간을 부각시켜주고 그것은 역설적으로 영원한 여성성인 모성의 중요성과 의미를 셰익스피어가 강조하고 있음을 알 수 있다.

『햄릿』의 오필리아에게는 어머니가 없다. 그녀는 여성의 운명은 남성의 힘에 의지할 수밖에 없다는 철저한 가부장적 가치관의 희생양이다. 그녀는 독립적인 도덕적 판단을 하도록 교육받지 못했을 뿐만 아니라 성인이 되어서도 오빠나 아버지의 판단에 의해 행동을 선택하도록 강요받는다.

햄릿의 사랑을 거부하라는 오빠와 아버지의 강요에 순종하여 햄릿을 거부하면서부터 햄릿의 양광과 그녀에 대한 햄릿의 거부는 그녀의 소외감을 극에 달하도록 몰아갔을 것이다. 그녀가 미쳐서 물에 빠져 죽을 수밖에 없었던 것은 심리적으로도 필연적일 수밖에 없었을 것이다. 그녀의 소외감을 달래주고 포근히 감싸줄 어머니가 없는 상황에서 남성 중심적 가치관에 짓눌려 그녀는 결국 희생 제물처럼 사라져 간다.

또한 시각을 달리해서 햄릿의 입장에서 보면 오필리아에게는 햄릿을 받아주고 감싸줄 만한 모성적 인성이 결여되어 있다. 셰익스피어의 남성들이 작품 속 여성들로부터 원하는 것은 절대적 순결성, 경건성, 색욕을 추월하는 의만을 행하는 신성성인데 여성을 대상으로 그러한 속성을 추구한다는 것이 이성의 여성으로가 아니라 어머니로서의 여성일 수밖에 없다. 특히 어머니를 클로디우스에게 빼앗긴 햄릿에게 필요한 것은 모성적인 여성이었을 것이다. 부권에 매인 자동인형 같던 오필리아에게는 햄릿을 포용할 만한 모성적 여지가 없었다.

어머니를 통해 여인의 정절의 배신을 본 햄릿은 오필리아에게서 그가 보았던 정절의 덕도 허상임을 깨닫고 인간 순수에의 불가능성을 한탄한다. 그가 사랑했던 오필리아는 미와 미덕의 완벽한 조화를 갖춘 여인이라는 환상이었지만 그것이 실제 인간에게 불가능함을 깨달은 것이다. 그가 이전에 환상적 존재를 사랑한 것이라면 "나는 너를 사랑하지 않았다"라고 하는 햄릿의 고백은 전면적 진실을 드러내주는 말이다. 이성적 사랑의 대상에게서는 결코 모성과 같은 변함없는 영원한 미덕을 기대할 수 없다는 말이기도 하다.

셰익스피어가 언급하는 여성으로서의 가장 폭넓은 이미지는 가슴과 우유의 이미지인데 햄릿에 등장하는 여성 이미지는 성적인 것으로 일관되어 있다. 물론 거트루드를 자세히 살펴보면 남편이 죽은지 얼마 안 되어 클로디우스와 재혼했다는 사실 말고는 그렇게 모성이 결여되어 있다고는 할 수 없는 여인임을 알 수 있다. 햄릿에게 그 아버지의 죽음을 너무 애통해하지 말라고 말하는 데서 보면 그녀는 그렇게 경망스럽지도, 어리석지도 않다. 침실 장면에서 자기의 욕망과 죄를 인정하는 그녀의 모습을 보면 결코 미성숙한 동물에 불과한 여성도 아님을 알 수 있다.

거트루드 본연의 속성이 어떠하든 셰익스피어의 여성들은 '주체'로서보다 남성의 '대상'으로서 '결여된 점'이 문제가 된다. 사실 여러 측면을 통해서 우리는 거트루드가 어머니로서 얼마나 햄릿을 사랑하는지 잘 알게 된다. 거트루드가 어머니로서 햄릿을 지극히 사랑하나 문제는 햄릿이 아들의 입장에서 어머니를 상실했다고 느끼는 데에 있다. 어느 사회에서건 부권과 모성의 동시 상실은 삶의 안정에 대한 상실을 의미한다.

비평가들은 거트루드를 정열에서 벗어나지 못한 미성숙한 여인으로 보지만 미성숙하여 어머니의 보살핌이 아직도 필요한 존재는 햄릿이다. 폴로니우스를 왕으로 잘못 알고 죽인 것이나 어머니의 절대 순결을 믿었다가 낙심에 빠지는 햄릿은 아직도 미숙한 청년의 모습을 보여줌으로써 여전히 포용력 넓은 모성으로 양육해야 할 여지가 있음을 나타낸다.

햄릿을 복수극이라고 하지만 햄릿에게 더 큰 문제가 되는 것은 클로디우스에 의한 아버지 상실이 아니라 어머니 상실이다. 어머니의 부재가 그에게 준 영향은 궁극적으로 환멸이었다. 원래 여성은 그에게 환상을 갖게 했지만 모성 부재의 여성은 그에게 환멸을 안겨준다.

햄릿이 모성적인 것에의 영원한 연대감을 찾았던 것으로 해석하는 것이 아니라면 아버지의 죽음보다 어머니의 재혼에 훨씬 더 깊은 실망과 분노를 보이는 햄릿의 성숙도는 비정상적인 것으로 밖에 해석할 길이 없다. 셰익스피어의 여성들은 남성들로 하여금 인생의 필멸성을 보게 하는 중요한 매개체 역할을 한다는 견해처럼 거트루드의 배신은 미성숙했던 햄릿을 더욱 성숙하게 했으며 영적인 삶에 눈 뜨게 하는 매개체 구실을 했다고 할 수 있다.

『맥베드』는 모성의 부재가 더욱 두드러지는 작품이다. 마녀들의 예언에 관한 편지를 받자마자 맥베드 부인은 맥베드의 귀에 자신의 독기를 불어넣어 악행의 망설임을 없애주겠다고 독백하는데 이는 꼭 이브의 귀에 유혹적인 말을 불어넣어 세상에 죄를 가져온 사탄과 같은 행위로 비교된다.

던컨 왕을 죽이고 겁에 질려 칼을 도로 갖다 두러 돌아갈 수가 없다고 떠는 맥베드와 그러한 맥베드를 야멸차게 힐난하는 맥베드 부인의 모습은 마치 어린 아이와 그 아이에 대한 긍휼함이란 전혀 찾아볼 수 없는 모성부재의 계모의 모습과 같다. 또한 맥베드를 생각하며 그가 목적 달성을 위한 성격을 갖고 있지 못하다고 하는 부인은 아이의 연약함만을 질책하는 못된 어머니 같은 모습이다.

가장 명백하게도 맥베드 부인이 젖먹이던 아이의 머리까지 부수겠다고 하는 대목에서 모성의 부재가 가져올 나라의 미래가 암울함을 보여준다. 어머니가 젖먹는 아이의 머리통을 부술 수도 있다는 것은 잔인함의 극치를 나타낸 대목이라고 볼 수 있다. 다시 말하면 셰익스피어는 모성부재는 파괴요, 악의 극치요, 사망임을 역설적으로 드러내주고 있다고 할 수 있다. 맥베드는 본래부터 악인이 아니었으며 부인의 말을 통해서도 알 수 있듯이 그는 오히려 온유한 성품에 장수로서의 미덕을 갖춘 한 나라의 신임 받는 장군이었다. 그러한 사람을 악행으로 인도하는 매개체로서의 맥베드 부인은 '젖먹는 아이의 머리통이라도 부술 수 있는' 모성 부재의 여인인 것이다.

구원이 없는 세상은 철저히 어머니가 배재된 세상이라는 의미로 확대 해석할 수 있을 것이다. 자주 등장하는 '우유'의 이미지는 양육과 생명을 나타내는 상징인바 이것을 없애달라는 맥베드 부인의 기도와 그 기도의 결과가 나타내는 것은 모성의 부재가 초래하는 죽음을 의미하는 것이다. 맥더프의 아이를 무차별하게 죽이는 잔인한 장면이 강조하는 바도 국모의 모성결여로 인한 나라의 희망상실인 것으로 볼 수 있다. 던컨왕이 집권하던 시절 속에서도 국모가 등장하지 않음으로서 이 작품의 전체적 구도 속에는 모성의 부재가 두드러진다.

앞서도 언급했듯이 모성이 상징하는 바가 사랑, 연합, 양육 등이라면 맥베드가 집권하게 된 후 스코틀랜드의 변화되는 상황은 사랑에서 미움과 경계로, 연합에서 분리와 부조화로, 양육에서 황폐와 죽음으로 치닫게 된다. 모성부재의 결과는 항상 연합과 조화에서 벗어난 대립과 갈등이다.

『리어왕』에서도 우리는 어머니를 볼 수 없다. 리어왕의 부인이 등장하지 않음으로서 리어왕의 세계에는 부권만 살아있을 뿐 모성의 사랑이 없다. 부줄거리에서도 글로스터의 부인 즉 에드문드나 에드가의 어머니가 등장하지 않는다. 결혼한 딸들에게도 자식이 없다. 어머니가 되지 않은 고너릴과 리건에게는 재물욕과 성욕만이 왕성하게 나타날 뿐 어느 측면에서도 모성적 여성상을 찾아볼 수 없다. 코딜리아도 처음에는 아버지에 대한 사랑 표현에 매우 인색하고 무뚝뚝함을 보여줌으로서 아버지를 실망시키고 비극을 초래하게 된다. 모성이 없이 키운 세 딸들의 속성은 포근한 사랑과 포용과 조화와는 거리가 먼 성향으로 나타난다.

권력을 이양하고 물러나야 하는 노령의 리어에게 필요한 것은 어머니 같은 사랑이었는지 모른다. 세 딸들에게 자기를 사랑한다는 그 말 한 마디를 그는 원했다. 권력과 영토의 삼분지 일을 준다는 조건이 제시된 상황에서 그가 얻고자 했던 사랑의 확인은 애초부터 거짓의 가능성을 배태하고 있었다고 할 수 있다. 두 딸의 거짓 사랑의 맹세와 그 맹약의 거짓됨이 드러나면서 조건부 사랑이라는 것의 위선적 실체를 우리는 보게 된다. 비극이라는 것은 주인공이 애초에 비극을 예견할 만한 환상을 갖고 출발하여 그 환상이 깨지고 리얼리티에 직면하는 과정을 그리게 되어 있다.

리어가 가진 비극적 환상이라는 것은 자식, 넓게 말하면 타인으로부터 지속적인 사랑을 받을 수 있으리라는 믿음이었다. 그러나 타인으로부터 기대할 수 있는 지속적이고 변함없는 사랑이 불가능한 것임을 이 작품은 말해주고 있다. 리어가 요구한 것은 여생을 친절한 보살핌 속에서 다시 말하면 어머니의 품안 같은 편안함 속에서 보낼 수 있으리라는 것이었으며 그가 코딜리아에게 모성적인 사랑을 원했음을 알 수 있다. 모성적인 사랑이 구원의 문임을 암시하듯이 작품의 말미에 코딜리아가 보여주는 사랑이야말로 자식으로서의 사랑이라기보다는 어머니로서의 사랑 같은 것이다.

모든 것을 잃고 황야로 쫓겨난 리어왕을 포용하고 보호하려는 코딜리아의 사랑이야말로 사랑의 조건과 아무 상관없는 무조건적인 사랑이며 그것을 모성적 사랑이라고 할 수 있을 것이다. 작품 후반부터 리어가 코딜리아에게 의존하는 양상도 꼭 아들이 어머니에게 의존하는 양상과 비슷하다. 코딜리아가 리어의 생명의 근원이 되는 것과 같이 묘사된 부분에서 보면 생명의 근원인 모성을 코딜리아가 구현하고 있다고 해석할 수 있다.

이 극의 결말에서 물론 둘은 다 죽는 비극을 맞지만 리어의 영의 구원이라는 측면에서 보면 코딜리아는 한 알의 썩는 밀알이 되어서 새 생명의 근원이 되는 존재며 영원한 모성의 희생적 가치를 지닌 역할을 하고 있다고 볼 수 있다. 그녀는 다름 아니라 사랑의 어떤 조건에도 관계치 아니한 희생적인 모성적 사랑을 표징하는 인물이라고 볼 수 있다.

물욕과 색욕의 상징적 인물들인 고너릴, 리건, 애드문드 등을 통해 인간의 악한 본성을 보게 되고 에드가와 코딜리아와 같은 무조건적인 사랑을 베푸는 인물들을 통해 영적 구원에 이르게 된다는 의미를 이 비극에서 찾게 된다면 우리는 동시에 셰익스피어가 인간의 영적 구원을 위해서 영원히 변함없고 희생적이며 무조건적인 여성의 본성을 강조하고 있음을 알게 된다.

『오셀로』에 대한 한 페미니스트 독서는 "르네상스 때의 여성혐오 이미지를 보여준다"고 지적하고 있다. 남성인물들은 여성들의 정체를 욕망의 대상(아내)과 욕망의 주체(창녀들)로의 이분법으로만 생각한다는 것이다.

처음부터 데스데모나에게도 어머니는 존재하지 않는다. 아버지의 반대를 무릅쓰고 스스로의 결정에 따라 오셀로와 결혼하는 데스데모나는 놀랄 만큼 독립적인 면모를 보이는 여성이다. 그녀는 수년 동안 수동적이고 온순한 여인으로 평가받기도 했지만 기실 아버지를 거역하고 흑인 연인과 결혼할 정도면 상당히 주체성이 강한 여성으로 평가하지 않을 수 없다. 그런 여자가 왜 손수건 문제를 가지고 남편이 의심할 때 그것을 잃어버렸다고 정당한 대답을 하지 못했는가라는 문제가 제기된다. 에밀리아가 잃어버린 것을 아는데 그녀에게 가서 물어보자고 했으면 에밀리아는 자기가 남편 갖다 준 것을 얘기했을 것이고 비극을 피할 수 있었을 것이다.

그러나 문제는 오셀로의 상대적 대상으로서의 데스데모나의 존재와 삶의 주체로서의 데스데모나 사이에 있는 간격이다. 오셀로는 데스데모나에게 준 손수건이 어머니의 손수건이며 이집트인이 그것을 어머니에게 줄 때 그것을 간직하고 있으면 사랑을 얻으나 잃어버리면 사랑도 잃게 되는 마술적 손수건이라고 한다. 어머니가 돌아가시면서 자신의 아내를 얻게 되면 주도록 부탁했다고 하는데 오셀로는 이 사랑의 정표에 심리적인 집착을 갖고 있다고 보아진다. 즉 그는 데스데모나에게 어머니를 고착시키고 자기 사랑의 대상으로서 언제나 변함없이 어머니처럼 고정된 순결한 위치에 절대적으로 머물러 있기를 요구한 것이다.

손수건과 같은 물건은 잃어버릴 가능성도 있는 물질에 불과하다는 여지를 두지 않는다. 햄릿이 그가 절대적이고 변함없는 모성을 요구한 곳에서 배신을 느끼자 완전히 흔들리듯이 오셀로는 데스데모나에게서 그가 기대했던 절대적이고 완벽한 사랑이 떠났다고 속단하여 절제를 잃게 된다.

주의해야 할 것은 남성 편에서 주관적으로 판단하는 여성의 변화에 분노한 것이지 주체로의 여성들의 속성이 변한 것은 아니라는 사실이다. 즉 주체로서의 여성들은 처음이나 끝이나 변함없이 그대로 서 있다. 그러한 여성을 대상으로서 인식하는 남성 주체자들은 처음부터 여성들에게서 절대적인 순결과 변함없는 사랑을 요구한다. 그것은 모성이 아닌 한 환상에 불과함을 궁극적으로 주인공들로 하여금 깨닫게 하는 것이 셰익스피어 비극의 공통점이다. 오셀로가 처음에 데스데모나의 사랑을 얻었던 때에 대해 묘사한 바를 보면 그녀는 남의 고통과 고난에 연민을 품는 지극한 자비심의 소유자, 즉 모성본능이 풍부한 여성임을 알 수 있다.

오셀로와 데스데모나의 사랑의 밑바탕에는 모성본능의 발현과 모성본능에의 의존성이 깔려 있다. 자신을 동정하고 자신의 연약함과 결함을 감싸줄 수 있는 여인이라는 대상으로서의 데스데모나가 창부와 다름없는 대상으로 환치되었을 때 오는 배신감은 어머니가 창부와 같은 존재로 변해 버린 것을 참을 수 없었던 햄릿과 흡사하다. 대상을 이상화된 천사와 같은 여인상으로 고정시켰던 것도 남성적 시각이요, 그 환상을 추악한 인간상으로 전락시켜 배신의 쓰라림에 전전긍긍하는 것도 남성적 시각의 오류다. 오셀로는 그의 장인 브라반쇼의 경고에 대해서 확신을 갖고 자신 있게 응수하는데 이성과 이성에의 사랑에 대한 이러한 철저한 절대주의적 믿음은 깨질 수밖에 없는 가능성을 안고 있는 것이었다. 남성의 여성에 대한 사랑 중 영원히 변함없는 사랑은 모성일 뿐 이성간의 사랑의 절대성은 무너질 수밖에 없기 때문이다. 인간 속성의 가변성 특히 정열의 가변성을 셰익스피어는 거의 전 작품의 주제로 삼고 있는 점을 유념해야 한다면 더욱 그러하다.

오셀로가 사랑하는 대상은 이상화된 절대적 여성, 항구적인 모성성과 순결을 지닌 여성이다. 따라서 "그가 그녀를 사랑하지 않게 될 때 혼란이 오리라"는 것은 다시 얘기하면 오셀로가 갖고 있는 데스데모나의 영원한 순결성에 대한 환상은 깨질 것이며 탈환상의 결과는 카오스라는 것이다. 물론 이 작품에서 데스데모나는 결혼의 언약을 저버렸다거나 남편 이외의 사람에게 순결을 잃은 것은 아니다. 그러나 간과해버리기 쉬울 만큼 슬쩍 비쳤다가 사라지는 대목이긴하나 4막 3장에서 데스데모나는 에밀리와의 대화 중 로도비코를 은근히 칭찬한다. 이 장면의 대화에서 에밀리아는 자신도 어떤 조건 하에서는 남편을 배신할 수도 있다는 가능성을 토로한다. 그러면서 남편들은 그들의 아내들도 그들과 똑같은 감각과 욕망을 지녔음을 알아야 된다고 말한다. 위에서 알 수 있듯이 비록 셰익스피어 작품의 남자주인공들은 여성의 순결만을 강요하고 여성의 욕망을 부인하고 있지만 작가는 양성이 갖고 있는 욕망과 욕망으로 인한 부정의 가능성을 동등하게 인정하고 있는 것이라고 할 수 있다.

즉 셰익스피어는 남녀를 불문하고 인간이 갖고 있는 악의 보편적 속성을 전 비극을 통해 드러내고자 하고 있다. 그래서 데스데모나는 죽기 직전 자기의 죽음의 원인은 자기에게 있으며 "자신을 죽인 것은 그 누구도 아닌 자신"이라고 말하게 되는 것이라고 본다.

오셀로는 이야고의 악랄한 모함으로 인하여 데스데모나에 대한 아름다운 환상을 깨지만 악의 중개자가 아니라도 인간에게 영원하여 변함없는 순결을 기대한다는 것은 깨질 것을 전제로 하는 환상일 뿐이라는 암시를 우리는 알 수 있다.

셰익스피어의 4대 비극의 주요 여성 인물들은 오필리아를 제외하고 모두 주체성이 강한 독립적인 여성들이다. 셰익스피어가 동시대 여성들의 모습을 얼마나 작품에 반영했는지는 끊임없는 논쟁거리로 되고 있지만 그들 모두가 확실히 르네상스 시대의 순종적이고 수동적인 여인상들은 아니다. 4대 비극의 여주인공들 중 오필리아를 제외한 대부분이 자신의 운명을 스스로 선택하고 자기 마음의 결정에 따른 인물들이다.

4대 비극의 남자 주인공들은 대상이 되는 여주인공들에게서 모성적 여성성에 대한 배신을 느끼고 주체적으로 대상을 잘못 해석하여 비극을 초래한다고 볼 수 있다. 이 때의 모성적 여성들은 어떤 의미에서 인간이 끊임없이 추구하려고 하는 영원한 영혼의 본향 같은 것을 의미한다고 볼 수 있다. 셰익스피어의 남성 주인공들은 여성과의 사랑을 단순한 성적 대상으로가 아니라 영혼의 합일의 대상으로 꿈꾸고 있다는 지적처럼 여성은 다분히 정신적인 대상으로의 가치를 지니고 있다. 그런데도 작가는 비극의 여주인공들을 정신적인 것이 결여되어 있는 여성들로 그림으로써 역설적으로 모성이 결여된 여성은 정신적인 것이 결여되어 있다는 것을 암시하고 있고 그러할 때 오는 비극을 그림으로써 또한 모성의 가치를 역설적으로 강조하고 있다고 볼 수 있다.

4대 비극의 주인공들은 각기 다른 형태의 고통의 과정을 거쳐 하나같이 탈환상을 경험하는데 이때 이들의 탈환상을 돕기 위하여 악녀들이 등장하는 바, 맥베드 부인처럼 본인이 주체적으로 변하여 악을 부추기는 인물도 있지만 대부분은 남성적 시각 중심의 주체적 판단으로 여성에게서 배신감을 느끼며 비극의 길을 걷게 된다. 악녀로 부각되어 있는 맥베드 부인이지만 사실 작가는 젖먹는 어린아이라도 내던질 수 있다는 그녀의 대사를 통해 가장 '비여성적인 여성'의 전형을 보여주었을 뿐이다.

셰익스피어의 남성인물들이 추구하려던, 또는 기대하던 대상에게 결여된 공통된 것이 모성이며 이 모성의 부재로 인한 갈등, 파괴, 죽음의 양상에 비극의 초점을 맞추어 본다면 우리는 셰익스피어가 그의 작품 속에 암시한 비극으로부터의 구원은 영원한 여성성, 즉 모성성에 두었다는 것을 알 수 있다. 이것은 꼭 모성적 여성이 세상을 구원한다는 것이 아니라 모성이 상징하는 용서, 화해, 자비, 사랑 같은 속성이 세상을 구원할 수 있음을 암시한 것으로 볼 수 있다는 것이다.

이행수

충남대학교 영문학과 졸
충남대학원 영문학과 박사
미국 Pennsilvania State University 객원교수
영국 Dundee University 객원교수
1976년 조선일보 신춘문예 수필 당선
현재 대전대학교 인문예술대학 영어영문학과 교수

저서: "역설과 아이러니의 이상세계(버나드 쇼오 연구)"
역서: "므두셀라로 돌아가라" "소설 누가복음"
수필집: "내 영혼 속의 장미" 외
논문: "The World of Hamlet" 외 30여 편

셰익스피어로 **세상읽기**

1판 1쇄 발행 _ 2012년 11월 30일
1판 2쇄 발행 _ 2015년 9월 10일

저 자 · 이 행 수
발 행 인 · 정 현 걸
발 행 · 신 아 사
인 쇄 · 예지인쇄
출판등록 · 1956년 1월 5일 (제9-52호)
주 소 · 서울특별시 은평구 녹번동 28-36번지 2F
전 화 · 02)382-6411 · 팩스 02)382-6401
홈페이지 · www.shinasa.co.kr
E-MAIL · shinasa@chol.com

ISBN 978-89-8396-786-2(93840)

정가 *13,000*원